Wulff D. Rehfus

BILDUNGSNOT

Hat die Pädagogik versagt?

Klett-Cotta

Klett-Cotta

Printed in Germany
Umschlag: Klett-Cotta-Design
Gesetzt aus der 10 Punkt Sabon
von kcs kochcomputersatz, Hildesheim
Auf säure- und holzfreiem Werkdruckpapier
gedruckt und gebunden von Gutmann, Talheim
Zweite Auflage, 1997

Die Deutsche Bibliothek – CIP-Einheitsaufnahme
Rehfus, Wulff D.:
Bildungsnot: hat die Pädagogik versagt?/
Wulff D. Rehfus. – 2. Auflage –
Stuttgart: Klett-Cotta, 1997
ISBN 3-608-91728-4

INHALT

VORWORT

Heute, gut 30 Jahre nach Picht, ist die von ihm beschworene Bildungskatastrophe eingetreten. Allerdings anders als erwartet. Genau die Maßnahmen nämlich, die eingeleitet wurden, um das deutsche Bildungswesen zu retten, führten es in den Ruin.

Und der betrifft alle. Zum einen nämlich, weil damit die kulturelle, die wissenschaftliche, die ökonomische und politische Zukunft Deutschlands gefährdet ist. Und zum andern, weil die Politik den Eltern das Erziehungsmonopol abgenommen hat, ohne die damit übernommene Verantwortung erfüllen zu können: Die Erziehung in den öffentlichen Bildungseinrichtungen hat versagt.

Thema des Buches ist das Elend des deutschen Bildungswesens, der Aufstieg und Fall der imperialen Pädagogik und der Verlust der Erziehung in der posttraditionalen Kultur.

Es zeigt, wie die guten bildungspolitischen Absichten genau das produzierten, um dessen Vermeidung willen sie in Praxis umgesetzt wurden. Die Bildungsreform führte weder zur sozialen Gerechtigkeit noch zu mündigen Staatsbürgern, vermehrte weder das Wissen noch steigerte sie das Können der Schüler. Statt dessen erzeugte sie einen Kulturkollaps, der nicht nur auf die Schulen beschränkt ist, sondern die gesamte Gesellschaft erfaßte. Und so steht die bundesrepublikanische Gesellschaft heute vor dem Scherbenhaufen der Bildungspolitik. Der Erziehungsnotstand ist ausgebrochen.

Beschrieben wird die deutsche Bildungs- und Erziehungsmisere an den Schulen, eingegangen wird aber auch auf die Bildungsdefizite an den Universitäten, den Studienseminaren und im Alltag. Analysiert wird der bildungstheoretische und politische, der gesellschaftliche und kulturelle Hintergrund, hergestellt wird der Zusammenhang zwischen pädagogischen und bildungspolitischen Theorien und den öffentlichen Bildungsinstitutionen, gezeigt werden die Folgen der Bildungskatastrophe für unser Gemeinwesen. Dann wird ein Konzept entwickelt, wie sich das Bildungswesen aus seinem selbstverschuldeten Unglück befreien und dem Erziehungsdesaster entkommen werden kann. Vorgelegt wird Erfahrungsmaterial, geliefert werden Analysen, Argumentationen und Alternativen.

I. DER KOLLAPS DES BILDUNGSWESENS

Nach dem Ende des „Kalten Krieges“ und dem Zusammenbruch des Sozialismus wuchs die Hoffnung auf ein Leben in Freiheit, Frieden und Wohlstand für alle. Indessen zeigte sich, daß der Fall des Ostens die Gefährdung, in der auch der Westen schon immer stand, nur augenfällig gemacht hat. Die Gefahr des Zusammenbruchs der liberalen Demokratien hat jedoch andere Gründe: sie erwächst aus der Dialektik der Freiheit, die über Enttraditionalisierungsprozesse in die postkonventionalistische Kultur führt und sich in Subjektivismen und Beliebigkeit radikalisiert. Selbst der Umschlag der entgrenzten Freiheit in Tugendterror ist nicht mehr auszuschließen. Erziehung heute muß die Jugendlichen auf den Zustand der gefährdeten Zukunft vorbereiten.

Das Bildungswesen in Deutschland befindet sich jedoch in einer Krise. Sie ist Ausdruck einer Krise der Erziehung, und dieser liegt eine globale Orientierungskrise einer Welt im Umbruch zugrunde. Die normative Kraft der Tradition ist gebrochen, Gegenwart und Zukunft müssen sich ohne sie behelfen.

Die natürliche Autorität der Eltern und Erwachsenen ist ebenso geschwunden wie die institutionelle Autorität der Lehrer und der Schule. Der Anspruch der Pädagogik, die bundesrepublikanische Gesellschaft von der Schule aus von Gebrechen zu heilen, die ihre Kompetenz und Kraft übersteigen, führte zur Selbstdemontage der Lehrer, weil das Scheitern an solch hypertrophen Zielen offensichtlich ist. Wer verspricht, was er nicht halten kann, macht sich unglaubwürdig. Das Sozialprestige und das Vertrauen in die Fähigkeiten der Lehrer sind deshalb auf einen Tiefpunkt gesunken, ihr Selbstwertgefühl ist gedrückt, ihr Selbstverständnis gestört. Das alles erschwert den Umgang zwischen Erwachsenen und Jugendlichen, zwischen Eltern und Kindern, zwischen Lehrern und Schülern.

Nachdem das Interesse am Bildungswesen lange Zeit geschwunden war, ist Erziehung heute wieder zu einem öffentlichen und politischen Thema geworden. In den Zeitungen häufen sich Schreckensmeldungen über Schulen. Gewalt, unerziehbare Kinder und unfähige Lehrer, die zu gut bezahlt sind, zu viele Ferien haben und zu wenig leisten. Viele Klagen, keine ernstzunehmenden Gesundungsvorschläge.

Konzeptionslos taumelt das deutsche Bildungswesen, und nicht wenige prognostizieren den Kollaps in den nächsten fünf Jahren. Indessen liegt der Kollaps bereits hinter uns. Das Bildungswesen befindet sich in einer Selbstvernichtungsspirale. Die fachlich-universitäre Ausbildung der Lehrer wird immer kümmerlicher, die pädagogische Ausbildung immer provinziell-betulicher. So wird der Unterricht fachlich und methodisch unergiebig, der Ausbildungsstand der Schüler sinkt, und ihr Sozialverhalten droht außer Kontrolle zu geraten. Zunehmend kommen Abiturienten an die Universitäten, deren Wissen, Können und Verhalten den überkommenen und für die Zukunft notwendigen Anforderungen nicht standhält. Die Universitäten können die Defizite nicht ausgleichen, und so erhöht sich die Zahl der Studienabbrecher auf der einen Seite, und auf der anderen Seite senken die Universitäten ihre Ansprüche. Damit aber schließt sich der Zirkel: An die Schulen kommen fachlich schlechter ausgebildete und pädagogisch engagierte, aber hilflose Lehrer, die von den Schülern nicht ernst genommen werden und ihrerseits die Schüler schlechter ausbilden, weshalb schlechter vorbereitete Studenten an die Universitäten kommen, die wiederum weniger qualifizierte Lehrer ergeben usf. Dies ist die erste, die qualitative Bildungsspirale.

Haben vor gut dreißig Jahren Georg Picht und Ralf Dahrendorf die deutsche Bildungskatastrophe ausgerufen, so deshalb, weil in Deutschland weniger Abiturienten ausgebildet würden als im vergleichbaren Ausland. Die Beseitigung dieses zahlenmäßigen Mangels erwies sich indes als eine der Ursachen eines neuen, nämlich eines Verlustes an Güte: Die Behebung der quantitativen Bildungskatastrophe der sechziger Jahre bewirkte die qualitative Bildungskatastrophe der Gegenwart. Deutschland produziert immer mehr examinierte Schul- und Hochschulabgänger, deren Abgangszeugnisse, weil immer leichter zu haben, entsprechend weniger wert sind. Die quantitative Steigerung führte zu einer qualitativen Verschlechterung, weil weder die Schulen noch die Universitäten ihre Standards halten können, wenn zu viele ungeeignete Schüler und Studenten ausgebildet werden müssen. Und dies ist die zweite Bildungsspirale, die quantitative: Weil Bildungspolitik Sozialpolitik ist, weil die Zukunftschancen von Kindern von ihrem Ausbildungsstand abhängen, schicken immer mehr Eltern ihre Kinder auf höhere Schulen. Dadurch drängen immer mehr Abiturienten und Akademiker auf den Arbeitsmarkt, so daß die Eingangsbedingungen für alle Berufe – auch für solche, die, von der Sache her, weder ein Studium noch ein Abitur verlangen – angehoben werden. Dies hat zur Folge, daß noch mehr Eltern ihre Kinder auf höhere Schulen schicken. Und so weiter und so fort, ad infinitum.

Die qualitative und die quantitative Bildungsspirale, die in einem umgekehrt proportionalen Verhältnis zueinander stehen, bewirken, daß immer mehr Jugendliche und junge Erwachsene mit besseren Zeugnissen, aber mangelhaften Kenntnissen, geringeren Fähigkeiten, laxem Verhalten, fragwürdigen Einstellungen und hohen Ansprüchen von den Schulen und Universitäten entlassen werden. Die Industrie rettet sich einerseits mit betriebsinternen Einstellungstests, Persönlichkeitsbewertungen und betriebsinterner Schulung, um die Ausbildungsdefizite zu beheben, und weicht auf der anderen Seite auf besser ausgebildete Kräfte im Topmanagement und auf billigere Arbeitskräfte im Produktionssektor aus dem Ausland aus. Dies bedeutet, daß die schulische und universitäre Ausbildung in Deutschland für die Industrie immer unerheblicher wird. Abitur und Studium stecken mitten in einem Selbstentwertungsprozeß.

Unverdrossen jedoch, als sei nichts geschehen, schlagen die Bildungspolitiker die Schlachten der Vergangenheit. Als hätte der Zusammenbruch des „Ostblocks" niemals stattgefunden, als hätte es nie eine Vereinigung von West- und Ostdeutschland gegeben, verfolgen die Parteipolitiker und viel zu viele Pädagogen, Lehrer und Verbände nach wie vor die bildungspolitischen und pädagogischen Konzepte, die in den späten sechziger und frühen siebziger Jahren der alten Bundesrepublik entwickelt wurden.

Seit Jahren tobt ein bildungspolitischer Stellungskrieg. Als ob die Qualität der Schule von ihrer Organisationsform abhinge und nicht vom fachlichen Können und pädagogischen Geschick der Lehrer, streitet man sich immer noch um Schulformen. Die Bildungsmanager haben sich eingebunkert im parteipolitischen Grabenkampf um das dreigliedrige Schulsystem. Keiner, wie bei der Vendetta, kennt noch die eigentliche Ursache der Rachefeldzüge. Dennoch aber wird, je nachdem, welche Partei eine Wahl gewinnt, einmal das eine, dann das andere bildungspolitische Parteiprogramm am geschlagenen Gegner vollstreckt. Im Nebel der ideologischen Gefechte machen Bildungspolitiker Karriere, und weder Eltern noch Kinder wissen, wie ihnen geschieht.

Für den einen oder anderen Bildungspolitiker scheint Schule ein Art „Hirnbewirtschaftung" (Theodor Ballauff) zu sein. Und so soll, nach der kopernikanischen Wende im Anschluß an Kienbaum, die Schule nach betriebswirtschaftlichen Gesichtspunkten organisiert werden. Nicht nur Politik, auch Verwaltungsreformen geben sich seither als Pädagogik aus. Statt pädagogisch gedacht und gehandelt, wird nur noch verwaltet: vom Kultusministerium über die Universitätspädagogik und die Studienseminare bis zu den Schulen. Und was verwaltet wird, ist der ökonomische und personelle, der geistige und kulturelle Mangel und häufig genug nur noch das Chaos. Krisenmanagement ist gefragt.

Während im ehemaligen Jugoslawien und einigen GUS-Ländern die mörderische Gewalt des Krieges tobt, während eine Epoche europäischer Geschichte in den Staub sinkt, während sich in Deutschland die Arbeitslosen- und die Verbrechensrate auf hohem Niveau stabilisiert haben, die Teuerung anhält, die Wirtschaftsentwicklung instabil geworden ist und der nationale Grundkonsens zerfällt, während der Sozialstaat seine Leistungen einschränkt und Eltern gegen einen Lehrer wegen Freiheitsberaubung klagen, weil er ihre Kinder, die sich im Klassenzimmer eine Schwammschlacht lieferten, so lange einschloß, bis sie den Raum wieder gesäubert hatten – in diesen Zeiten, in denen Schüler in der Pause mit Drogen dealen, neben den Toiletten urinieren und defäkieren, sich mit Messern, Pistolen und Wurfsternen bewaffnen, Schülergangs ihre Mitschüler erpressen – in diesen Zeiten plädieren Pädagogen für die Einrichtung von Kuschelecken in den Klassenräumen, den „Projektunterricht“, die „Freiarbeit“, die „Erlebnis-“ und „Schmusepädagogik“, für die „Öffnung der Schule“, die „Handlungsorientierung“ und die Auflösung des 45-Minuten-Taktes, sollen die Schulen nach niederländischem Vorbild autonomisiert werden, streiten sich die Bildungspolitiker um die Kürzung der Schul- und Studienzeit, fordern die Länder vom Bund Milliarden für den Hochschulausbau, streiken verbeamtete Lehrer gegen die Verlängerung ihrer Arbeitszeit um eine Stunde und werden die Schulbücher comicstrips immer ähnlicher. Nicht wegen mangelnder geistiger, sondern mangelnder fiskalischer Mittel sieht die Hochschulrektorenkonferenz die „Funktionsfähigkeit der Hochschulen gefährdet.“

Die gesellschaftliche und schulische Wirklichkeit klaffen immer weiter auseinander. Der politische, der gesellschaftliche, der kulturelle, der ökonomische und der technische Wandel findet außerhalb der Schule statt. Ausgeblendet wird die Digitalisierung der Wirklichkeit, Zukunftstechnologien werden gemieden, die volle politische Souveränität Deutschlands wird nicht zur Kenntnis genommen, das politische und gesellschaftliche Weltbild verharrt im Links-Rechts-Schema. Bildungspolitiker und Pädagogen verhindern den Einzug der elektronischen Medien in den Unterricht, setzen sich ein für Sofas in den Klassenräumen, streiten für die Feminisierung der Sprache, durchforsten Schulbücher auf ihre „political correctness“, führen Glaubenskämpfe um die Vollkornkost und organisieren Aufklärungskampagnen über das gesunde Pausenbrot.

Den Bildungspolitikern fällt substantiell nichts ein, und so werden Nebenschauplätze zu bildungspolitischen Grundfragen, und statt inhaltlich zu argumentieren, stellen sie deshalb organisatorische, fiskalische und quantitative Forderungen auf: von der Erhöhung der Klassenfrequenzen über die Kürzung des „Bafög“ bis zum Strafgeld für zu langes Studium und der Wiedereinführung von Studiengebühren – und die Opposition fordert dann das Gegenteil. Das Problem der Bildungspolitik sind die Bildungspolitiker.

Die bildungspolitischen Reformen zeitigten neben dem erwünschten quantitativen Erfolg fatale qualitative Nebenwirkungen, die aber, um der Erhöhung des Bildungsausstoßes willen, billigend in Kauf genommen und heruntergespielt werden. Weil die pädagogischen Konzepte zu dürftig sind, wurde die Kluft zwischen bildungspolitischem Anspruch, pädagogischer Absicht, kultureller Bedeutung, wirtschaftlichen Erfordernissen und gesellschaftlicher und schulischer Wirklichkeit immer größer. Das Mißverhältnis zwischen der Erziehung und Ausbildung der Jugendlichen im Elternhaus und in der Schule und den Problemen, welche diese Jugendlichen schon heute und verstärkt in zwanzig, dreißig Jahren werden bewältigen müssen, ist inzwischen grotesk. Difficile est satiram non scribere (Juvenal).

Der neuen Probleme sind Legion: europäische Einigung, Migrationsströme, deutsche Vereinigungskrise, weltweite politische Neuorientierung, Arbeitslosigkeit, kulturelle Krise, Abbau des Wohlfahrtsstaates, Ökologie, technologische Innovationen der Informationstechniken, des Computers und der Gentechnologie, Nord-Süd- und West-Ostgefälle, Überbevölkerung und Geburtenstagnation – nur wenn entschieden ist, welches inhaltliche Konzept im Bereich der Erziehung und Ausbildung auf diese neuen Herausforderungen reagieren kann, lassen sich Fragen nach einer Strukturreform des Bildungswesens und neuen unterrichtspraktischen Methoden seriös stellen und beantworten.

Statt dessen wird das Pferd von hinten aufgezäumt. Gefragt wird nicht, welche neuen Inhalte und Methoden die Schule benötigt, um die Jugendlichen zu befähigen, die Probleme der Zukunft meistern zu können, um dann die Frage nach Strukturveränderungen und neuen pädagogischen Konzepten zu stellen. Nicht mit inhaltlichen und methodischen Argumenten wird diskutiert, vielmehr operieren die Bildungspolitiker mit Anpassungszwängen an das europäische Ausland und die ehemalige DDR, mit Finanzengpässen und überfüllten Hochschulen. Und die Öffentlichkeit macht sich derweil mehr Gedanken um die Gesundheit des Körpers als um die des Geistes und wendet entsprechend mehr Mittel für Körperpflege, Fitnessprogramme, Trimmdichgeräte und Ärzte auf.

Und nun wird sogar zur Reform der Bildungsreform aufgerufen. Politiker fordern die Wiedereinführung des Klassenverbandes und die Auflösung der differenzierten Oberstufe. Nicht aber, weil dadurch die Qualität der Bildung und Ausbildung verbessert würde – der Grund ist viel banaler, nämlich fiskalischer Natur: Ein Bildungspolitiker hat errechnen lassen, was allgemein schon längst bekannt ist, daß nämlich zur Durchführung der reformierten gymnasialen Oberstufe wesentlich mehr Lehrer benötigt werden als im alten Klassensystem. Heute wird das plötzlich zum Argument.

Weder das Problem der zunehmenden Gewalt noch das der mangelnden Konzentrationsfähigkeit der Jugendlichen, weder das der Sicherung des Industriestandortes Deutschland noch das der Festigung der Demokratie und des kulturellen Aufschwungs, weder das Problem der Rechtschreibschwäche noch das des Micky-Maus-Syndroms, weder das Aids-Problem noch das des Drogenkonsums und auch nicht das Problem des Motivationsschwunds bei Schülern und Lehrern lassen sich durch Verwaltungs- und Organisationsreformen der Schule und Universität oder durch Gruppenarbeit, Medieneinsatz und Animationsspiele im Unterricht lösen. Die entscheidende Frage wird gar nicht gestellt, nämlich die, in welchem Selbst- und Weltverständnis die Jugendlichen heute erzogen werden sollen und welches Wissen und Können sie erwerben müssen, um die Probleme von morgen zu meistern. Nachgedacht werden muß über den Gehalt der Erziehung. In Frage steht die Substanz des deutschen Bildungswesens.

In welchen Fächern sollen die Jugendlichen denn unterrichtet werden: in Psychologie oder Mathematik, Deutsch oder Spanisch, Rechtskunde oder Physik ...? Und welche Inhalte sollen gelernt werden: das Immunsystem des Menschen oder Biosoziologie, der kategorische Imperativ oder die Kommunikationstheorie, Stochastik oder Kurvendiskussion, der Vulkanismus in der Eifel oder innerstädtische Verkehrsprobleme ...?

30 Jahre lang hat sich kein Pädagoge und kein Bildungspolitiker getraut, diese Fragen auch nur zu stellen. Die Auswahl der Fächer hat man den Schülern selbst überlassen, die Auswahl der Inhalte den Kursen. So lud man den Schülern eine Verantwortung auf, die die Pädagogen und Bildungspolitiker nicht mehr tragen wollten.

Die imperiale Pädagogik, die seit den sechziger Jahren den Versuch gemacht hat, die bundesdeutsche Gesellschaft zu kolonisieren, hat sich selbst durch Erfolglosigkeit demontiert. Schlimmer noch: Umgekehrt proportional zum prozentualen Anstieg der Gymnasiasten und

Gesamtschüler mit Sekundarstufe-I-Abschluß und Abitur schwinden die Sozialchancen der Hauptschüler. Mit der Expansion des Bildungswesens in den späten sechziger Jahren sind die Chancen der Schüler ohne höheren Schulabschluß auf dem Arbeitsmarkt sowie ihr Ansehen in der Öffentlichkeit kontinuierlich gesunken. Und sollte die Hauptschule abgeschafft werden, werden die sozial Deklassierten von der Realschule kommen. Und sollte selbst als einzige Schulform die Gesamtschule übrig bleiben, dann spätestens werden die Privatschulen und Privatuniversitäten für die Deklassierung der öffentlichen Schulen und Universitäten sorgen, und wenn es diese nicht mehr geben sollte, dann wird der Markt die Deklassierungen vornehmen. Und sollte dieser abgeschafft werden, dann wiederholt sich die Geschichte des zwanzigsten Jahrhunderts.

Entgegen den eigenen Absichten hat die imperiale Pädagogik dazu beigetragen, daß die Chancengleichheit geringer geworden ist, sie hat, absichtswidrig, mitgearbeitet, Solidarität und Mitmenschlichkeit zu entwerten, und beschleunigte den Verlust der Erziehung in der Spätmoderne. Die imperiale Pädagogik ist, unwissentlich und deshalb mit bestem Gewissen, ein Moment des spätmodernen Kulturverfalls im Gang der Selbstzerstörung der Aufklärungskultur. Die Aufklärung hat sich selbst zu Ende gedacht, und übrig blieb die transzendente und transzendentale Obdachlosigkeit, nämlich der Verlust gemeinsamer oberster Prinzipien des Denkens und Handelns und ein subjektiviertes Denkvermögen mangelnder Vernunft.

Die alte Wirklichkeit der sechziger bis achtziger Jahre ist die vergangene Zeit der neuen Lehrer und der politisch-ökonomischen Stabilität. Die Zeit, die kommt, die neue Wirklichkeit, ist eine der politisch-ökonomischen Instabilität, der sozialen Gefährdung, des kulturellen Umbruchs und der neuen Schüler.

Die europäische Kultur steht zur Disposition, und alle Optionen sind offen, Routinen sind aufgelöst. Die Jugendlichen müssen lernen, in einer Übergangszeit zu leben, in der Permanenz der Premiere, müssen lernen, in den Verwerfungen Kurs zu halten.

Die neue Zeit braucht eigentlich den neuen Menschen. Er müßte hoch gebildet sein, technisch perfekt, ökologisch verantwortlich, ethisch integer und ökonomisch effektiv. Doch die Utopien des neuen Menschen in der neuen Gesellschaft führten allesamt ins Elend. Vorsicht ist geboten. Vielleicht kann eine Bildungsrenaissance retten, vielleicht braucht die neue Wirklichkeit eine Bildungsoffensive. Jenseits von Restauration und Konservativismus, von Utopie und Revolution geht es um die Erneuerung der Gegenwart aus dem Geist Europas.

Doch die drängende Erneuerung des Bildungswesens fällt in eine Zeit, in der weder politische noch pädagogische Aufbruchstimmung herrscht. Vielmehr ist Resignation und Ratlosigkeit die Grundstimmung der Zeit. Nachdem sich die politischen Horizonte endlich geöffnet haben, herrschen nicht Euphorie, sondern Verwirrung und Lähmung.

Wir leben in einer spannenden Zeit, aber nur dann, wenn man nicht resigniert, sondern die Herausforderungen annimmt. „Wo aber Gefahr ist", so bekanntlich Hölderlin, „wächst das Rettende auch." – Aber nur, so darf man hinzufügen, wenn man die Möglichkeiten auch nutzt: Der Zusammenbruch des Bildungssystems muß als Chance begriffen werden, es ist geradezu eine moralische Pflicht.

II. WIE ES KAM: DIE POLITISIERUNG DER ÖFFENTLICHEN ERZIEHUNG

1. *Das Recht auf Bildung*

a) Die Expansion des Bildungswesens

Vor gut 30 Jahren erschreckte Georg Picht mit einer Artikelserie in „Christ und Welt“ die Öffentlichkeit und die Politiker. Die Deutschen trieben in eine Bildungskatastrophe, so seine These. Im Vergleich zum Ausland nämlich und gemessen an den Erfordernissen einer modernen Industriegesellschaft würden an deutschen Gymnasien zu wenige Abiturienten ausgebildet. Eine gewaltige bildungspolitische und finanzielle Anstrengung sei notwendig, um die Defizite zu beheben. Es gelte, die Bildungsreserven zu mobilisieren[1].

Ein Jahr später hat Ralf Dahrendorf diesen Vorstoß unterstützt. Er griff Pichts These, daß Bildungspolitik Sozialpolitik sei, auf und ergänzte die mehr von der Sorge um die wirtschaftliche und kulturelle Bedeutung Deutschlands getragene Argumentation Pichts um eine moralisch-gesellschaftspolitische: in einer Demokratie nämlich habe jeder das Recht auf Bildung, weswegen keiner aufgrund seiner Sozialzugehörigkeit und anderen Zufälligkeiten im Bildungssystem benachteiligt werden dürfe[2].

Mit dieser Akzentverschiebung in der Argumentation forderte dann auch Dahrendorf, daß das Bildungsreservoir besser genutzt werden müsse. Der Anteil der Abiturienten von sieben Prozent eines Jahrgangs könne und müsse verdoppelt werden. Fünfzehn Prozent der Jugendlichen, so vermutete Dahrendorf, seien für eine gymnasiale Ausbildung geeignet[3].

Beider Bücher waren überaus erfolgreich. Nicht nur, daß sie breit diskutiert wurden, sie waren auch politisch äußerst wirkungsvoll. Der Deutsche Bildungsrat legte 1970 eine Schrift vor, welche die organisatorischen Konsequenzen aus den Thesen Pichts und Dahrendorfs zog. Im sogenannten „Strukturplan“, an dessen Formulierung Mitglieder aller repräsentativen Gruppen Deutschlands beteiligt waren, wurde das organisatorische Konzept entwickelt, das zur Grundlage der Umgestaltung des Bildungswesens in Deutschland wurde[4]. Aufgrund dieser Vorgaben einigten sich dann die Kultusminister der Länder 1972 auf Grundsätze der Neugestaltung der Oberstufe in der Sekundarstufe II[5].

Heute ist festzustellen, daß die Ausschöpfung der Bildungsreserve im Sinne Pichts und Dahrendorfs geglückt ist, daß ihre Zielzahlen sogar weit überschritten sind.

Im Bundesdurchschnitt der alten Länder besuchten bereits im Jahre 1990 29,9 Prozent aller Schüler ein Gymnasium[6], also doppelt so viele, wie Dahrendorf gefordert hatte. Noch 1968 betrug der Anteil der Abiturienten nur 7 Prozent.

Der Anteil der Schüler mit Hauptschulabschluß fiel von 1981 bis 1990 von 36,1 Prozent auf 29,7 Prozent, der Anteil der Schüler mit Hochschul- oder Fachhochschulreife stieg im gleichen Zeitraum von 19,1 Prozent auf 27,4 Prozent (Anteil der Fachhochschulreife: 0,8 Prozent). Bei den Jugendlichen zwischen 18 und 21 Jahren stieg der Anteil der Studienberechtigten im selben Zeitraum von 25,3 Prozent auf 31,4 Prozent. Bis ins Jahr 2000 soll der Anteil auf ungefähr 41 Prozent steigen und auf diesem Niveau bis ins Jahr 2010 konstant bleiben (dabei ca. 31,5 Prozent Hochschulreife und ca. 9,5 Prozent Fachhochschulreife).

Die Prognosen beruhen auf dem 1990 angenommenen generativen Verhalten und dem Bildungsverhalten der Bevölkerung. Insofern bergen die Berechnungen einige Unsicherheiten.

Vornehmlich das Bildungsverhalten wandelt sich rapide. Immer mehr Eltern wollen für ihre Kinder einen höheren Schulabschluß, so daß die Prognosen bezüglich der Anzahl der Gymnasiasten inzwischen weit übertroffen sind. Zum Beispiel Düsseldorf:

Düsseldorf ist in zehn Schulbezirke aufgeteilt. Die Übergangsquote am Ende des Schuljahres 1990/91 von der Klasse 4 der Grundschulen auf die Gymnasien bewegte sich in den einzelnen Bezirken zwischen 35,4 und 74,7 Prozent. Die durchschnittliche Übergangsquote lag bei 45,2 Prozent.

Zieht man die Zahlen von ganz Nordrhein-Westfalen zu Rate, dann zeigt sich der Anstieg als nicht ganz so dramatisch, der Trend jedoch bleibt gleich: immer mehr Jugendliche besuchen das Gymnasium und immer weniger die Hauptschule.

Die Übergangsquote von der Grundschule auf das Gymnasium stieg in Nordrhein-Westfalen von 1970 bis 1990 von 25,4 Prozent auf 36,1 Prozent und lag im Jahre 1992 bei 36,8 Prozent[7]. Ungefähr 16 Prozent wechseln zur Gesamtschule. Das heißt, daß in Nordrhein-Westfalen über 50 Prozent der Schüler eine Schulform besuchen, an der sie das Abitur machen können. Und der Anteil steigt kontinuierlich an. Im selben Zeitraum schrumpfte der Anteil der Schüler an der Hauptschule ebenso kontinuierlich von 59,6 Prozent im Jahre 1979 auf 25,4 Prozent im Jahre 1990 und auf 22,9 Prozent im Jahre 1992.

Mehr Schüler, so läßt sich sagen, schlagen heute einen höheren Ausbildungsweg ein, und die Zahl der Abiturienten steigt. Während im Jahre 1950 in Nordrhein-Westfalen nur 4,5 Prozent der Schüler das Abitur machten, waren es zwanzig Jahre später 10,3 Prozent und wieder zwanzig Jahre später, nämlich 1990, 23,4 Prozent. Da nun 1981 30,2 Prozent der Schüler in den 5. Schuljahrgang des Gymnasiums aufgenommen wurden, ergibt dies einen Schwund von knapp 7 Prozent. Der tatsächliche Anteil der Schüler, die im Gymnasium nicht bis zum Abitur gekommen sind, wird noch etwas unter 7 Prozent liegen, weil sich die Abiturientenquote nicht nur auf die Gymnasien, sondern auch auf die Kollegschule, Gesamtschule und die Einrichtungen des zweiten Bildungswegs bezieht. Deshalb ist von Interesse, wieviel Prozent der Schüler nicht versetzt wurden. Der prozentuale Anteil der nicht versetzten Schüler und derer, die freiwillig eine Klasse wiederholt haben, ist zwischen 1969 und 1980 in allen Schulformen gesunken: in der Grundschule von 5,6 Prozent auf 3,1 Prozent, in den Hauptschulen von 3,8 Prozent auf 3,1 Prozent, in den Realschulen von 6,2 Prozent auf 4,5 Prozent, in den Gymnasien von 9,6 Prozent auf 5,1 Prozent.

Ab 1981 ergibt sich ein uneinheitliches Bild. Während die Anzahl der nicht versetzten Schüler an den Grundschulen und Gymnasien weiter sinkt, bleibt er an den Realschulen konstant und steigt dramatisch an den Hauptschulen: Die Statistik von 1981 bis 1990 vermerkt gesondert die Schüler, die nicht versetzt werden (unabhängig davon, ob sie die Klasse wiederholen oder von der Schule abgehen). Demnach sank der Anteil der nicht-versetzten Schüler in der Grundschule von 1,9 Prozent auf 1,4 Prozent und auf den Gymnasien von 5,2 auf 4,5 Prozent. An der Hauptschule hingegen stieg er von 3,8 Prozent auf 8,2 Prozent, an der Realschule blieb er mit ungefähr 5 Prozent gleich. Die wenigsten nicht versetzten Schüler hat die Gesamtschule. Hier lag der Anteil 1981 bei 1,6 Prozent und stieg langsam bis 1990 auf 1,9 Prozent. Dabei ist zu berücksichtigen, daß an der Gesamtschule in den Klassen 5 bis 9 jeder Schüler völlig unabhängig von seinen Leistungen in die nächste Klasse versetzt wird.

Nach einer repräsentativen Umfrage des Dortmunder Instituts für Schulentwicklungsforschung von 1991 wünschten 53 Prozent der Bürger Westdeutschlands das Abitur als Schulabschluß für ihre Kinder; im Jahre 1993 sank der Anteil um 5 Punkte auf 48 Prozent. Daß dies mehr als eine Bandbreitenschwankung sein könnte, ist zu wünschen, nicht aber zu erwarten. Es steht eher zu vermuten, daß zumindest der Trend in der Bundesrepublik hin zu einer höheren Ausbildung geht. Weit mehr als die von Dahrendorf als „Bildungsreserve“

vermutete Zahl an Jugendlichen hat den Elternwunsch schon realisiert und besucht schon heute das Gymnasium. Man wird davon ausgehen können, daß jedenfalls bedeutend mehr Eltern eine gymnasiale Ausbildung bis hin zum Abitur für ihre Kinder anstreben, als die Bildungspolitiker vor dreißig Jahren für möglich gehalten haben.

Wie kam es zu einer solchen Wendung?

Das entscheidende Hemmnis für den Übergang aufs Gymnasium sah Dahrendorf vor dreißig Jahren weniger technisch-organisatorisch bedingt als in den Einstellungen der Eltern. Deshalb forderte er, daß alles getan werden müsse, um die Einstellungen der Eltern bildungsfreundlich zu gestalten. Als besonders benachteiligt sah er Mädchen, die Landbevölkerung, Kinder aus Arbeiterhaushalten und aus katholischem Milieu. So kam es zur oft zitierten Formel des katholischen Arbeitermädchens vom Land, als Inbegriff der bildungspolitischen Benachteiligung. In dieser Population vor allem sah Dahrendorf die verborgenen Bildungsreserven. Um sie auszuschöpfen, forderte er eine „aktive Bildungspolitik", deren Ziel es sei, die Eltern dazu zu bewegen, ihre Kinder aufs Gymnasium zu schicken.

Da nach Dahrendorf das entscheidende Hindernis, das der Ausschöpfung der Bildungsreserve entgegensteht, eines der Einstellung ist, das in der Traditionsbildung der bildungsfeindlichen Schichten gründe, konnte „aktive Bildungspolitik" nur verstanden werden als Aufklärung der Eltern, um diese Einstellung zu ändern.

Das im Auftrag des Deutschen Bildungsrats von Heinrich Roth herausgegebene Buch „Begabung und Lernen" wurde zur psychologisch-pädagogischen Rechtfertigung der nun einsetzenden Bildungsexpansion[8]. Das Fazit dieser Studie lautete, daß die genetische Veranlagung für die Begabungsentwicklung keine „determinierende Bedeutung" habe[9]. „Größeres Gewicht" komme „den vom Menschen beeinflußbaren oder von ihm gesteuerten Einwirkungen durch Umwelt und schulisches Lernen" zu. „Entscheidende Bedeutung" besäßen demnach „die richtig angelegten Lehr- und Lernprozesse selbst". Damit war Pichts und Dahrendorfs These von der Bildungsreserve lernpsychologisch gestützt; der Bildungsrat sprach von „großen, unerschlossenen Möglichkeiten". Um diese zu aktivieren, müßten entsprechend die Schulorganisation und die Didaktik ihr Hauptaugenmerk auf die Entwicklung, Förderung und Anleitung dieser ruhenden Potenzen lenken.

Aus drei Quellen also speist sich die in den sechziger Jahren eingeleitete Bildungsexplosion: das sozio-ökonomische Argument, nämlich die Pichtsche Sorge um den Erhalt Deutschlands als Kultur- und Industrienation, das politische Argument Dahrendorfs, nämlich das demokratische Recht aller Bürger auf Bildung, und schließlich die lernpsychologische These des Deutschen Bildungsrates, daß Begabung machbar sei.

Pichts Formel, daß Bildungspolitik Gesellschaftspolitik sei, und Dahrendorfs Formel, daß Bildung Bürgerrecht sei, führte, zusammen mit der These um die prinzipielle Bildungsfähigkeit jedes Kindes, zu einem Druck der Öffentlichkeit auf die Politiker, die Schulen zu verändern.

b) Die Umstrukturierung der Schule

Pichts und Dahrendorfs Appelle führten zu einer Umstrukturierung des deutschen Bildungswesens mit dem Ziel, mehr Abiturienten zu produzieren. Der Deutsche Bildungsrat unterbreitete entsprechende Vorschläge für eine tiefgreifende Reform des Bildungssystems[10].

Der Schwerpunkt der Reform galt erstens der Durchlässigkeit der Schulformen, zweitens der Individualisierung des Lernens und drittens der Begabungsförderung, die im Grunde Zielpunkt und Grundlage aller anderen bildungspolitischen Anstrengungen darstellt.

Damit Fehlentscheidungen in der Wahl der Schulform nicht in Sackgassen der Ausbildung und mit persönlichen Tragödien enden, wurde die *Durchlässigkeit* des Schulsystems erhöht; es wurden Übergangsmöglichkeiten geschaffen zwischen den unterschiedlichen Ausbildungsgängen.

So können Schüler mit entsprechenden Zeugnissen der Haupt- oder Realschule nach der Erprobungsstufe auf das Gymnasium überwechseln oder nach Abschluß der Klasse 10 in die gymnasiale Oberstufe eintreten. Umgekehrt können auf den traditionellen Gymnasien auch die Abschlüsse der anderen Schulformen erworben werden, nämlich Hauptschulabschluß und Fachhochschulreife, ohne daß jedoch die Struktur des Kurssystems übernommen wird, so daß auf dem Gymnasium bis zur Klasse 10 noch ganze Klassen unterrichtet werden, unabhängig von der individuellen Leistung einzelner Schüler. Allerdings geht auch hier der Trend zum Kurssystem, das als „Differenzierte Mittelstufe“ schon üblich ist.

Eine neue Schulform, die „integrierte Gesamtschule“, faßt in sich alle möglichen Bildungsgänge von der Hauptschule bis zum Gymnasium zusammen. Insofern ist die Gesamtschule die organisatorische Konsequenz der Forderung nach Durchlässigkeit.

Die Gesamtschule braucht keine „Erprobungsstufe", weil jedes Kind an ihr die traditionelle Schulform wählen kann, die es wünscht, ohne die Schule wechseln zu müssen. Dazu werden die Schüler gemäß ihren Leistungen in Kurse mit unterschiedlichen Leistungsansprüchen eingeteilt, so daß ein Schüler in Mathematik vielleicht einen Grundkurs, in Englisch aber einen Ergänzungskurs mit höherem Anspruch belegen kann.

Der Grundgedanke ist, daß damit eine Schullaufbahnentscheidung nicht schon nach dem vierten Grundschuljahr gefällt werden muß, die schwer revidierbar ist, vielmehr bleibt der Bildungsgang durch dieses Kurssystem mit unterschiedlichen Leistungsanforderungen länger offen. Und jedes Kind, gleichgültig welchen Schulabschluß es erstrebt, kann im selben Gebäude und an derselben Schule bleiben.

Im Sinne der Durchlässigkeit wird auch die Aufhebung der Grenze zwischen „Allgemeinbildung" und „Berufsbildung" gefordert. Die Berufsschule solle „allgemeinbildende Inhalte in berufliche Curricula" aufnehmen, forderte die Deutsche Bildungskommission, und das Gymnasium solle „fachtheoretische Kurse in studienbezogene Curricula" aufnehmen[11]. Die bildungspolitischen Ziele, die didaktisch-pädagogischen Gesichtspunkte und die organisatorischen Grundsätze sollten sowohl an den Gymnasien als auch an den Berufsschulen dieselben sein[12]. Allgemeinbildung und berufliche Bildung sollten in der Sekundarstufe II vereinheitlicht werden[13]. Als Ziel des Gymnasiums wurde neben der allgemeinen Hochschulreife die berufliche Qualifikation festgeschrieben, um eben Allgemeinbildung und Berufsbildung einander anzunähern. In der Lehrerausbildung führte dieses Konzept der Zusammenführung von Allgemeinbildung und Berufsbildung zur Aufhebung der klassischen Ausbildung zum Grundschul-, Hauptschul-, Realschul- oder Gymnasiallehrer. Statt dessen wird nun der „Stufenlehrer" ausgebildet. Das besagt: Lehrer werden nicht mehr danach ausgebildet, in welcher Schulform sie unterrichten werden, nämlich an Hauptschule, Realschule, Berufsschule oder Gymnasium, vielmehr werden sie danach ausgebildet, Kinder welcher Altersstufe sie unterrichten werden (unabhängig von der Schulform), nämlich im Primarbereich (Grundschule), Bereich Sekundarstufe I (Hauptschule, Realschule, Gymnasium) oder Bereich Sekundarstufe II (Berufsbildende Schule, Gymnasium). Die Stufenlehrerausbildung geht also davon aus, daß ein Lehrer, der zum Beispiel an der Universität das Fach Physik studiert hat, danach am Gymnasium das Fach Physik unterrichten kann oder an der Berufsschule. Die schulpraktische Ausbildung (Referendariat) sieht so aus, daß ein Studienreferendar von seiner zweijährigen Referendarzeit ungefähr fünf Monate lang an einer Berufsschule unterrichtet, den Rest am Gymnasium und als Abschluß die Lehrbefähigung zum Unterricht an der Sekundarstufe II erwirbt, so daß er sowohl an einem Gymnasium als auch an einer Berufs- oder Gesamtschule unterrichten darf.

Im Sinne der Begabungsförderung wurde die *Individualisierung* der Bildungsgänge eingeführt. Dies besagt, daß sich Schüler schon ab der Mittelstufe einige Fächer gemäß ihren Interessen aussuchen können, so daß nicht mehr alle Schüler in sämtlichen Fächern unterrichtet werden („Differenzierte Mittelstufe"). Dieses Wahlprinzip ist das organisatorische Kernstück der Reform der gymnasialen Oberstufe aus dem Jahre 1972.

Die Gymnasialtypen (humanistisches, neusprachliches, mathematisch-naturwissenschaftliches, Wirtschaftsgymnasium etc.) wurden aufgelöst; statt dessen kann der Schüler in der gymnasialen Oberstufe im Rahmen eines Pflicht- und eines Wahlbereichs sich die Fächer aussuchen, die ihm am meisten liegen, so daß sich mit jedem Schuljahr der Fächerkanon einer Schule ändern kann, je nachdem, welche Fächer die Schüler jeweils wählen. Der Pflichtbereich ist nach „Aufgabenfeldern" gegliedert: das sprachlich-literarisch-künstlerische Aufgabenfeld (mit Deutsch, den Fremdsprachen, Kunst und Musik), das gesellschaftswissenschaftliche Aufgabenfeld (mit Geschichte, Geographie, Philosophie etc.) und das mathematisch-naturwissenschaftliche Aufgabenfeld (mit Mathematik und den Naturwissenschaften: Chemie, Physik, Biologie). Darüber hinaus gibt es im Pflichtbereich noch die Fächer Sport und Religion. Nach einem bestimmten Schlüssel müssen die Schüler sich innnerhalb des Pflichtbereichs Fächer als Grund- und Leistungskurse aussuchen, die sie, wenn sie der Pflicht genügt haben, dann mit den nicht gewählten anderen Fächern der drei Aufgabenfelder als „Wahlbereich" ergänzen können. So kann sich jeder Schüler, gemäß seinen Fähigkeiten und Neigungen und gemäß dem Angebot der Schule, seine eigene Schullaufbahn selbst zusammenstellen. Der Strukturplan nennt dies „persönliches Curriculum".

Um ein solches „persönliches Curriculum" einführen zu können, mußte eine bildungspolitische Grundsatzentscheidung getroffen werden. Gebrochen wurde mit der überkommenen Unterscheidung von Haupt- und Nebenfächern. Seit der Reform der gymnasialen Oberstufe ist jedes Fach „gleichwertig"; allein der Schüler entscheidet, welchem Fach er Vorrang einräumen will – und wählt es dann als „Leistungskurs“ – oder eben nicht – und wählt es dann als „Grundkurs“ – oder wählt es ganz ab. Die „Gleichwertigkeit“ besagt, daß die Kultusministerkonferenz der Meinung ist, daß zum Beispiel die Leistungen eines Schülers im Fach Sport als denen gleichwertig anzusehen sind, die ein anderer Schüler im Fach Mathematik erbringt. Beide Fächer können als Leistungskurse gewählt werden. So verschwinden die Unterschiede in der intellektuellen Anforderung bei einem Aufschlag im Volleyballspiel und einer Kurvendiskussion, einer perspektivischen Zeichnung und einer Gedichtinterpretation.

Im Sinne der *Begabungsförderung* wurde die Vorschulerziehung eingerichtet und die Aufnahmeprüfung für das Gymnasium abgeschafft. Statt dessen wurde eine „Orientierungsstufe“ eingerichtet bzw. eine „Erprobungsstufe“. Dabei besagt „Orientierungsstufe“, daß alle Kinder eines Kreises nach dem vierten Grundschuljahr für zwei Jahre in einem Schulzentrum gemeinsam unterrichtet werden und danach erst entschieden wird, an welcher Schulform (Gymnasium, Realschule oder Hauptschule) sie weiter unterrichtet werden sollen. Die Entscheidung bezüglich der künftigen Schullaufbahn ist damit um zwei Jahre gegenüber dem alten Verfahren hinausgezögert. „Erprobungsstufe“ besagt, daß die Eltern wie im alten System nach dem vierten Grundschuljahr entscheiden müssen, welche Schulform ihre Kinder besuchen sollen. Grundlage dieser Elternentscheidung ist das Gutachten der Grundschullehrer über den einzelnen Schüler, das eine Beurteilung „geeignet“ oder „vielleicht geeignet“ ausspricht. Es wird bei beiden Prädikaten nicht zwischen Gymnasium und Realschule unterschieden, so daß viele Eltern, denen von den Grundschullehrern in einem Beratungsgespräch „vielleicht geeignet“ als bezogen auf die Realschule erläutert wurde, ihr Kind dennoch am Gymnasium anmelden. Nur bei „nicht geeignet“ müssen die Kinder die Hauptschule besuchen. Im übrigen sind diese Gutachten zumindest in Nordrhein-Westfalen insofern eine Farce, als sie zwar die juristische Voraussetzung für eine Aufnahme in der weiterführenden Schule sind, de facto indessen ist das Zeugnis des ersten Halbjahres der Klasse vier entscheidend, denn mit diesem Zeugnis melden die Eltern ihre Kinder an der weiterführenden Schule an. Die Gutachten der Grundschullehrer liegen zu diesem Zeitpunkt noch gar nicht vor und werden von der aufnehmenden Schule erst dann eingeholt, wenn die Aufnahme de facto schon ausgesprochen ist.

Entsprechend dienen nun die beiden ersten Jahre (also die „Erprobungsstufe“) an einer Schulform dazu, herauszufinden, ob die gewählte Schulform für das Kind auch angemessen ist oder nicht. Im Unterschied zur „Orientierungsstufe“ werden die Kinder in der „Erprobungsstufe“ nicht an einer gesonderten Institution für zwei Jahre unterrichtet, um dann erst auf eine Schulform zu wechseln, vielmehr ist die „Erprobungsstufe“ organisatorisch und räumlich einer der bestehenden Schulen angeschlossen. Ein „Sitzenbleiben“ gibt es in dieser Erprobungs- bzw. Orientierungsstufe nicht. Nun sind zwei Jahre Beobachtungszeit zwar viel, aber die eigentliche Bewährungsprobe kommt erst nach dieser Stufe, nämlich in der Klasse sieben, weil in ihr die zweite Fremdsprache einsetzt. Und so scheitern viele Kinder erst in der Klasse sieben. Dies aber hat dramatische Auswirkungen. Nach der Erprobungsstufe nämlich ist die Realschule verpflichtet, solche Kinder, für die sich das Gymnasium nicht als die geeignete Schulform erwiesen hat, aufzunehmen; nicht aber in höheren Klassen. Und so werden viele dieser Kinder nicht aufgenommen, weil die Realschulen zu geringe räumliche und personelle Kapazitäten haben, mit dem Ergebnis, daß diese Kinder dann auf der Hauptschule oder der Gesamtschule landen. Genau dasselbe geschieht schon in der Erprobungsstufe, wenn Kinder als Eingangssprache Französisch gewählt haben und am Gymnasium nicht erfolgreich mitarbeiten können. Auch dann bleibt in der Regel nur noch die Hauptschule oder die Gesamtschule übrig, denn an der Realschule wird normalerweise Englisch und nicht Französisch als Fremdsprache angeboten, so daß am Gymnasium gescheiterte Kinder, sollten sie an die Realschule überwechseln wollen, dann zwei Jahre Englischunterricht nachholen müßten.

Ebenfalls im Sinne der Begabungsförderung wurden die Benotung von Einzelleistungen und die Noten-Zeugnisse in den ersten beiden Grundschuljahren abgeschafft. Diskutiert wird ihre Abschaffung auch im dritten Grundschuljahr, und die Gewerkschaft Erziehung und Wissenschaft fordert die generelle Abschaffung der Ziffernnoten.

Umfangreiche zusätzliche Fördermaßnahmen wurden eingerichtet, so insbesondere der „Förderunterricht“ für leistungsschwache Kinder. Schüler, die in einem Fach Schwierigkeiten haben, werden, um diese zu beheben, in Zusatzstunden in kleineren Gruppen unterrichtet – also eine Art Nachhilfeunterricht, den die Schule selbst durchführt. Aber auch ein Kind, das aus gesundheitlichen Gründen längere Zeit die Schule nicht besuchen kann, hat ein Recht darauf, von einem Lehrer an seinem Krankenbett unterrichtet zu werden. In den Ferien gibt es Sonderkurse für Schüler, die nicht versetzt wurden, damit diese ihre Defizite ausgleichen können, was dann am Beginn des neuen Schuljahres in einer Prüfung nachgewiesen werden muß. Besondere Programme gibt es für ausländische Kinder, um ihnen die Anpassung an die deutschen kulturellen und gesellschaftlichen Verhältnisse zu erleichtern. Eingestellt wurden Schulpsychologen, die den Schülern nicht nur bei Lernschwierigkeiten, sondern auch bei häuslichen Problemen beistehen sollen. Eingeführt wurde die allgemeine Lernmittelfreiheit mit einem kleinen Elternanteil, unabhängig vom Einkommen der Eltern; des weiteren kostenlose Schulbusse und die Erstattung der Fahrtkosten vom Elternhaus zur nächstgelegenen Schule. Dies letztere führt immer wieder zu Klagen der Eltern. Dazu ein „Offener Brief", publiziert in einer süddeutschen Tageszeitung: „Sehr geehrter Herr Landrat, sicherlich haben Sie zu spät bemerkt, welche Ungerechtigkeit durch die neue Kilometerberechnung bei der Schülerbeförderung entstanden ist. Der Kreistag hat ja im Frühjahr beschlossen, daß der kürzeste Fußweg von der Wohnung zur Schule zur Bemessung der Entfernung zugrunde gelegt wird. Wer nicht weiter als drei Kilometer von der Schule entfernt wohnt, muß seine Kinder zu Fuß zur Schule schicken oder für die Fahrkarte selbst bezahlen. Sicherheitsaspekte spielen für die Bemessungsgrundlage keine Rolle. Und weil Sie nun gemerkt haben, daß es für manche sechs-, sieben- oder achtjährigen Kinder oftmals unzumutbar ist, zu Fuß in die Schule zu gehen (im Winter noch bei Dunkelheit), haben Sie dankenswerterweise entgegen des Kreistagsbeschlusses über die Schulleiter und Klassenlehrer Jahresfahrkarten kostenlos an die Kinder verteilen lassen. Wir sind für dieses Geschenk sehr dankbar. Nun sind wir aber doch verunsichert! Es wurde uns mitgeteilt, daß unsere Kinder ihre Fahrkarten wieder zurückgeben müssen! In unseren Kreisen ist es in höchstem Maße ungehörig, Geschenke wieder zurückzuverlangen. Aber wenn Sie meinen, daß die Sache so ihre Richtigkeit hat, werden wir wohl zähneknirschend auf Ihr Geschenk verzichten müssen."

Festzuhalten ist, daß die Reform des Bildungswesens viel für die Förderung sozial unterprivilegierter und intellektuell überforderter Kinder getan hat. Es wird ein beträchtlicher Aufwand getrieben, um auch noch die Schwächsten zu fördern. Zugleich indessen leistet es sich unser Bildungswesen, Hochbegabte zu ignorieren. Mit der Stigmatisierung „Elitebildung" werden Kinder mit einem IQ über 130 ins schulische Abseits gedrängt und enden, sozial geschädigt, mitunter sogar an Sonderschulen. Dies ist nicht nur eine Tragödie für diese Kinder und ihre Eltern, sondern auch eine Verschleuderung von „Humankapital", auf das Deutschland dringend angewiesen ist.

c) Chancengleichheit

Wenn prinzipiell jedes Fach zum Grund- oder Leistungsfach gemacht oder abgewählt werden kann: Sport und Mathematik, Musik und Latein, Erdkunde und Physik, Kunst und Englisch – dann ist damit gewährleistet, daß kein Kind gezwungen ist, in einem Fach Leistungen nachzuweisen, die es deshalb schwerer erbringen kann, weil in seinem Elternhaus zum Beispiel ein „restringierter Code“ gesprochen wird oder seine Interessen und seine Veranlagung anders gelagert sind[14]. Im Strukturplan steht entsprechend: „Nur die Gleichwertigkeit der Fächer kann Schülern unterschiedlicher Herkunft und mit verschiedener Lerngeschichte die gleiche Chance bieten, ein hohes Leistungsniveau zu erreichen.“[15] Und wenn auf ein Fach, wie zum Beispiel Deutsch, nicht verzichtet wird, so daß es nicht völlig abwählbar ist, muß man dann, um eben keine soziale Ungerechtigkeit entstehen zu lassen, schon die elementarsten Anforderungen zurückschrauben. So schreiben die Richtlinien Deutsch für die Sekundarstufe I von Nordrhein-Westfalen aus dem Jahre 1993 vor, daß die Beherrschung der deutschen Sprache gar kein Ziel des Deutschunterrichts, noch nicht einmal des Rechtschreibunterrichts ist. Statt dessen käme es auf die „Ausbildung der orthographischen Bewußtheit“ an. Unerläutert bleibt, was damit gemeint sein könnte. Allerdings soll diese „orthographische Bewußtheit“ den Schüler „zur Analyse der individuellen Fehlerschwerpunkte“ befähigen und ihm „auch Einsichten in das System der Rechtschreibung ermöglichen“. Die Aufgabe des Deutschunterrichts ist es demnach nicht, den Schüler zum korrekten Gebrauch der deutschen Sprache zu befähigen. Statt dessen soll er „auch“ (!) – also nicht hauptsächlich, sondern eben auch – „individuelle Fehlerschwerpunkte“ – also weder seine tatsächlich gemachten Fehler noch grammatische und orthographische Schwierigkeiten der deutschen Sprache – „analysieren“ können – was immer das heißen mag –, Fehler also nicht vermeiden. Er soll also weder lernen, bei seinem eigenen Sprechen und Schreiben Fehler zu vermeiden, gegebenenfalls zu erkennen und zu korrigieren, noch Fehler bei anderen bemerken. Grammatik und Rechtschreibung müssen weder gekannt noch gekonnt sein. Der Deutschunterricht muß dem Schüler nur die *Möglichkeit* bieten, „Einsichten in das System der Rechtschreibung“ zu gewinnen. Anders als im Deutschunterricht verzichtet der Fremdsprachenunterricht nicht auf die korrekte Schreibweise. Im Englischen und Französischen, im Spanischen wie im Holländischen werden die Verstöße gegen die Rechtschreibung nach wie vor mit einer Verschlechterung der Note geahndet. Dies hat zur Folge, daß heute so mancher Schüler die englische und französische Rechtschreibung besser beherrscht als die deutsche. Um es zu wiederholen: Die Schüler sollen im Deutschunterricht weder lernen, fehlerfreies Deutsch zu sprechen und zu schreiben, noch sollen sie die Korrektheit des deutschen Sprachgebrauchs beurteilen können. Damit ist die orthographische und grammatische Diskriminierung abgeschafft. Denn wenn keiner mehr bemerkt, ob ein Fehler vorliegt oder nicht, kann auch keinem mehr ein Fehler angelastet werden. Hergestellt ist die pädagogische Demokratie im deutschen Klassenzimmer. Konsequent erließ denn auch die inzwischen abgetretene Kultusministerin von Berlin einen Erlaß, gemäß dem die grammatischen und orthographischen Verstöße gegen die deutsche Sprache vom Lehrer nicht mehr bewertet werden dürfen. Universitäten und Banken haben inzwischen Rechtschreibkurse für Abiturienten eingerichtet. „Wir bieten", so Prof. Dr. Gerhard Zeidler, Vorstandsvorsitzender der Alcatel SEL in der „Zeit" vom 17.9.1993, „den Hochschulen jetzt zum zehnten Mal Kurse an, die den Studenten vor dem Eintritt ins Studium einen dreimonatigen Nachhilfekurs in Mathematik bieten. Diese Kurse sind absolut überfüllt. Und wir bezahlen sie auch noch. Wir greifen ein, weil sonst die Hochschulen überhaupt nicht damit zu Rande kommen. Das betrifft übrigens nicht nur das Einmaleins, sondern auch die Rechtschreibung."

Nun behaupten die Kultusminister der Länder – obwohl sie von der „Gleichwertigkeit" der Fächer sprechen – gar nicht, daß alle Unterrichtsfächer in ihrer Substanz tatsächlich gleich seien. Vielmehr stellen sie eine sozialpolitische Forderung auf. Sie lautet, daß alle Unterrichtsfächer, trotz und ungeachtet ihrer Unterschiede, alle denselben Bildungswert hätten. Diese Forderung ist einzig bildungspolitisch motiviert; sie ist ein organisatorisches Mittel, um die Zahl der Abiturienten zu steigern. Denn eine Festlegung verbindlicher Fächer für alle Schüler würde bei manchem dazu führen, daß er das Abitur nicht erreicht. Da aber nach Picht in Deutschland mehr Abiturienten gebraucht werden und gemäß Dahrendorf jeder das Recht auf Bildung hat und gemäß dem Deutschen Bildungsrat prinzipiell jeder abiturfähig ist, sollten eben erheblich mehr Schüler als früher die Schule mit dem Abitur abschließen. Von diesem moralischen Ziel geleitet, erschien es den führenden Bildungspolitikern überflüssig, sich darüber Gedanken zu machen, wie dieses Ziel mit den Fakten zu vereinbaren sei. Das Sollen dominierte das Ist. Entsprechend gibt es weder bei den Autoren des „Strukturplans" noch bei den Kultusministern Überlegungen dazu, ob diese Forderung von den Unterrichtsfächern her gesehen auch Sinn macht, ob sie diese Forderung überhaupt einlösen können und welche Auswirkungen die Gleichbehandlung und Virtualisierung der Fächer für einen späteren Beruf und ein späteres Studium haben.

Um nun den Grundsatz der „Gleichwertigkeit" aller Unterrichtsfächer bei ihrer offenkundigen Ungleichheit dennoch plausibel zu machen, wiesen die Kultusminister allen Fächern der gymnasialen Oberstufe, ohne Ansehung ihrer Inhalte und Methoden, dieselben Aufgaben zu. Diese Aufgaben beschrieben sie auf einem sehr hohen Abstraktionsniveau, damit es trotz der heterogenen Bildungsgehalte der einzelnen Fächer gelingen möge, sie diesen obersten Zielen zu subsumieren. Die Kultusminister einigten sich auf zwei oberste Ziele, die jedes Fach erreichen müsse: „Wissenschaftspropädeutik" und „Selbstverwirklichung in sozialer Verantwortung". Da gemäß der Intention der Reform der gymnasialen Oberstufe jedes Fach diese beiden obersten Ziele erreichen soll, war damit die „Gleichwertigkeit" aller Fächer juristisch abgesichert.

Das hatte zur Folge, daß neue Lehrpläne geschrieben werden mußten, in denen jedes Fach den Nachweis zu führen hatte, daß in ihm beide Ziele auch tatsächlich erreicht werden. So mußten die Fächer Mathematik und Physik zeigen, daß sie zur „Selbstverwirklichung in sozialer Verantwortung" der Schüler beitrügen, und die Fächer Musik, Kunst, Religion und Sport mußten ihren Beitrag zur „Wissenschaftspropädeutik" nachweisen.

Mit der Festschreibung der „Gleichwertigkeit" aller Unterrichtsfächer hat die Kultusministerkonferenz darauf verzichtet, Unterrichtsfächer und Bildungsgehalte daraufhin zu bewerten, ob sie, gemessen an der kulturellen Tradition und den gegenwärtigen und zu erwartenden Problemen, gerechtfertigt werden können.

Die Erfindung des „persönlichen Curriculums" ist der Beitrag der Autoren des „Strukturplans" zur Subjektivierung der Gegenwart. Der Verzicht auf ausgewiesene Werthierarchien und die Deklaration des sachlich Unterschiedlichen zum wertmäßig Gleichen ist der Beitrag der Kultusministerkonferenz zum Relativismus unserer Gegenwart und zur Verringerung der Eingangsqualifikationen von Studenten und Berufsanfängern.

Vor Troja sitzt Achilles, anstatt mit den anderen zu kämpfen, wütend in seinem Zelt. So beginnt die „Ilias". Agamemnon nämlich, der König, hat ihm seine Kriegsbeute, die schöne Briseis, weggenommen, als Ausgleich dafür, daß er, um die Pest vom Heer zu wenden, seine eigene Kriegsbeute, Chryseis, ihrem Vater zurückgegeben hat. Ohne solchen Ersatz wäre er, der oberste Feldherr, als einziger ohne Geschenk und dies sei nicht schicklich und seiner Ehre abträglich. Agamemnon und Achilles setzen den Sieg der Achaier aufs Spiel, um so behandelt zu werden, wie es ihnen zukommt. Beide bestehen auf ihrem Recht als *Ungleiche:* der eine als König, der andere als Kriegsheld. Sie wollen diskriminiert werden. Es gibt kein gleiches Recht für alle, weil alle anders sind. Platon und Aristoteles bringen es auf den Begriff: Gerechtigkeit und Gleichheit sind relationale Größen. Und wie verzweifelt versuchen heute Jugendliche, sich selbst zu diskriminieren! Vor keiner Verunstaltung ihres Äußeren schrecken sie zurück.

Für das archaische wie das klassische und hellenistische Griechenland ist es unverständlich, daß jeder Mensch, von einer angenommenen Größe her gesehen – sei es ein Gott oder das Recht –, gleich sein soll. Bezugspunkt der Bestimmung der Gleichheit ist die offenkundige Ungleichheit. Damit kann Gleichheit nicht auf „die Menschheit" und das Abstraktum „Gattungswesen" bezogen werden, sondern nur auf den einzelnen. Damit ist auch Gerechtigkeit eine relationale Größe, nämlich bezogen auf die Ungleichheit. Und noch Cicero bestimmt Gerechtigkeit als das Maß der Angemessenheit von Würde (dignitas) und Vermögen (potestas).

Vor Gott dagegen ist jeder gleich, so lautet das Credo der christlichen Lehre. Und die europäische Neuzeit säkularisierte diesen Grundsatz in die Rechtsgleichheit der Menschen: Vor dem Gesetz sind alle gleich. Jeder muß vor Gericht gemäß denselben Rechtsgrundsätzen beurteilt werden: „Niemand darf wegen seines Geschlechts, seiner Abstammung, seiner Rasse, seiner Sprache, seiner Heimat und Herkunft, seines Glaubens, seiner religiösen oder politischen Anschauungen benachteiligt oder bevorzugt werden." (Grundgesetz, Artikel 3,3)

Die Rechtsgleichheit sieht ab von der tatsächlichen Ungleichheit der Individuen. Der Rechtsanspruch erwächst aus der Gattungszugehörigkeit. Als Gattungswesen, so erklären die Naturrechtslehren, haben die Menschen schlechthin die gleichen Rechte, nicht aber, als Individuen, die gleichen Fähigkeiten, Interessen und Eigenschaften.

Aus der Rechtsgleichheit schloß Ralf Dahrendorf auf das Bürgerrecht auf Bildung: Da in einer Demokratie vor dem Gesetz alle gleich sind, hat jeder Staatsbürger dasselbe Recht auf Bildung. Wie aber ist dies Recht durchsetzbar, wenn doch die Individuen in ihren Anlagen und Neigungen höchst unterschiedlich sind und wenn ihre häuslichen und sozialen Bedingungen alles andere als gleich sind? Dieser Widerspruch zwischen Rechtsanspruch und gesellschaftlicher Wirklichkeit, zwischen Geltung und Faktizität soll mit einem Programm aufgelöst werden, das unter dem Stichwort „Chancengleichheit" firmiert; sie ist das operative Ziel der Deklaration des Rechts auf Bildung: Jeder soll, ungeachtet seiner individuellen und sozialen Bedingungen, die Gelegenheit erhalten, am Bildungssystem mit denselben Erfolgsaussichten teilzuhaben. Dazu sollen jedem, der ins Bildungssystem eintreten will, dieselben Bedingungen sowohl beim Eintritt als auch während des weiteren Aufenthalts bis zum Abschluß bereitgestellt werden. Deshalb ist es notwendig, die faktischen Ungleichheiten auszugleichen. Um dies zu gewährleisten, wird zwischen einer „formalen" und einer „materialen" Chancengleichheit unterschieden. Die erstere bezieht sich auf das Verfassungsversprechen auf freien Zugang zu allen öffentlichen Bildungseinrichtungen, der durch Gebührenfreiheit und Stipendienvergabe für finanziell Schwächere abgesichert ist. In diesem Sinne ist Chancengleichheit heute gegeben; dadurch ist jedoch noch nicht gesichert, daß Schüler jeder Herkunft tatsächlich die gleichen Bildungschancen im Bildungswesen der Bundesrepublik genießen. Deshalb wird von dieser „formalen Chancengleichheit" die „materiale Chancengleichheit" unterschieden. Sie besagt, daß, über die finanzielle Sicherung hinaus, dafür Sorge zu tragen ist, daß das Bildungswesen auch die Ungleichheit der Lernbedingungen der Schüler aufgrund der unterschiedlichen sozio-kulturellen Lage ihrer Eltern so weit wie irgend möglich ausgleicht[16]. Damit ist gemeint, daß Kinder, deren Eltern die schulische Bildung ihrer Kinder nicht unterstützen können, spezielle Förderung erhalten müssen, um ihre soziokulturell bedingten Nachteile beheben zu können. Die Schule wird damit zur korrektiven Gegeninstitution der Familie mit der Aufgabe, die dort entstandenen und weiter entstehenden Defizite wettzumachen[17].

Das bildungspolitische Programm der „Chancengleichheit" hat Heinrich Roths These zur Voraussetzung, daß die genetische Veranlagung eines Kindes gegenüber der erzieherischen Einwirkung beim Bildungsprozeß vernachlässigbar sei[18]. Insofern sei prinzipiell jedes Kind gleich bildungsfähig, so daß es nur darauf ankomme, die Bedingungen der finanziell und kulturell unterprivilegierten Kinder denen der privilegierten anzupassen (wobei unterprivilegierte Kinder nicht notwendig aus der sozialen Unterschicht kommen müssen), und jedes Kind müsse dann in der Lage sein, die Schule mit dem Abitur zu beschließen[19].

Von dieser Grundsatzvoraussetzung ausgehend, lebt dies Programm von drei weiteren Annahmen: daß es nämlich erstens gelingen könne, die vom Elternhaus und dem sozialen Umfeld geprägten Einstellungen von Kindern durch schulische Einwirkungen in kulturelle Aufgeschlossenheit umzuwandeln und kulturelle Defizite auszugleichen, zweitens, daß es in einer Demokratie nicht nur ein Recht auf Bildung gebe, sondern daß es die Aufgabe des Staates sei, so verstandene Bildungsgleichheit auch durchzusetzen, und daß drittens genügend Geld und Lehrer vorhanden seien, um entsprechende Fördermaßnahmen finanzieren und durchführen zu können.

Die Herstellung der Rechtsgleichheit besagt, die Rechte in der Bevölkerung gleichmäßig zu verteilen, und das Programm der Chancengleichheit trifft Vorsorge, wie die Gleichverteilung auch faktisch durchsetzbar ist. Das prinzipielle Problem der „Chancengleichheit" liegt damit im Verhältnis von Rechtsgleichheit und faktischer Gleichheit, die von gesellschaftlichen und persönlichen Bedingungen geprägt ist. Dieses Verhältnis ist deshalb problematisch, weil unterschiedliche Rechtsgüter einander in die Quere kommen: zum einen nämlich das Interventionsrecht des Staates, der die Verpflichtung hat, die Rechtsgleichheit herzustellen, und zum anderen das Selbstbestimmungsrecht der Eltern und Schüler, das sich auf die persönliche Lebensgestaltung bezieht. Zum Konflikt kommt es, wenn der Staat, im guten Willen, Chancengleichheit herzustellen, die Selbstbestimmung in der Lebensgestaltung der Eltern und Schüler einschränkt. Der Ausgleich von situativen Nachteilen begründet nach Jürgen Habermas kein staatliches Recht, die Familie zu bevormunden[20].

Es gibt Grenzen der Chancengleichheit. Aus der Rechtsgleichheit der Bürger folgt zwar die Verpflichtung, die Nachteile auszugleichen, die sich aus äußeren gesellschaftlichen Fakten ergeben (wie z. B. der Wohnort oder die finanziellen Ressourcen einer Familie). Doch *darf* der Staat nicht intervenieren, wenn dadurch das Recht der Eltern und Schüler verletzt ist. Und der Staat *kann* nicht (erfolgreich) intervenieren, wenn die an natürliche Fähigkeiten gebundenen Ressourcen (wie Intelligenz) für eine höhere Ausbildung nicht ausreichen. Auch die geistigen Ressourcen sind nicht unerschöpflich.

Steigert der Staat die quantitative Ausbeutung der Ressource Begabung über ihr natürliches Vorkommen hinaus, dann wird der qualitative Ertrag an erlerntem Wissen und erlernten Fähigkeiten entsprechend geringer. Wird das natürliche Limit der Intelligenzressource quantitativ und qualitativ überschritten, ist bald der Grenznutzenwert erreicht, an dem die Kosten für die qualitative Steigerung des Wissens und der Fähigkeiten vom zu erwartenden volkswirtschaftlichen Nutzen nicht mehr ausgeglichen werden. Zu rechtfertigen ist ein solcher Aufwand dann nur noch vom vermuteten subjektiven Ertrag (der Steigerung der „Lebensqualität"), den der Geförderte verspüren mag. Die Frage ist also letztlich eine ökonomisch-moralische: Welchen finanziellen Aufwand ist eine Gesellschaft bereit zu treiben, um das moralisches Postulat der Bildung für alle zu erfüllen, wenn die mögliche Steigerung des Wissens und Könnens von Minderbegabten zu gering ist, um im späteren Beruf der Gesellschaft wieder zugute zu kommen?

Der tiefe organisatorische Einschnitt ins Bildungssystem, nämlich die Abschaffung von Haupt- und Nebenfächern, war nicht das Resultat bildungstheoretischer Überlegungen, sondern eine sozialpolitische Maßnahme zur Überschreitung der Ressource Intelligenz und zur Überexpandierung des Bildungssystems ohne Ansehung der Fächer, ihrer Inhalte, Methoden und Ziele, ohne Rücksichtnahme auf die Anforderungen in einem späteren Beruf oder im Studium und ohne Rücksicht auf den tatsächlichen Bedarf an Abiturienten und Akademikern.

Werden im Bildungssystem Jugendliche zugelassen, deren Intelligenzressource entweder nicht ausreicht oder deren Fähigkeiten nur mittels erheblichem zeitlichen Aufwand gesteigert werden können, dann kann dies nur auf Kosten einer Senkung des allgemeinen Leistungsanspruchs geschehen. Genau in diese Richtung geht die Entwicklung in der Bundesrepublik seit vielen Jahren.

Aus der Sicht des Programms zur Realisierung der „Chancengleichheit" erweisen sich die im Kapitel „Die Umstrukturierung der Schule" geschilderten Veränderungen der Schule als organisatorische Maßnahmen zur Überschreitung der Grenze der natürlichen Intelligenzressourcen. Wie Habermas schreibt, ist Chancengleichheit mißverstanden als eine Reduzierung der Rechtsgleichheit auf eine Distributionsgleichheit, in der Bildung als ein Gut angesehen wird, das der Staat als Ware zuteilt und der Bürger konsumiert.

Die Rede von der Bildung als Zuteilung von „Lebenschancen" impliziert ein solches Warenverständnis von Bildung. Eine heute gebräuchliche Strategie dieses Verständnisses ist die „positive Diskriminierung", die es den Angehörigen von Minderheiten erleichtert, akademische Grade zu erwerben, indem für solche Gruppen die Anforderungen gesenkt werden – wie dies an einigen Hochschulen der USA für Schwarze und Latinos durchgesetzt wurde. Schon machen sich auch nicht-ethnische Minderheiten daran, sich Vorteile in der Verteilung der Sozialchancen zu verschaffen. Ansätze sind auch in Deutschland zu beobachten, wenn Stellen in Behörden nach Quoten vergeben werden.

Die freiwillige Entmündigung von der Einschalt- bis zur Frauenquote mißversteht sich als politischer Fortschritt. Was droht, ist die Degeneration der Bundesrepublik zur Quotendemokratie. Die politische Mitbestimmung realisiert sich als Kauf und Verweigerung von Waren.

In der Familienpraxis wird das Problem der Chancengleichheit sehr viel pragmatischer angegangen. Kein Kind geht heute mehr zur Schule, ohne daß durch „leichte Nahrung mit schneller Energiezufuhr für Gehirn und Nerven" (so die Empfehlung einer Tageszeitung) die Startbedingungen für das Tagespensum ausgeglichen wären. 18 Prozent der Eltern versorgen ihre Kinder vorsorglich mit Aufputschmitteln. Kein Wunder, daß nur 6 Prozent der Eltern annehmen, ihre Kinder gingen ungern zum Unterricht, und nur drei Prozent ihre Kinder für überfordert halten. Das hindert allerdings 45 Prozent dieser Eltern nicht an der Auffassung, daß die Leistungsanforderungen in der Schule zu hoch seien.

Viele Pädagogen, Didaktiker, Lehrer, Sachbuchautoren und Journalisten, Fachzeitschriften, Tageszeitungen, Illustrierte und Fernsehsendungen, Volkshochschulen, Parteien und Verbände nahmen sich der Dahrendorfschen Forderung nach einer „aktiven Bildungspolitik" an, um die Einstellungen weiter Bevölkerungsschichten aufgeschlossen für Bildungsinvestitionen in ihre Kinder zu machen. In der Öffentlichkeit setzte sich die Annahme durch, die der Bildungsrat propagierte: daß es kraft geeigneter pädagogisch-didaktischer Maßnahmen möglich sei, im Prinzip jedes Kind zum Abitur zu führen. Jedes Kind, so die öffentliche Meinung, sei, anthropologisch bedingt, in seiner Auffassungsgabe und Bildungsbereitschaft eigentlich wie jedes andere. Es gehört seit geraumer Zeit zur „political correctness", jedes Kind als gleich begabt anzusehen.

Gegenläufig, aber dennoch den Trend zur höheren Bildung unterstützend, wirkten die vielen Sachbücher über Kindererziehung, die bis in Einzelheiten die Entwicklungsstufen der Ontogenese als phylogenetischen Prozeß beschreiben und zeitlich fixieren. Sind nun die phylogenetisch angegebenen Zeiten für motorische oder sprachliche Fähigkeiten ontogenetisch um ein, zwei Wochen unterschritten, gerät so manches Kind unter Genieverdacht. Reüssiert nun ein derart vorbelastetes Kind auf der Schule nicht so, wie es aufgrund der frühkindlichen Entwicklung von den Eltern erwartet wird, dann liegt der Schluß nahe, daß, aus der Sicht der Gesellschaft, die Eltern und, aus deren Sicht, die Lehrer und das Schulsystem versagt haben. Genau dies ist ja auch die öffentlich propagierte pädagogische Grundthese der prinzipiellen Bildungsfähigkeit eines jeden Kindes. Damit treffen sich zwei sich ausschließende Ansätze – nämlich zum einen die These der prägenden Kraft genetischer Veranlagung und zum anderen die These der sozialen Machbarkeit von Bildung – im Resultat: nämlich der Behauptung, daß die Schule versagt, wenn in Wahrheit das Kind versagt hat. Der Wunsch nach sozialem Aufstieg der Kinder über eine höhere Schulbildung ist heute selbstverständlich geworden und überschreitet zu oft die Begabung der Kinder.

Von Buchhändlern kann man erfahren, daß Mütter gerne in die Buchhandlung kommen und sich Bücher für ihre frisch eingeschulten Kinder empfehlen lassen, „aber anspruchsvolle", weil ihre Kind „weit voraus" sei. Nach ein, zwei Schuljahren indessen hören solche Bitten schlagartig auf.

Wie groß die Begabungsreserve tatsächlich ist, ist eine Frage des Anspruchs, der gestellt wird. Nur wenn der Anspruch festgelegt ist, kann seriöserweise über die Reserve nachgedacht werden. Je geringer der Anspruch, desto größer wird sie sein.

2. *Der pädagogische Imperialismus*

a) Negative Pädagogik

Die Abiturfeier fand in der Aula statt. Der Schulleiter stand am Mikrophon und hielt die Abschlußrede, Schüler der Jahrgangsstufe zwölf servierten indessen Getränke. Viele Gäste waren hungrig. Durch die Flügeltür verließen sie den Saal, um sich am kalten Buffet zu bedienen. Zwölf Mark hatten sie bezahlt. Die Türen quietschten und fielen mit einem dumpfen Schlag ins Schloß. Der Oberstudiendirektor am Mikrophon war schwer zu verstehen. Eine Dame im grauen Kostüm und leicht lila getönten Haaren beschwerte sich, immer noch keinen Wein bekommen zu haben. Andere Eltern unterhielten sich. Einer der servierenden Schülerinnen, adrett gekleidet, fiel ein Glas zu Boden. Er wolle den Schülern und Eltern die „endlose Ausbreitung des abendländischen Kulturguts" ersparen, erklärte gerade der Pädagoge, zu lange habe er selbst darunter gelitten, nämlich unter dieser Ausbreitung. Dann sprach er von der Arbeitslosigkeit und der Wirtschaftskrise. Es war Frühjahr 1993. Aber immerhin sei es gelungen, einen „nicht unerheblichen Beitrag zur Persönlichkeitsentwicklung" der Schüler zu leisten. Genau dies bezweifelte der Vertreter der Abiturienten in seiner Anschlußrede. Was sie nun eigentlich in dreizehn Jahren gelernt hätten, fragte er, um sogleich die Antwort zu geben: Pünktlichkeit, Fleiß und Disziplin statt persönliche Gestaltungsfreiheit; individuelle Unterwerfung statt kollektiven Protest. Zu mündigen Bürgern jedenfalls seien sie nicht erzogen worden. Gerne erinnere er sich allerdings an die Klassenfahrten und Kurstreffen. Dann kletterte der Schulleiter in einen Boxring, den die Abiturienten in der Mitte der Aula aufgebaut hatten. Dort überreichte er die Reifezeugnisse. Je größer die Anzahl seiner Verwandtschaft und Freunde war und je mehr Sympathie ein Abiturient bei seinen Mitschülern genoß, desto lauter war das Klatschen, Pfeifen und Johlen bei der Übergabe. Der inoffizielle Teil begann dann noch. Zwei Schüler als Conférenciers baten die Studienräte in den Ring. Diese malten dort um die Wette Bilder und liefen von einer Ecke zur anderen, um Kerzen auszupusten. Eltern, Schüler und das Lehrerkollegium amüsierten sich. Gegen Ende beruhigte der Sportlehrer einige angetrunkene Jugendliche.

Im Potsdamer Abkommen von 1945 schrieben die Alliierten das Umerziehungsprogramm für das besiegte Hitler-Deutschland fest. Es umfaßte im wesentlichen zwei Punkte: Entnazifizierung und Entmilitarisierung. Der Kontrollratsartikel 54 aus dem Jahre 1947 wiederholte beide erzieherischen Grundpfeiler Nachkriegsdeutschlands.

Die pädagogisch-didaktischen Konzepte, die in der Bundesrepublik nach 1945 entwickelt wurden, müssen verstanden werden vor diesem Hintergrund des alliierten Erziehungsprogramms und der historischen Erfahrungen mit dem Nationalsozialismus. Auf den Punkt gebracht, ist das Ziel der gesamten Nachkriegspädagogik in Deutschland bis heute: Nie wieder Nationalsozialismus, nie wieder Diktatur, nie wieder Krieg.

So verstand sich der pädagogische Neubeginn in Deutschland substantiell als Abwehr. Entsprechend wurden zum einen die Ziele, Inhalte und Methoden des Unterrichts revidiert, und zum andern wurde das äußere Schulsystem reformiert; ein Vorgang, der mit der Neugestaltung der gymnasialen Oberstufe einen vorläufigen Höhepunkt erreichte und mit der Einführung der Gesamtschule – die Amerikaner hatten sie schon sofort nach dem Krieg in Bayern vergeblich einzuführen versucht – auch strukturell einen gewissen Abschluß gefunden hat.

Abgelehnt wurde vornehmlich ein sogenannter „Bildungskanon“, der tradierte Inhalte der europäischen Kultur als Lerngegenstände vorschreibt. Solche abendländische „materiale Bildung“ sei nicht nur moralisch bedenklich, sie sei auch gar nicht möglich, denn in der Gegenwart gebe es keine Einmütigkeit mehr darüber, welche „Werke, menschliche Leistungen oder ganze vergangene Kulturen als ‚klassisch‘ anerkannt sind“[21]. Zudem stellten sich der Moderne Aufgaben, die so neu seien, daß sie in der Vergangenheit gar keine Grundlage hätten, weshalb ein klassischer Bildungskanon an den Bedürfnissen und Notwendigkeiten der Gegenwart und Zukunft vorbeigehe. Im „Strukturplan“ wird diese Position festgeschrieben. Dort ist zu lesen, „daß ein enzyklopädisches Wissen im Sinne eines Kanons der Allgemeinbildung nicht mehr vermittelt werden kann“[22]. So selbstverständlich erschien den Autoren diese Behauptung, daß sie es nicht für nötig hielten, sie zu begründen. Und im Februar 1994 stellte der Niedersächsische Kultusminister Rolf Wernstedt auf einer Klausurtagung der Kultusminister in Bonn fest: „Es gibt kein zeitlos gültiges Bildungsideal.“ Ein „zeitloses“ sicherlich nicht, aber ein kulturgebundenes, will man nicht der Kulturlosigkeit das Wort reden.

Und so braucht sich heute in der Tat keiner mehr zu schämen, wenn er auf einer Party bekennt, weder Kant noch Schiller und Beethoven zu kennen, statt dessen aber irgendwelche Popstars. Goethe und Comics sind egalisiert; mit leichtem – hinter der Hand geflüsterten und bisweilen auch offensiv vorgetragenen – Vorrang von Obelix, dem Lieblingsblauhelm des Feuilletons. Die Unkultur wird als politisch-demokratische Errungenschaft hervorgekehrt, so daß es zum Kennzeichen demokratisch-liberaler Gesinnung wird, ungebildet zu sein. Im Bereich des ungebildeten Verhaltens scheint sich allerdings eine gewisse Trendwende anzubahnen, jedenfalls behauptet dies der frühere Protokollchef beim Deutschen Industrie- und Handelstag in Bonn, Heinz Commer, der vor allem bei Nachwuchskräften in der Wirtschaft meint feststellen zu können, daß diese ihre Defizite bemerken und deshalb ein gesteigertes Interesse an guten Umgangsformen entwickeln. Noch ist nicht bemerkbar, daß sich diese Entwicklung auch auf die geistigen Bildungsdefizite erstreckt.

Und dies ist das Hauptproblem: Den Römern mangelte es trotz ihres technischen, politischen, militärischen und ökonomischen Könnens, ebenfalls an eigentlich kulturellen Höchstleistungen. Sie aber wußten um ihr Defizit und waren deshalb so klug, sich die griechische Kultur zu eigen zu machen, um auszugleichen, was ihnen fehlte. Heute empfinden die Europäer, und insbesondere die Deutschen, ihre Kulturschwäche überhaupt nicht. Sie sehen sich allenfalls defizitär bezüglich der Kultur der Vereinigten Staaten. Und so wurden Pop und Trash, der zappelnde und schreiende Popstar neben dem Mülleimer, die Baseballkappe, der Ring durch Ohr, Nase und Mund, Jeans, Micky Mouse und McDonald's die kulturellen Highlights. Aus dieser Perspektive erscheint dann so mancher Gegenwartskünstler, -denker und -schriftsteller als kultureller Riese.

Nachdem jedenfalls für die Schulen verbindliche Inhalte des Unterrichts abgeschafft waren, konnten in den Fachzeitschriften keine Diskussionen mehr um die Inhalte geführt werden. So trat denn das Problem der Methode des Unterrichts in den Vordergrund.

Man berechnete, daß ein Schüler bis zum Abitur im Schnitt 15 000 Stunden Unterricht erteilt bekommt. Da Schulstunden nur 45 Minuten lang sind, heißt das, daß sich ein Schüler rund 11 000 Zeitstunden der Amtsautorität der Lehrer beugen müsse und dem Leistungszwang ausgeliefert sei. Der Anpassungsdruck sei so enorm, daß notwendig deformierte Persönlichkeiten die Schule verlassen müßten. Heinrich Manns „Der Untertan“ stand Pate: Die Schule produziere, völlig unabhängig von den vermittelten Inhalten und Methoden, allein durch die Art und Weise des Unterrichtens und durch die Autorität der Lehrer, autoritätsgläubige, unselbständige Untertanen mit dem Radfahrersyndrom: nach oben buckeln und nach unten treten. Wer keine Diktatur wolle, der müsse folglich dafür sorgen, daß der Unterricht methodisch demokratisiert wird. Deshalb müsse insbesondere der autoritäre Unterrichtsstil aufgegeben werden und statt dessen gelte es, Formen des selbständigen Lernens in den Vordergrund zu rücken. Das Unterrichtsarrangement – von den Medien (Overheadprojektor, Monitor etc.) über die Unterrichtsstile („autokratisch", „laissez-faire" etc.) bis zu den „Sozialformen" (Gruppenarbeit, Partnerarbeit, Freiarbeit etc.) – verselbständigte sich gegenüber den Inhalten.

Ausgestattet mit dem historischen Recht der deutschen Geschichte und dem Auftrag der Alliierten empfanden sich die neuen Pädagogen der sechziger Jahre, nachdem die Überbleibsel der deutschen Katastrophe pensioniert worden waren, als die Speerspitze der Demokratiebewegung.

„Kritikfähigkeit" avancierte zum pädagogischen Leitbegriff, verstanden als „Ideologiekritik". Solchem Verständnis entspricht es, daß „Ideologiekritik gegenüber dem gesellschaftlichen Normensystem nicht bei einer Kritik anerkannter Meinungen stehenbleibt, sondern falsches Bewußtsein von gesellschaftlicher Wirklichkeit aufweisen will; dies geschieht durch die Offenlegung des gesellschaftlichen Machtcharakters und die Interessengebundenheit vorherrschender Normen, die mit objektiven sozialen Gegebenheiten konfrontiert und am Maßstab des Abbaus von Herrschaft und der Verwirklichung von Freiheit gemessen werden."[23] In der Auseinandersetzung mit Max Weber wurde Wissenschaft nicht mehr verstanden als wertneutrale Welterklärung und -beschreibung, vielmehr als Theoriebildung im Interesse der gesellschaftlich Herrschenden. Besonders einflußreich war Jürgen Habermas' Aufsatz: „Erkenntnis und Interesse" von 1965 (eine überarbeitete Fassung seiner Frankfurter Antrittsvorlesung) in seiner Aufsatzsammlung „Technik und Wissenschaft als ‚Ideologie'".

Der Abiturient des Düsseldorfer Gymnasiums, dem die Schulfahrten eindrücklicher sind als Einstein und Goethe – er weiß gar nicht mehr, wogegen er sich verwahrt. „Abendland" und „Kultur" sind allenfalls noch Reizworte, die Abwehrmechanismen freilegen. Bewußtlos öffnet sich der Mund zum Protest und bestätigt die verfehlte Erziehung zum mündigen Bürger. Der Schulleiter des Düsseldorfer Gymnasiums, der die europäische Kultur als Zumutung empfindet, ist dem institutionellen Opportunismus anheimgefallen. Dies ist die Kulturkapitulation, die sich progressiv nach vorne wendet, um sich den Schülern anzubiedern. Die durchschauen das Spiel und werfen ihren Lehrern dann, weil der Intellekt nicht scharf genug ist, vor, „Lehrplanverwalter" zu sein und „Leistungsbuchhalter".

In der Medienöffentlichkeit ist es heute dem einzelnen leicht gemacht, öffentlich Unfug zu reden, weil und sofern er die veröffentlichte Meinung auf seiner Seite hat. Und so beklagen sich Schüler in einer Umfrage des Zentrums für empirische pädagogische Forschung in Landau aus dem Jahre 1994 über hohen Leistungsdruck, zu viel Theorie, fehlende Mitspracherechte und soziale Kälte in der Schule. Besonders Gymnasiasten klagen mehr Freiraum ein für individuelle Entfaltung sowie eine Erziehung zu Teamgeist und sozialer Verantwortung statt der Förderung von „Einzelkämpfern". 40 Prozent aller Schüler führen das wachsende Gewaltpotential in der Gesellschaft auf Mißstände in den Schulen zurück. Die Schule werde ihrem Erziehungsauftrag nicht mehr gerecht und diene nur noch der reinen Wissensvermittlung. Je heftiger Pädagogen und Bildungspolitiker genau diese von den Schülern als unerreicht beklagten Forderungen stellen und je mehr die Schule genau diese Forderungen erfüllt, als desto defizitärer empfinden Schüler offensichtlich ihre Lage und die der Schule und um so unzufriedener reagieren sie. Sie reproduzieren die Medienmeinungen und sind unfähig, ihre eigene Situation zu erkennen.

So führte das Trauma „Drittes Reich" in der Pädagogik zu dramatischen Fehlentwicklungen, die das Gegenteil dessen bewirkten, um dessen Vermeidung willen die neue Pädagogik angetreten war: in die neue Unmündigkeit der unkritischen Kritik als Unterwerfung unter die veröffentlichte Meinung und als Verwerfung des Unbekannten und Unbegriffenen, gepaart mit auftrumpfender Unbedarftheit und rüpelhaft-gewaltsamem Vandalismus.

Die Pädagogik arbeitet mit an der Minimalisierung der Aufklärung. Sie propagiert die „negative Pädagogik", die sich als Entlarvungs- und Enttabuisierungsprogramm versteht. Klar ist, wogegen man zu sein hat, völlig offen bleibt, wofür man eigentlich sein soll. Es zeigt sich, daß der Nachkriegspädagogik die Erziehung „zu etwas" gefehlt hat, so sehr, daß heute Schlagwörter wie „Solidarität" Konjunktur haben, um die inhaltliche Leere zu kompensieren. Selbst „positive" Bestimmungen wie Emanzipation und Mündigkeit erweisen sich bei Licht betrachtet als Negationen, nämlich als Abschaffung von Abhängigkeit. Aus Negation, Entlarvung und Tabuverletzung allein aber erwächst keine Orientierung. So leben wir in der Schwundstufe der Aufklärung: Entlarvung ohne Hemmung, Negation ohne Humanität.

Nun gibt es keine menschliche Gemeinschaft, deren Maßstäbe unveränderlich gewesen wären. Neu ist heute, daß sich die Maßstäbe nicht verschieben, sondern daß jeglicher Maßstab überhaupt abgeschafft wird. Die Aufklärung, die die Enttabuisierung in Europa eingeleitet hat, enttraditionalisierte damit zugleich die Welt.

Am Ende ihrer Gymnasialzeit pflegen Schüler ihren letzten Schultag vor dem Abitur mit allerlei Scherzen zu begehen. Und so wird in der Regel die Schule verbarrikadiert, und andere ulkige Einfälle folgen. Die Bilanz des Schabernacks an einem Düsseldorfer Gymnasium im Jahre 1995: zwei verwüstete Klassenräume, in denen die Schüler witzigerweise Wackelpudding auf Wände, Tafel, Decke, Boden und Mobiliar warfen, eine zerbrochene Glasscheibe der Haupteingangstür, eine aus den Angeln gerissene Tür der Aula, der Bühnenvorhang heruntergezerrt, der Motor, der das Auf- und Zuziehen des Vorhangs betreibt, lahmgelegt, unzählige ausgetrunkene und dann zertrümmerte Sekt- und Schnapsflaschen, zertretene Bier- und Coladosen, Unmengen an zerfetztem Papier, Bananenschalen, auf dem Parkett ausgetretene Zigarettenkippen.

Die posttraditionale Kultur ist die tabufreie Kultur. Sie hat die obersten Prinzipien des Denkens und Handelns selbst preisgegeben. Aufgeklärt, wie Marcel Reich-Ranicki ist, diskutiert er in Talkshows, wenn nicht gerade mit Karasek, so dann schon halt mal mit Prostituierten – auch Schriftsteller beteiligen sich gerne – und bekundet unter dem Gejohle der Claqueure im Studio sein Interesse am Beruf der Hure. Die Schwundstufe der Aufklärung ist die entkultivierte Kultur. Und so verstehen wir die Empörung nicht, die Salman Rushdies „Satanische Verse" ausgelöst haben. Die enttabuisierte Welt ist die entheiligte Welt, in der spätmodernen Gegenwart ist das Unantastbare kein Wert mehr, sondern ein Hindernis auf dem Weg zur Freiheit.

Wir leben im Aufklärungsdilemma: auf der einen Seite kann die Aufklärung kein Tabu gelten lassen, auf der anderen Seite kann keine Kultur ohne Tabus überdauern. „Tabu" ist das polynesische Wort für einen Ort, der unverletzbar ist. „Tabu" ist das Unantastbare, das sich der menschlichen Verfügungsgewalt entzieht. Und genau aus diesem Grund schützt das Tabu einen Ort, einen Gegenstand oder ein Tier vor dem menschlichen Zugriff. Was „tabu" ist, das ist prinzipiell transsubjektiv.

Daraus ergibt sich eine gewisse Ambivalenz im Umgang mit den Dingen, die „tabu" sind. Im Begriff des „Heiligen" schwingt diese Ambivalenz noch etwas mit: Das Heilige ist zugleich das Unheimliche, das Angst macht. Die Erklärung dafür liegt auf der Hand: Alles, worüber der Mensch nicht verfügen kann, ängstigt ihn. Und die Moderne hat genau diese Angst überwunden: durch Erklärung und

Entlarvung. Dies war die große Leistung der Epoche der Aufklärung, die den Mythos und die Tabus als Ammenmärchen entlarvte, die ihre Macht einzig einer zufälligen Tradition verdanken.

Das Tabu schützt die obersten Prinzipien des Denkens und Handelns vor ihrem Verschleiß. Ist dies Tabu gebrochen, fehlt dieser menschlichen Gemeinschaft die gemeinsame Basis, und sie zerfällt. Der Pluralismus der Spätmoderne ist Ausdruck eines solchen Verfalls. Der Taumel der Moderne etabliert die Beliebigkeit und stilisiert die Enttabuisierung zur Lebensform. Sie gehorcht nur einer Regel: nämlich die letzten Bastionen zu schleifen. Wo immer sich noch Grenzen zeigen, da werden diese mit großem Medienaufwand gesprengt. Professionelle Tabufahnder haben sich etabliert, die nach den letzten Relikten des Sakrosankten auf die Pirsch gehen. Einige Künstler verstehen sich als solche Waidmänner: Kunst, so erklären sie, sei Tabuverletzung. Öffentliche Kunstrichter wie Helmut Karasek erklären sich solidarisch und bescheinigen dem Roman „Babyficker" hohe künstlerische Qualität, weil hier eines der letzten Tabus gebrochen sei – nämlich die Darstellung der Obsessionen des Autors, mit Säuglingen Geschlechtsverkehr zu haben – und nichts anderes sei große Kunst, seit Ödipus seiner Mutter beigeschlafen habe. Den neuen Roman von Gabriele Wohmann („Aber das war noch nicht das Schlimmste") kündigt der Verlag so an: „Gabriele Wohmann bricht wieder ein großes Tabu."

Wie verzweifelt müssen Menschen sein, die sich diese Lebensform der Tabuverletzung zu eigen machen? Es ist die Verzweiflung der Desorientierten, der Sinnentleerten. Ihren einzigen Sinn sehen sie nur noch in der Enttabuisierung der Kultur, ihre einzige Orientierung ist nur noch die Jagd nach Tabus. Friedrich Nietzsche sprach von der Attitüde des „schwachen Nihilismus". Er ist schwach, weil er Tabus bricht, die gesamtgesellschaftlich gesehen bedeutungslos geworden sind, bevor sie gebrochen werden.

Die enttraditionalisierte Kultur hat mit der Vermehrung der Sakrilegien zugleich ihre Institutionen preisgegeben, die das Sakrosankte schützen. Institutionen nämlich, das ist die These Arnold Gehlens, haben den großen Vorteil, daß sie vom Rechtfertigungsdruck des eigenen Denkens und Handelns entlasten, sofern man sich im Rahmen der jeweiligen Institution gemäß ihren Regeln verhält. Genau hier indessen zeigt sich ihre Kehrseite: Sie entlasten von Rechtfertigungsdruck nur um den Preis, daß man sich ihnen unterwirft. Entledigt sich nun eine Kultur ihrer Institutionen, ist dies einerseits eine Befreiungstat, andererseits setzt diese Befreiung den einzelnen einem unerfüllbaren Rechtfertigungsdruck für sein Denken und Handeln aus, denn ohne Institution versteht sich nichts mehr von selbst. Ergebnis der Enttabuisierung und Entlarvung ist deshalb Freiheit mit Rechtfertigungsüberlastungen, Orientierungslosigkeit und Sinnverlust.

Im lebensweltlichen Alltag trat an die Stelle der Aufklärung die Pseudoaufklärung der Tabuverletzung und die gleichzeitige Etablierung von Pseudotabus wie Arbeitslosigkeit oder Schweißfüße. Pseudotabus, weil sie kein Unbedingtes mehr schützen, sondern nur das gesellschaftlich Unbequeme zur Seite schieben, über das man lieber schweigt, anstatt es zu lösen, oder dessen „Lösung" man der Werbung anheimgibt, damit wenigstens die Industrie noch daran verdient.

Das pädagogische Programm der entschwundenen Aufklärung ist aufgegangen: Zu viele Jugendliche haben sich aus allen Abhängigkeiten gelöst. Die von der Erziehung erwünschte Enttabuisierung der Moderne war so erfolgreich, daß selbst die Achtung vor dem Menschen nur mehr Makulatur ist. Die Pädagogik arbeitet mit an der Demontage von Verbindlichkeit und der Relativierung von Verantwortung. Und so haben die pädagogischen Enttabuisierer keinen Grund, sich zu wundern, geschweige denn, sich zu empören über das Verhalten vieler Jugendlicher heute. Nicht, daß sie die Fehlleitung der Jugendlichen deshalb zu verantworten hätten, weil sie an deren Sozialisationsprozeß unmittelbar beteiligt gewesen wären – sie waren es selbstverständlich nicht –, aber sie haben die pädagogischen Theoreme zu verantworten, die sie in Talkshows und im Feuilleton vortragen, und die dann in Volkshochschulen und Illustrierten Schlagzeilen machen und dergestalt vermittelt im lebensweltlichen Alltag zum Erziehungsdesaster führten. Sie liefern das gute Gewissen für die Nicht-Erziehung.

Die Enttraditionalisierung der Gesellschaft, die wir heute erleben, die nicht in der Kultur aufgefangen wird, übergibt den lebensweltlichen Alltag anderen Steuermechanismen: nämlich solchen der Macht, des Geldes, des Marktes, der Medien, der Videos, der Mode und der Popmusik. Und wenn auch diese Mechanismen nicht mehr greifen, dann bricht die ungezügelte Gewalt aus. Der Weg vom Alltagsvandalismus bis zum Totschlag, so scheint es, wird immer kürzer.

Der Zustand der enttabuisierten Gesellschaft provoziert kompensatorisch politische Totalitarismen und religiöse Fundamentalismen. Der Fundamentalismus zeichnet sich dadurch aus, daß er Wahrheiten behauptet, die nicht der öffentlichen Prüfung durch die Vernunft ausgesetzt werden, vielmehr werden sie von religiösen Experten für das

Volk „ex cathedra" verkündet. Die Priesterkaste nimmt für sich die exklusive Wahrheitserkenntnis in Anspruch, und damit sind die Wahrheitsbehauptungen für den Laien tabu. Jedoch bleibt es nicht immer bei der Erkenntnis und Verkündigung stehen. Sofern, wie im nicht-säkularisierten Islam, der religiöse Führer auch gleichzeitig der politische Führer ist, hat er sowohl die religiöse Verpflichtung als auch die politische Macht, die religiöse Wahrheit zu verwirklichen. Damit löst der Fundamentalismus ein Problem auf, das sich mit der modernen Wissenschaft ergab, nämlich die Trennung der wissenschaftlichen Expertenkultur vom lebensweltlichen Alltag. Der Preis indessen ist hoch. Die Einheit wird bezahlt mit der Einführung eines neuen Dogmatismus, der sich in einem schwerlich zu durchbrechenden Zirkel bewegt: Die politische Macht nämlich sichert die Durchsetzung der Glaubenswahrheit, und die Glaubenswahrheit legitimiert die politische Macht. Der Fundamentalismus der Gegenwart ist der Versuch der Retabuisierung der Welt.

Damit sind die Zukunftsaussichten einigermaßen betrüblich: Auf der einen Seite nämlich die Konkursmasse der europäischen Kultur, die in eine Kultur der Beliebigkeit führt, und auf der anderen Seite der Moralterror unterschiedlichster Provenienz, der sich am Scherbenhaufen gütlich tut.

In der Spätmoderne gilt es, die Spannung auszuhalten zwischen Tabuetablierung und Tabuzerstörung. Für jedes Tabu, das geschleift wird, muß ein neues errichtet werden, und jedes neu errichtete Tabu muß geschleift werden. Die Spätmoderne kann weder mit noch ohne Tabus leben. Die neohellenistische Kultur muß ein Selbst- und Weltverständnis entwickeln, das mit diesem Widerspruch leben kann.

b) Lebenspropädeutik

Die Abwehrpädagogik der Nachkriegszeit wendete sich von der kulturellen Vergangenheit ab und öffnete sich der politischen Zukunft. Die kulturelle und politische Vergangenheit, insbesondere die deutsche, ist das, was es zu überwinden gilt. Mit dem Nationalsozialismus wurde die Tradition insgesamt zum Gefahrengut erklärt. Die von der Vergangenheit entsorgte Zukunft ist das Ziel aller pädagogischen Bemühungen. Gelernt werden soll für eine bessere Gesellschaft und für ein besseres Leben. Die Implikation ist, daß Vergangenheit das ist, was das Schlechtere ist und deshalb überwunden werden muß. Schule wurde zur Lebenspropädeutik – „sed vitae discimus".

Nach Ralf Dahrendorf hat das Elternhaus bei der Erziehung so völlig versagt, daß er den Eltern die Last der Erziehung gar nicht mehr aufbürdet, sondern der Schule überträgt. Aus dieser Position heraus beklagte er, daß die Lehrer diesen Auftrag nicht annähmen und den Eltern zuschöben. „Die Last der Erziehungsaufgabe wird von den Lehrern dem Elternhaus zugeschoben (!, W.R.), eine Fiktion, an der auch dort noch festgehalten wird, wo bekannt ist, daß das Elternhaus seine *angebliche* (Hervorhebung W.R.) Aufgabe nicht zu erfüllen vermag.“[24] Es ist also gar nicht die Aufgabe der Eltern, ihre Kinder zu erziehen, vielmehr die der professionellen Pädagogen in der Schule. Genau diesen Standpunkt vertritt noch im Jahre 1993 vehement Hartmut von Hentig[25]. Seine Laborschule in Bielefeld hat sich deshalb ausdrücklich den eigentlich selbstverständlichen Titel „pädagogische Schule“ zugelegt. Verkehrte Welt. Der Lehrer in der Schule erspart die Erziehung zu Hause. Daß es den Gymnasien nicht gelingt, die Erziehungsdefizite der Eltern auszugleichen, beklagt Dahrendorf dann als den „pädagogischen Defaitismus des deutschen Gymnasiums“[26]. Das wahre Ausmaß des Versagens der Schule hat schließlich der Hamburger Erziehungswissenschaftler Peter Struck im Jahre 1994 erkannt: „Gewalt, Kriminalität, Sucht, Krankheit, Dummheit und Versagen werden durch die jetzige Schule und ihre Lehrer geradezu gefördert.“ Hier liegt der Kern des pädagogischen Imperialismus: „Die Schule der Nation ist die Schule“, so formulierte Willy Brandt, und Pädagogen machten daraus: Die Schule ist die Schule der Nation.

Der Staat also hat den Eltern das Erziehungsmonopol weggenommen und unter staatliche Aufsicht gestellt. Dies war der Beginn der Professionalisierung der Erziehung in der Bundesrepublik. Aus Pädagogik wurde entsprechend „Erziehungswissenschaft“, und wer nicht akademisch-wissenschaftlich lernt, wie zu erziehen sei, der erzieht verkehrt, und das heißt vornehmlich: der erzieht den autoritätsgläubigen Untertan. Um dies zu verhindern traten die Erziehungswissenschaften, Lehrer, Pädagogen und Bildungspolitiker an. Erziehung bedarf des Hochschulstudiums, und deshalb sollten Eltern die Erziehung ihrer Kinder den ausgebildeten Erziehern im Kindergarten und den professionellen Pädagogen in der Schule überlassen. Und da der erzieherische Einfluß der Eltern nicht vermeidbar ist, wurde der „Erziehungsführerschein“ für Eltern gefordert.

Neuere pädagogische Überlegungen gehen noch weiter: Die Schule soll nicht nur die mangelnde Erziehung durch das Elternhaus kompensieren, vielmehr soll sie auch die immer geringer werdende Erfahrung der Jugendlichen ausgleichen. Entsprechend fordert von Hentig, müsse die Schule „Erfahrungs- und Lebensraum“ werden[27]. Selbst wenn es tatsächlich so wäre, daß die Jugendlichen heute keine „Primärerfahrung“ mehr machten – in Wirklichkeit stimmt dies natürlich nicht; nach wie vor erlebt jeder Mensch unumgänglich persönlich und direkt oder gar nicht. Was sich heute ändert – allerdings nur teilweise als Ablösung traditioneller Erfahrung, sondern in der Mehrzahl als deren Erweiterung – sind die Gegenstände und Ereignisse, an denen die Erfahrung gemacht wird. Aber selbst wenn es so wäre, wie von Hentig vermutet, daß die „Primärerfahrung“ abnimmt, dann wäre erstens auszuweisen, was daran nachteilig ist, und zweitens könnte dieses Defizit, sofern es für erforderlich gehalten wird, in der Schule nicht kompensiert werden, pädagogisierte Lebenserfahrung bleibt hoffnungslos anekdotisch – selbst ein 8-Stunden-Tagesunterricht könnte dagegen nichts ausrichten. Die pädagogische Welt ist systematisch von der Lebenswelt getrennt. Beide müssen aufeinander bezogen sein, nicht sich vermischen. Nur so gewinnt der Lernende Distanz: zu sich, seinem Lernen, der Lebenswelt und dem Unterricht. Und nur aus der Distanz heraus ist ein bewußter Bezug möglich.

Die bildungspolitische Umsetzung solcher Vermischung von Schule und Leben ist die „Öffnung der Schule“. Wollte die „Lernzieltheorie“ das Leben in die Schule holen, so wollen die neuen Konzepte umgekehrt die Schule ins Leben transportieren. Mit der Realisierung beider Konzepte wäre die Entgrenzung der Schule ins Leben und des Lebens in die Schule perfekt. Von Hentig sieht folgende Entwicklung voraus: „Die Schule wird viele ihrer Tätigkeiten an das Leben zurückgeben. Die Grenzen zwischen Lernen in der Schule und Lernen am Leben werden wieder verwischt.“[28] Die Unterschiede zwischen Leben und Schule sollen eskamotiert werden, Schule soll Leben sein, und Leben soll Schule sein. Früher sprach man von der „Schule des Lebens“.

Zum Repertoire solch imperialen Schulverständnisses gehört deshalb die Innovationsfähigkeit des Lehrers, wie sie in den Rahmenrichtlinien der Lehrerausbildung in Nordrhein-Westfalen als Ziel festgeschrieben ist. Der Lehrer soll Lehrmeister des Lebens und Avantgarde gesellschaftlicher (nicht kultureller) Veränderungen sein; die Schule als Keimzelle des Staates.

In der Schule aber lernt man nicht *das* Leben, vielmehr lernt man in der Schule *für* das Leben. In der Schule für das Leben zu lernen setzt den *Unterschied* zwischen Schule und Leben voraus. Nicht ihr Zusammenfall kann deshalb das Ziel sein, vielmehr der sinnvolle Bezug beider aufeinander. Und genau das ist die Chance der Schule:

nämlich etwas anderes zu sein als das, was die Schüler ohnehin schon kennen. Schule als Institution ist nur dann zu rechtfertigen, wenn sie den lebensweltlichen Alltag nicht in den Unterricht verlängert, sondern wenn Schule mit einem Denken vertraut macht, das die Routine des lebensweltlichen Alltags stört. Das pädagogische Konzept darf deshalb nicht der Versuch sein, Leben und Schule einander anzugleichen, vielmehr beide in ihrer Eigenständigkeit und Andersartigkeit zu belassen, aber ein *tertium comparationis* zu finden, so daß Leben und Schule vermittelbar sind.

Die Lernzieltheorie und die Öffnung der Schule jedenfalls sind die pädagogischen Kurzschlüsse der Schule ins Leben, an denen beide leiden: die Schule und das Leben. Sie gilt es zu vermeiden und statt dessen Ausschau zu halten nach einem Dritten, in dem beide ineinander *über*gehen, ohne ineinander *auf*zugehen und deshalb *unter*zugehen.

Die europäische Kultur hat seit den Tagen des Thales ein Denken entwickelt, das wir heute „Wissenschaft" nennen. Sie ist ein Denken, das Platon als „theoria" bezeichnete, als die Anschauung der Wahrheit. Aristoteles sprach dann vom „bios theoretikos", vom theoretischen Leben. Theorie und Praxis waren für ihn keine Gegensätze, vielmehr ist das eigentliche Leben das theoretische, und die eigentliche Theorie ist das Leben. Die Römer übersetzten „theoria" mit „contemplatio", interesselose Betrachtung. In der Aufklärung wurde daraus die „curiositas", die theoretische Neugier, die heute in der sogenannten „Grundlagenforschung" (im Gegensatz zur angewandten Wissenschaft und Technik) weiterlebt. Die höchste Bestimmung menschlichen Seins war seit Aristoteles in der Verbindung von Leben und Kontemplation gesehen worden: Das Individuum verwirklicht dann die Gattungsbestimmung des Menschen, wenn es ein vernünftig erkennendes und lebendes ist, und nicht, wenn es der Lust (hedone) nachgeht oder praktisch tätig wird (bios praktikos). Wie die Antike und die Renaissance hat auch die Neuzeit das eigentlich Humane im freien Denken gesehen.

Was aber die europäische Tradition zusammengedacht hat, tritt heute auseinander: „curiositas" und „humanitas", die theoretische Neugier und die Humanität. Im Namen der Humanität wird die reine Theorie geächtet und dem Praxisanspruch unterstellt. In der kurzschlüssigen Forderung nach „Handlungsorientierung" wird die einzige Chance vertan, die Europa heute hat, nicht in die Barbarei zurückzufallen. Nicht auf Handlungsorientierung kommt es an, sondern auf Denkorientierung. Und genau diese fehlt heute. Dies ist die Armseligkeit der Zeit. Und so richten sich die Kinder ein im Ramsch der Zivilisation. „An diesem, woran dem Geiste genügt“, so Hegel, „ist die Größe seines Verlustes zu ermessen.“[29]

„σχολή“, „schola“, Schule: das ist die Muße, die Befreiung des denkenden Menschen von der Lebensnot, das Durchstoßen des lebensweltlichen Alltags auf die Prinzipien, aufgrund derer das Sein überhaupt gedacht werden kann. Die Muße hat nichts mit Spiel und Unernst und „spielendem Lernen“ zu tun. Muße ist die Möglichkeit, ohne Praxisdruck und anderen Zwang zu denken. Deshalb ist die Schule ein Privileg, das sich die europäische Kultur und Gesellschaft leisten müssen, wollen sie überleben. Es gilt, die verlorene Einheit von „theoria“ und „humanitas“ wieder herzustellen.

In den Zeiten des kulturellen Zusammenbruchs wird Unterricht zur geistigen Selbstverteidigung der Bildung gegen die Barbarisierung der Zivilisation. Das Gymnasium kann die Welt nicht retten, aber es kann in den Trümmern der kulturellen Tradition Enklaven der Humanität bilden.

Das Leben ist schneller als die Schule. Je enger die Schule auf das Leben vorbereiten will, desto weiter verfehlt sie es. Unternimmt die Schule den Versuch, unmittelbar aufs Leben oder den Beruf vorzubereiten, scheitert sie unweigerlich. Keine Schule kann die Geschwindigkeit des Wandels des Lebens einholen. Dies gelingt noch nicht einmal den Berufsschulen. Und schon völlig an der Wirklichkeit vorbei geht eine unmittelbare Anbindung der schulischen Bildung an den Beruf für die kulturellen, industriellen und politischen Führungsköpfe. Entscheidend ist nicht die Spezialisierung, sondern Fundamentalisierung und Übersicht.

Es hat vieler Anstrengungen bedurft, um die Schule als eigenständige Institution zu etablieren, in der die Jugendlichen vom Leben freigestellt sind und Dinge lernen dürfen, die sie nicht unmittelbar in die Praxis umsetzen können und die kurzfristig für die Gemeinschaft irrelevant sind. Genau dies beklagt von Hentig: „Eine Gesellschaft, die ihre jungen Leute bis zum 25. Lebensjahr nicht braucht und sie dieses auch wissen läßt, indem sie sie in ‚Schulen‘ genannte Ghettos sperrt, in eine Einrichtung, die nichts Nützliches herstellt, an der nichts geschieht, was die Menschen für wichtig halten, die sich nicht selbst erhält und die man nicht freiwillig besucht – eine Gesellschaft, die ihren jungen Menschen dies antut, wird sie verlieren, ganz gleich wie reich, wie demokratisch, wie aufgeklärt sie ist und wie verlockend sie dies darstellt. Die Jugend wird darauf pfeifen, nein darauf spucken, darauf treten.“[30] Der Atem stockt ob solcher Mißverständnisse.

Die Schule ist ein Schutz- und Freiraum für die Jugendlichen, in dem sie sich ohne Gefahr für Leib, Leben und Seele intellektuell ausprobieren dürfen. Das heißt nicht, daß die Schule ein erweitertes Kinderzimmer ist, in dem Spiel und Ernst unentwirrbar durcheinandergeworfen werden. Und das heißt selbstverständlich nicht, daß Unterricht irrelevant für „das Leben" wäre. Natürlich lernt man sinnvollerweise „fürs Leben". Nur ist der Bezug von Lernen und Leben jedenfalls am Gymnasium weder notwendig ein unmittelbarer noch ein notwendig praktischer, vielmehr ist er überaus vermittelt und wendet sich primär an das Selbstverständnis des Lernenden. Nur indirekt geht das Lernen auf das Leben. Was über Gegenstände und Sachverhalte gelernt wird, ist nur dann im strengen Sinne gelernt (und nicht nur gewußt), wenn es zum Bestandteil der eigenen intellektuellen Biographie geworden ist, zum Teil des Selbst- und Weltverständnisses. Dann erst kann von Bildung gesprochen werden. Was solches Lernen für praktische Auswirkungen auf das Leben, auf die Politik, auf die Praxis hat – das kann kein Pädagoge vorhersehen, und kein Pädagoge hat das moralische Recht, den Praxisbezug eines Jugendlichen durch seine Erziehung zu bestimmen. Die pädagogische Aufgabe ist nicht die Determination (und sei die Absicht noch so hehr), sondern die Freigabe des Jugendlichen an die Selbstverantwortung. Dazu müssen die Eltern, die Gesellschaft und die Schule die Jugendlichen erziehen. Und dazu muß die Schule die Schüler mit Wissen und Fähigkeiten ausstatten.

Gerade weil Jugendliche in der Schule Dinge lernen dürfen, die nicht nützlich sind, mit Sachverhalten konfrontiert werden, die sie aus der Lebenswelt her nicht kennen, ist Schule für die Menschenbildung und für die europäische Kultur unerläßlich. Deshalb ist die Gesellschaft bereit, für ihr Bildungswesen enorme Kosten zu übernehmen. Wer die Entgrenzung der Schule ins Leben fordert, der propagiert ein Lernen im Leben, wie es von wenig komplexen Kulturen praktiziert wird. Die Herausbildung von Bildungsinstitutionen, die vom lebensweltlichen Alltag getrennt sind, ist ein zivilisatorischer Fortschritt, der nur um den Preis des politischen, kulturellen und ökonomischen Rückschlags aufgegeben werden kann.

Die europäische Kultur leistet sich solche Institutionen, und es ist noch nicht einmal garantiert, daß alle Schüler, denen die Möglichkeit zu solcher Bildung gegeben wird, auch erfolgreich sein werden. Dennoch leistet sich diese Kultur die Institutionen Schule und Hochschule. Der Grund ist, daß die Fähigkeiten, die Jugendliche erlernen müssen, um eine menschliche Gemeinschaft erhalten zu können, nicht mehr im unmittelbaren Leben selbst erlernt werden können. Die Notwendigkeit solcher hochspezialisierter Institutionen ist so drängend, daß eine hochkomplexe, hochindustrialisierte und demokratische Gesellschaft, wenn sie sich selbst erhalten will, sich diese Institutionen auch dann leisten muß, wenn ein Großteil der Schüler nicht die erforderliche Leistung bringt.

Und nun stimmt ja, was ein bedeutender Pädagoge, nämlich Rudolf Lassahn, gesagt hat: „Die Frage nach dem Wesen der Technik (Heidegger) löst nicht ein einziges Verkehrsproblem. Nicht das Nachdenken über den Sinn der Geschichte und des menschlichen Lebens macht die hungernden Menschen der Dritten Welt satt ...", doch der Nachsatz ist eine Fehleinschätzung: „... wohl aber die Nahrungsmittelgewinnung aus dem Meer." Nun ist die Philosophie in der Tat keine Wissenschaft zur Lösung von Verkehrs- und Ernährungsproblemen, und von den Meeresbiologen wird auch nicht erwartet, daß sie das Problem des Unbedingten lösen. Indessen – und deshalb stimmt der Nebensatz nicht – löst aber die technische Lösbarkeit anstehender Probleme diese noch lange nicht. Keine einzige wissenschaftliche Forschung wird ausgeführt, wenn sie nicht motiviert ist in einem entsprechenden Selbst- und Weltverständnis, in Einstellungen und Haltungen. Über nichts wird nachgedacht, geschweige denn würde etwas getan, ohne daß eine entsprechende Bewußtseinsverfassung dazu anregt. Die Fragen nach dem Wesen, dem Allgemeinen, den Prinzipien, dem Grundsätzlichen – diese Fragen machen in der Tat keinen satt. Daß aber das Problem des Hungers anderer überhaupt als Problem akzeptiert wird und Versuche unternommen werden, ihm abzuhelfen, wurzelt einzig im Selbst- und Weltverständnis. Unser Denken und Handeln im Ganzen bedarf der philosophischen Fundierung mehr denn je.

Die pädagogischen Konzepte der letzten dreißig Jahre bürden den Lehrern die Kompensation allerlei gesellschaftlicher Defizite auf. Welche hypertrophe Überschätzung der Erziehungsmöglichkeit von Jugendlichen in der Schule! Ein Mißverständnis jedoch, das viele Pädagogen gerne teilen, weil sie meinen, nur dadurch ihren Berechtigungsnachweis führen zu können. Ein Mißverständnis, das vor allem auch von der Öffentlichkeit gerne geteilt wird, weil es das Versagen der elterlichen Erziehung ausblendet und weil damit ein Schuldiger für die Erziehungsmisere gefunden ist, der für sein Versagen auch noch bezahlt wird. Selbstverständlich haben auch die 68er-Pädagogen ihren Teil zur heutigen desolaten Situation an den Schulen mitbeigetragen. Tatsächlich aber ist der Einfluß der Eltern, der Peer-groups und der Medien auf die Jugendlichen weitaus größer, als in sechs Stunden Unterricht pro Tag je erreicht werden kann. Er ist auch dann größer, wenn die Eltern, die Peer-groups und die Medien auf eine ausdrückliche Erziehung verzichten – sie erziehen auch dann.

Die meisten Eltern haben die aktive Erziehung aufgegeben und sie den professionellen Erziehern übertragen. 80 Prozent der Erzieherinnen im Kindergarten empfinden die Erwartungen, die die Eltern an sie stellen, als stark belastend. 62 Prozent der Erzieherinnen klagen über die wachsende Belastung durch „verhaltensauffällige" Kinder. Nur 6 Prozent halten ihre Situation problemlos aus. 10 Prozent sind entschlossen, ihren Beruf aufzugeben, 16 Prozent ziehen dies sehr oft in Erwägung und 38 Prozent ab und an. Nicht weniger genervt sind die Lehrer. Über 60 Prozent der Lehrer zwischen 40 und 45 Jahren wollen sich vorzeitig pensionieren lassen. Und nur noch wenige arbeiten heute schon bis zu ihrem 65. Lebensjahr. Der Finanzminister von Nordrhein-Westfalen, Schleußer, gab Anfang Februar 1995 bekannt, daß die Lehrer seines Landes im Durchschnitt mit 58 Jahren in Pension gehen. In Baden-Württemberg beträgt das durchschnittliche Pensionsierungsalter der Lehrer sogar nur 54 Jahre. In Schleswig-Holstein stieg der Anteil der Pensionierungen aufgrund von Dienstunfähigkeit von Lehrern von 41,2 Prozent im Schuljahr 1986/87 auf 63,3 Prozent im Schuljahr 1993/94. Wenn man weiß, wie schwierig es ist, bei Beamten eine Frühpensionierung durchzusetzen, dann müssen zwingende gesundheitliche Gründe, die ein Amtsarzt bescheinigen muß, für diese Frühpensionierungen gesprochen haben. Die Schule macht offensichtlich krank – jedenfalls kränker als früher. Nicht aber, wie auf den ersten Blick zu mutmaßen wäre, die Schüler, sondern die Lehrer. 60 Prozent von ihnen haben Schulängste, weil sie sich von der Aggressivität der Schüler überfordert fühlen und mit ihnen nicht mehr zurechtkommen. 40 Prozent haben Konfliktängste. Und gute 30 Prozent haben vor den Eltern und den Vorgesetzten Angst. Gar 90 Prozent der Lehrer in Baden-Württemberg geben an, große Probleme mit aufsässigen Schülern zu haben.

Im Gegensatz zu Dahrendorfs Forderung, daß die Schule die erzieherischen Defizite der Gesellschaft aufzufangen habe, schlug Georg Wilhelm Friedrich Hegel, selbst als Rektor eines Gymnasiums in Nürnberg tätig, vor, daß Schüler, die den sittlichen Ansprüchen nicht genügen, „an die Eltern zurückgegeben werden, damit diese ihre Pflicht an ihren Kindern vollenden"[31]. Angesport von Bildungspolitikern und Pädagogen erwarten Eltern heute jedoch, die Lehrer mögen die Erziehung ihrer Kinder nachholen, die sie ihnen nicht gegeben haben. Politiker erwarten, sie mögen die Kinder vor Aids bewahren, vor Drogen und vor Ausländerfeindlichkeit.

Die imperialistische Konzeption der Schule versucht das Leben zu kolonisieren. Das Expertensystem Pädagogik stülpt sich, mit dem angemaßten Anspruch auf das Wissen um das bessere Leben, bevormundend über die Lebenswelt. Der pädagogische Imperialismus indessen, der sich des Lebens bemächtigte, schraubte die Erwartungen an Schule und Erziehung so hoch, daß sie nicht erfüllt werden konnten, und entsprechend tief ist die nun eingetretene Enttäuschung ob des Mißverhältnisses von äußerst begrenzter pädagogischer Einwirkungsmöglickeit und den Erwartungen, die Bildungspolitiker, Pädagogen und Lehrer geweckt haben.

Mit diesen scheiternden Versuchen hat sich die Schule verausgabt, und die Enttäuschung der Öffentlichkeit führte zum Vertrauensschwund in die Kompetenz der Lehrer. Die imperiale Überdehnung der Schule trieb sie in den selbstverschuldeten Bankrott. Je mehr Kompetenz sich die Lehrer anmaßen, desto weniger ernst werden sie genommen: von den Schülern, den Eltern, der Öffentlichkeit. Lehrer betreiben ihre eigene Demontage.

c) Das theoretische Leben

Ein materialer Bildungskanon zeichnet sich dadurch aus, daß er bestimmte Inhalte vorgibt, die die Schüler erlernen sollen, so vielleicht Goethes „Faust“ und die Vektorenrechnung. Daß dies für einen gebildeten Menschen zu wissen nötig sei, wird stillschweigend vorausgesetzt: die Dichtung und die Mathematik hätten einen Wert in sich; sie seien als Bestandteil der europäischen kulturellen Tradition gerechtfertigt, unabhängig von ihrem praktischen Nutzen. Die neue Pädagogik begnügt sich nicht mit dem „Warum?“, sie fragt nach dem „Wozu?“ – Welche „Relevanz“, so die Frage der Erziehungswissenschaftler und Bildungspolitiker, hat das Wissen um „Faust“ und die Vektorenrechnung für die Gesellschaft, für die Zukunft, für die Jugendlichen? Kein Lerngegenstand ist schon dadurch gerechtfertigt, daß er Bestandteil der kulturellen Tradition ist.

Nun ist gegen diese Fragen nichts einzuwenden; ganz im Gegenteil. Der entscheidende Fehler liegt darin, daß diese Frage, wenn sie gestellt wird, für die meisten Pädagogen schon entschieden ist, und zwar so, daß die kulturelle Tradition irrelevant, sogar schädlich sei. Die Frage wird also gar nicht ernsthaft gestellt, geschweige denn am Einzelfall geprüft.

Mit dem Aufgeben der Tradition als Grundbestand schulischer Bildung entbehrte die bildungspolitische Debatte des Korrektivs bei der Bestimmung der Unterrichtsinhalte mit der Folge, daß diese in das Kreuzfeuer der Parteipolitik gerieten. Zur Rechtfertigung eines Inhaltes konnte eben nicht mehr auf die Tradition verwiesen werden, vielmehr galt es, ihn vor der Zukunft zu rechtfertigen. Da diese aber nur prognostizierbar ist, wurden die Inhalte abhängig von den Einschätzungen der Bildungspolitiker, von ihren Wunschvorstellungen bezüglich einer künftigen Gesellschaft. Das gesamte Bildungssystem bekam damit eine utopische Grundlage.

Konsequent hat man dann auf eine Festschreibung von Inhalten ganz verzichtet und als Ziel des Unterrichts nicht mehr das Wissen um bestimmte Inhalte erklärt; als Ziele des Unterrichts galten nun „Fähigkeiten und Bereitschaften“, die ein Schüler besitzen müsse, um die politisch erwünschte Gesellschaft realisieren und sein Leben in ihr „bewältigen“ zu können.

Nicht die kulturelle Erziehung sei die Aufgabe der Schule, sondern die soziale, die politische Erziehung. Die avantgardistischste Schulform, nämlich die Gesamtschule, hat sich deshalb das „soziale Lernen“ zum eigentlichen Ziel gesetzt. Der Lehrer wird zum Sozialarbeiter.

Die Pädagogik griff diesen Trend auf und wandelte sich zur Erziehungswissenschaft, der es nicht mehr um die Bildung der Jugendlichen geht, sondern um die Formulierung allgemeiner „Lernziele“ zur Lebensbewältigung, die im Unterricht erreicht werden sollen. Der Begriff der „Bildung“ verschwand folgerichtig aus der neueren erziehungswissenschaftlichen Diskussion und aus den Richtlinien für die Schulen. Deren Absicht ist es seither nicht mehr, die Schüler zu bilden, sondern sie für das Leben in einer befriedeten Gesellschaft „fähig und bereit“ zu machen.

Natürlich bedarf es auch zur Entwicklung von Fähigkeiten und Bereitschaften irgendwelcher Inhalte. Die Beweispflicht dreht sich nun allerdings um: Nicht die Zukunft muß sich vor der Vergangenheit, sondern die Vergangenheit vor der erwünschten Zukunft rechtfertigen. Ein Inhalt ist nicht schon deshalb Unterrichtsgegenstand, weil er zum europäischen „Kulturgut“ gehört, vielmehr muß jeder Inhalt danach überprüft werden, welchen Beitrag er für das künftige soziale Leben leistet. Die Kurzformel hierfür lautet: er muß seine „gesellschaftliche Relevanz“ erweisen. Die Überprüfung erfolgt dabei vom Lehrer selbst. Die Richtlinien geben keine verbindlichen Inhalte mehr vor, sie schreiben nur „Lernziele“ vor, also die Fähigkeiten und Bereitschaften, die ein Schüler erwerben soll.

Um nun irgend Lerngegenstände festlegen zu können, muß zuerst nach den Fähigkeiten gefragt werden, welche die Schüler erwerben sollen. Solche Fähigkeiten ergeben sich nicht aus der Tradition, sondern aus dem erwünschten Leben. Da nun aber „das Leben" ein unscharfer Begriff ist, ist es die erste Aufgabe des Pädagogen, zu präzisieren, was mit „Leben" gemeint ist. Dazu wird das Leben aufgelöst in kleine Happen, „Lebenssituationen" genannt, und diesen wird eine Fähigkeit zugeteilt, die der besitzen müsse, der sie bewältigen wolle. Eine solche Lebenssituation ist die Beteiligung an einer Bundestagswahl. Folglich gilt es zu überlegen, welche Fähigkeiten beim Schüler vorhanden sein müssen, damit er in der Lage ist („fähig" ist), eine politische Wahl erfolgreich zu absolvieren. So muß er zum Beispiel einen Stimmzettel lesen und ausfüllen können, er muß sein Interesse kennen und wissen, von welcher Partei es unterstützt wird. Und er muß abwägen können zwischen seinen Privatinteressen und dem öffentlichen Wohlergehen. Strittig ist allerdings, ob er dazu die politischen Programme der Parteien kennen sollte, gar die Wahlplakate lesen können sollte. Schließlich aber muß er „bereit" sein, eine Wahl zu treffen und das Wahllokal aufzusuchen (wie wenig trivial dies ist, zeigt die steigende Wahlabstinenz). Daraus folgt für den Unterricht, daß er den Schüler fähig und bereit machen soll, bei einer Bundestagswahl verantwortlich zu wählen.

Der Unterricht ist demnach so strukturiert: Erstens das Leben. Daraus werden zweitens „Lebenssituationen" isoliert. Diesen werden dann, um in ihnen bestehen zu können, drittens, bestimmte Fähigkeiten („Qualifikationen") und „Bereitschaften" zugeordnet, die viertens mit Inhalten verbunden werden, die dann fünftens in „Lernsituationen" (nämlich der Schule oder aber an anderen „Lernorten" außerhalb der Schule) erworben und schließlich sechstens im Leben angewandt werden sollen.

Die Lernzieltheorie erschien vielen Pädagogen als die Lösung der Forderung des Seneca, daß man für das Leben und nicht für die Schule lerne. Die Schule müsse den Schülern die Fähigkeiten vermitteln, derer sie bedürfen, um „Lebenssituationen bewältigen" zu können. – Es ist schwer zu begreifen, aber ganze Generationen von Erziehungswissenschaftlern an den Universitäten, Bildungspolitikern in den Ministerien, Fachleitern an den Studienseminaren und Lehrern an den Schulen hatten keine Hemmungen, das Leben aufzulösen in Lebenssituationen; und für sie war es klar, daß das Leben nicht gelebt, sondern bewältigt werden muß, und für sie war es selbstverständlich, daß ausgerechnet Studienräte den Schülern beibringen könnten, wie man zu leben habe. – Was hat der vom Leben begriffen, der meint, es „bewältigen“ zu müssen? Und welche Selbstüberschätzung der Studienräte liegt vor, wenn sie meinen, den Schülern in der Schule das gute Leben beibringen zu können, gar die Gesellschaft besser machen zu können?

Die Lernzieltheorie jedenfalls hat die Bildungstheorie abgelöst. Humanismus und „klassische Bildung“, die Substanz gymnasialer Bildung im letzten Jahrhundert, sind preisgegeben. Mit der Lernzieltheorie hat das Gymnasium darauf verzichtet, sich aus der Antike heraus, ja aus der europäischen Tradition heraus zu verstehen. Statt Bildungsgehalten gibt es nun Aufgabenfelder, an die Stelle der Geistesgeschichte traten Lernziele. Lernen ist funktionalisiert und damit ausgeliefert an die Leute, die zufällig für eine gewisse Zeit die Macht haben, ihre Parteipolitik durchzusetzen.

Die Lernzieltheorie hat die Einbindung der Gegenwart in die Vergangenheit gekappt und die Schule dem Machtkampf der Parteipolitik und der Lobbyisten ausgeliefert. Dies ist der Grund, weshalb das Bildungssystem in Deutschland nicht zur Ruhe kommt. Jedes Interesse, das sich gesellschaftlichen Einfluß verschaffen kann, hat damit auch den direkten Zugriff auf das Schulsystem – die Parteien, die Gewerkschaften, die Arbeitgeberverbände, die Frauenlobby, der Philologenverband, die Gewerkschaft Erziehung und Wissenschaft. Und da sich die Interessen und die Einflußmöglichkeiten einzelner Gruppen ständig ändern, wird das Schulsystem in den Strudel zufälliger gesellschaftlicher Machtkonstellationen gerissen. So wird dann nach der Wahl der SPD die Gesamtschule eingeführt und nach dem nächsten Wahlsieg der CDU „zurückgefahren“. Da verfügt eine Kultusministerin der Grünen, daß die Rechtschreibung bei der Notenfindung nicht länger berücksichtigt werden dürfe, und nachdem das Wahlbündnis mit der SPD zerbrach, wurde der Erlaß rückgängig gemacht. Der Kultusminister eines Landes verfügt, daß in allen amtlichen Schreiben die femininen Formen zusätzlich zu den maskulinen verwendet werden müssen, und nach der Wahlniederlage nimmt der neue Kultusminister den Erlaß zurück. Derweil wird die Emanzipation im Klassenzimmer erprobt. Da legt dann im Englischunterricht eine emanzipationsdurstige Studienrätin schon Wert darauf, daß die überkommene Abfolge „he, she, it“ ersetzt wird durch „she, he, it“. Das Feld, das es emanzipatorisch zu beackern gilt, ist grenzenlos. Und wenn es schon im lebensweltlichen Alltag, geschweige denn in der Praxis, nicht klappt, dann sucht man sich eben seine Gebiete, in denen der Erfolg garantiert ist.

Der pädagogische Imperialismus erweist sich damit als Schimäre. Genauer: Die Pädagogik und ihre Institutionen sind nicht selbsttätig, vielmehr sind sie in die Einflußsphäre der Politiker und Lobbyisten geraten. Die Pädagogik hat sich ausgeliefert an die politischen Machteliten. Tatsächlich herrscht der parteipolitische Imperialismus durch die imperiale Pädagogik hindurch. Die Schulen wurden zu einem Instrument der Sozialpolitik, mitunter gar der Parteipolitik und selbst zum Instrument der Durchsetzung von Gruppeninteressen. Auch wer für die Emanzipationsbewegung der Frauen eintritt, kann nicht gutheißen, wenn, entgegen allen Syntaxregeln, aus Gründen der „political correctness" von Amts wegen, wie in Berlin geschehen, die Schreibweise der „Innen" als Akt der grammatischen Gleichberechtigung vorgeschrieben wird. Als ob Emanzipation auf dem Verwaltungsweg erzwingbar wäre! Was weder politisch durchgesetzt werden konnte noch durch Überzeugung der Menschen, wird auf dem Erlaßweg verordnet – dies ist Machtmißbrauch.

Dies wissen offensichtlich auch diejenigen, die einschlägige Erlasse verfassen. So zum Beispiel die Verfasser des Runderlasses zur „Gleichbehandlung von Frau und Mann in der Rechts- und Amtssprache" des Justizministeriums, der Ministerpräsidenten und aller Landesministerien eines Bundeslandes aus dem Jahre 1993, in dem verfügt wird, daß die Grundsätze einer „gleichstellungsgerechten Rechtssprache (...) künftig zu beachten" sind. Es folgen „praktische Hinweise zur Umformulierung". Am Ende des Erlasses ist dann zu lesen: „Eine Bekanntmachungsermächtigung mit der Auflage, gleichstellungsgerechte Formulierungen einzuführen, ist verfassungsrechtlich nicht zulässig." Der Erlaß bescheinigt sich also die eigene Verfassungswidrigkeit, sofern er durchgesetzt würde.

Der Kern des pädagogischen Imperialismus ist der Parteienimperialismus, der wesentlichen Anteil an der Krise der Bundesrepublik Deutschland hat, insofern nämlich, als das Vertrauen der Bürger nicht nur in die Fähigkeit der Politiker, sondern, und dies ist die entscheidende Vertrauenskrise, auch in ihren Willen, die anstehenden Probleme überhaupt lösen zu wollen, drastisch gesunken ist.

Mit der Lernzieltheorie ist die Schule funktionalisiert worden auf die Gesellschaft, so daß diejenigen die Schule bestimmen, die die Macht haben zu sagen, was die Gesellschaft sei und was sie brauche. Doch wer, um der Humanität und Freiheit willen, die „gesellschaftliche Relevanz" alles Denkens und Handelns einklagt, handelt wider seine eigenen Ziele. Denn die liberalen Demokratien westlichen Zuschnitts sind das Ergebnis des freien Denkens, der Theoria, der

Kontemplation, das in der Antike Platon und Aristoteles, für die Neuzeit dann die Denker der Renaissance und der Aufklärung propagierten. Ohne das zwecklose, funktionslose „theoretische Leben" (Aristoteles) kann es keine politische Freiheit geben. Wer den Bildungsgedanken zerstört, die „theoretische Neugier" austreibt, der vernichtet den Kern politischer Freiheit. Er überantwortet die wenigen Institutionen, in denen noch ein Rest dieser „theoretischen Neugier" aufbewahrt ist, das Gymnasium und die Universität, dem Nützlichkeitsdenken und damit den Interessen. Er verspielt Autonomie. Dies ist auch der Heinrich-Heine-Universität Düsseldorf gelungen, und die Universität Essen hat nachgezogen: Als Nützlichkeitsnachweis haben sie einen Bürgerservice eingerichtet: Wer Schwierigkeiten mit der deutschen Sprache hat, der kann beim „Institut für deutsche Sprache" anrufen und sich „beraten" lassen. Und so ist die Universität dank dieser segensreichen Einrichtung doch noch zu etwas nütze.

Um der Humanität und Freiheit willen müssen wenigstens kleine Inseln der „vita contemplativa" erhalten bleiben. Die theoretische Bildung ist ein Privileg. Es sollte um der Würde des Menschen willen nicht aufgegeben werden, und es sollte nur denen gewährt werden, die gewillt und fähig sind, damit umzugehen. Der Mensch ist kein Nutztier, und Schule und Studium sind keine „Hirnbewirtschaftung" (Theodor Ballauff).

Das Verstehen der und die Auseinandersetzung mit der europäischen Klassik ist ein Privileg, das zu erhalten ist, soll es überhaupt noch eine Chance für das Projekt der Moderne geben. Es ist ein Privileg, das der Schule im ursprünglichsten Sinn ihres Wortes, nämlich der Muße, vorbehalten ist. Das Recht zu denken ist unveräußerlich. Das Denken ist frei und macht frei. Welcher Hohn, welcher Zynismus gegen die Opfer ist es, wenn die Kämpfe um die bürgerlichen Freiheiten darin enden, daß Schüler die Freizügigkeit im Rauchen einklagen und Richter das Recht auf Rausch zum Grundrecht erklären. Der Freiheitsfortschritt gipfelt für so manchen Schüler in der Freiheit, sich betrinken zu dürfen. Müssen wir uns tatsächlich daran gewöhnen, das Zuspätkommen, die fäkalisierte Sprache, das Rülpsen als Ausdruck der Freiheit zu goutieren? Die Freiheitskämpfe, die zur Höhe des Humanen führen sollten, enden wie eh und je in Auerbachs Keller. Neu ist: Die pädagogische Aufgeschlossenheit zeigt Verständnis für alles. Belehrt durch Professor Unrat ist auch den Lehrern neuerdings nichts Menschliches mehr fremd. Fremd scheint heute nur noch das zu sein, was einmal „human" hieß.

Das Gymnasium muß das Privileg verteidigen, daß Schüler etwas lernen dürfen, das nicht unmittelbar nutzenorientiert ist, soll die Gesellschaft nicht Schaden nehmen. Schüler und Gesellschaft haben ein Recht auf die „curiositas", die theoretische Neugier, denn beide ziehen daraus, paradox genug, größten Nutzen. Das Gymnasium muß den Schülern die Freiräume schaffen, die die Spätmoderne benötigt, um ihre Probleme bewältigen zu können. Und dazu muß es das Andere des Lebens sein.

Es kann also nicht um die Auflösung der Schule in das Leben gehen, vielmehr muß die Schule ein Schutzraum der Jugendlichen vor dem Leben sein, ein Schutzraum, in dem sie vorbereitet werden auf das Leben, in dem das Leben aber nicht simuliert wird, sondern das Andere des Lebens bleibt.

Die beste Vorbereitung auf das Leben, welche die Schule bieten kann, ist, die Schüler mit Denkerfahrungen auszustatten, die sie im lebensweltlichen Alltag nicht erhalten und quer dazu stehen. Wahres Denken ist immer Denken im Jenseits des „Hier und Jetzt", ist zeitliche und räumliche Überschreitung der Gegenwart, ihres Selbstverständnisses und ihrer Selbstverständlichkeiten. Für das Denken versteht sich nichts von selbst, und nicht der Konsens, sondern der Dissens ist das Ziel des Denkens: der Ausbruch aus dem Strom der Bewußtlosigkeit. So ist Bildung der Aufbau einer intellektuellen Biographie, die Herstellung einer eigenen Denkgeschichte und -bewegung.

Dazu bedarf es des Lehrers als Sachautorität und als moralische Autorität. Der Lehrer darf, um den Schüler zu bilden, kein blasser „Partner" sein. Der gute Lehrer muß dem Schüler geistigen und moralischen Widerpart bieten, an dem sich der Schüler abarbeiten kann. Denn um sich zu bilden, bedarf es des intellektuellen Widerstands, an dem man sich reibt, mit dem man sich auseinandersetzt. Deshalb muß, wie die Schule, so auch der Lehrer, das „Ganz Andere" des Schülers sein, er muß das „Ganz Andere" dessen sein, was die Schüler schon kennen. Er muß die Schüler nicht in ihre Welt einführen, sondern in fremde Welten. Statt Selbstverwirklichung: Distanz zu sich selbst. Statt Handlungsorientierung: Denkorientierung. Statt Nutzen: Kontemplation. Statt Praxis: Theorie. Statt Lernzielen: Bildung.

Wissen und Können, das die Jugendlichen am Gymnasium erwerben sollen, reichen allein nicht aus. Das Wissen und Können muß verbunden sein mit entsprechendem Verhalten. Wenn man die Korruptionsskandale der letzten Jahre verfolgt, ist das eigentlich Erschreckende, daß sachlich und fachlich exzellent ausgebildete Menschen wie Ärzte, Juristen und Betriebswirtschaftler, die verantwortliche Positionen in Politik, Wirtschaft und Kultur einnehmen, offensichtlich in ihrem sozialen Verhalten gestört sind. Zu dieser Entwicklung hat die unglückselige Lernzieltheorie ihr Scherflein beigetragen, weil sie das soziale Verhalten von den inhaltlichen und methodischen Lernvorgängen abtrennte. Dringend notwendig aber ist die Verbindung von Wissen, Können und Verhalten. Das Gute, Schöne und Wahre müssen die Kriterien sein, an denen das Denken und Handeln des Menschen gemessen wird. Jedes Denken und jedes Handeln ist daraufhin zu befragen ob es wahr, gut und schön ist.

Das Gymnasium aber hat weitgehend darauf verzichtet, die Schüler mit der europäischen Tradition vertraut zu machen. Das rächt sich. Schüler, die auch noch im Unterricht die medial gehandelten Themen besprechen, fordern ihr Recht auf das Fremde ein – und die Unterhaltungsindustrie springt in die Bresche und kreiert Ersatzmoden: Fantasy-Filme und -Bücher, Dinosaurier, Okkultismus, Satanskult. Sie alle okkupieren den Platz, den die Bildung freigemacht hat. Die Schule treibt die Jugendlichen in die Arme von Scharlatanen und selbsternannten Propheten. Wer auf die Einbindung der Jugendlichen in die europäische Kultur verzichtet, der liefert die Schüler der Unterhaltungsindustrie aus. Wenn es überhaupt noch einen Weg geben sollte, die Idiotisierung der westlichen Kultur aufzuhalten, dann ist es die Rückbesinnung auf die europäische Tradition, evidenterweise nicht im Sinne eines sterilen Bildungsstoffes, der allenfalls für Quizsendungen taugt; vielmehr als ein geistiger Akt der Auseinandersetzung mit dem, woher wir kommen und aus dem wir leben, wenn wir nicht nur vegetieren.

III. WIE ES IST: DIE PÄDAGOGIK DES GUTEN WILLENS

1. Das pädagogische Biedermeier

a) Subjektivierung

Die klassische Bildungstheorie Humboldts, der sich das Gymnasium verpflichtet fühlte und die seinen guten Ruf begründet hat, wurde in den sechziger Jahren abgelöst durch die Lernzieltheorie, derzufolge an die Stelle von Inhaltsvorgaben Fähigkeiten und Fertigkeiten traten, welche die Schüler erwerben sollen. Die klassische Antike als Bildungsideal wurde aufgegeben, ebenfalls ein einheitlicher, verbindlicher Inhaltskanon, woraus folgt, daß die Schüler schon ab der Mittelstufe sich in einem gewissen Rahmen ihr eigenes Curriculum zusammenstellen können, so daß nicht mehr alle Schüler, die das Abitur bestanden haben, dasselbe gelernt haben.

Derzeit gibt es keine Theorie des Gymnasiums. Das heißt, sie ist eine Schulform ohne theoretisch abgesicherte Grundlage. Das hinderte die Kultusminister jedoch nicht, dem Gymnasium oberste Ziele zuzuschreiben. So zum Beispiel „Wissenschaftspropädeutik" und „Selbstverwirklichung in sozialer Verantwortung". Und man hat ihm auch Aufgaben zugeteilt: die Schüler allgemein studierfähig zu machen und zugleich auf den Beruf vorzubereiten.

Das Gymnasium entbehrt also zwar einer theoretischen Fundierung, soll aber dennoch gewisse Aufgaben und Ziele erfüllen. Wie dies allerdings möglich sein soll ohne Basis, hat bisher keinen Bildungspolitiker beunruhigt. Man hat nicht bemerkt, daß das Pferd von hinten aufgezäumt wurde, daß dem Gymnasium Ziele und Aufgaben vorgeschrieben wurden, ohne daß man sich vergewissert hätte, ob das Gymnasium von seiner Substanz her dazu überhaupt in der Lage ist.

Das Gymnasium schwebt sozusagen in einem luftleeren Raum, soll aber hienieden auf Erden die Probleme der Sozialisation lösen.

Die Schüler soll es zur „Selbstverwirklichung" führen; hinzugefügt wurde: „in sozialer Verantwortung". Gemeint ist damit wohl, daß die Jugendlichen zu selbständigen Menschen erzogen werden und ihre Persönlichkeit entfalten sollen, dabei jedoch die Gesellschaft nicht außer acht zu lassen.

Daß man werden soll, der man ist, ist der Grundgedanke des spezifisch deutschen Entwicklungsromans und der deutschen idealistischen Pädagogik. Um der Aufforderung nachzukommen, müßte man indessen wissen, wer man ist, und dies ist eben nicht der Fall. Oder wenn man es wüßte, dann wäre man es schon und müßte es folglich nicht erst werden. So bleibt nur, sich selbst auszuprobieren. Das ganze Leben läßt sich so als Bildungsweg zu sich selbst verstehen. „Gnothi seauton“ stand am Apollontempel zu Delphi. „Erkenne dich selbst.“ Auch die Griechen also, könnte man meinen, standen diesem Denken nahe. Und schließlich Freud, dem der kulturelle Durchbruch dieser Position zu verdanken ist, der gezeigt hat, daß die Seelenanalyse zum triebmäßigen Kern des Individuums führt. An welches „Selbst“ dachten die Kultusminister, als sie die „Selbstverwirklichung“ zum obersten Ziel der gymnasialen Oberstufe erklärten?

Nun ist der delphische Spruch indessen weder ein Vorläufer des Entwicklungsromans noch des psychoanalytischen Konzepts, und Wilhelm Meister ist kein Vorläufer Sigmund Freuds. Die Griechen dachten, daß der Mensch sich selbst erkenne, wenn er sich nicht in seiner Individualität erkennt, sondern als Gattungswesen. Der Mensch hat sich erkannt, der sich gegenüber den unsterblichen Göttern als der Sterbliche erkannt hat. Der Mensch als Gattungswesen lebt sein bedingtes Leben im Horizont des Unbedingten, erfährt sich gegenüber dem Unendlichen als endlich. Genau dies macht die Humanität des Menschen aus: Das Leben im Wissen um die Sterblichkeit. In Adalbert Stifters „Nachsommer“ ist dieser Gedanke Gestalt geworden: Die Rosen entfalten ihre ganze Pracht erst im Spätsommer, wenn ihr Verwelken einen ersten, beinahe unsichtbaren Schatten auf sie wirft. Der Mensch ist einem Maßstab unterworfen, den er nicht selbst bestimmen kann, und dieser Maßstab ist seine Endlichkeit: Das Maß des Menschen ist seine Lebenszeit.

Die Formel der „Selbstverwirklichung“ ist reflexiv, und dies ist der Grund, weshalb sie mit „sozialer Verantwortung“ nicht zusammengedacht werden kann. Reflexive, selbstbezügliche Strukturen sind bekanntlich zirkulär, mit der konkreten Auswirkung, daß sich das Subjekt, das sich selbst zu verwirklichen sucht, ständig um sich selbst dreht und sich genau deshalb nicht entwickeln kann, wie es im Bildungsroman dargestellt ist. Dort beschäftigt sich das Bildungssubjekt eben nicht selbstbezüglich mit sich, sondern erfährt sich in der Auseinandersetzung mit Welt. Also genau der, der sich selbst verwirklichen will, der also den Kultusministern auf den Leim gegangen ist, wird genau deshalb scheitern. Und sofern er den Grund seiner vergeblichen Anstrengungen nicht begreift, nämlich die Zirkularität seines Vorhabens, wird er stets weiterkreisen, wie der Süchtige, der, weil ihm die Werbung die Freiheit versprochen hat, sofern er eine Zigarette raucht, sich vom Mißerfolg des Freiheitserwerbs durch Rauchen nicht vom Rauchen abhalten läßt, sondern verstärkt weiterraucht. Je größer die Enttäuschung, desto intensiver die Suche. Je aussichtsloser der Weg, desto konsequenter wird er weitergegangen. Oder konkreter: Von der Tiefenanalyse wird der Selbstverwirklicher zur Gesprächstherapie wechseln, von da in einen Töpferkurs, irgendwann an einem Gummiseil von einer Brücke springen und irgendwann in Depression versinken.

Die Zirkularität ihrer Formel nicht bemerkt zu haben ist der kultusministerielle Denkfehler mit weitreichenden Folgen für die Erziehungspraxis. Denn „Selbstverwirklichung“ und „soziale Verantwortung“ schließen sich gegenseitig aus. Dies ist der Grund, weshalb in der Praxis die „Selbstverwirklichung“ die „soziale Verantwortung“ ausgestochen hat.

Die Zirkularität ahnend, hat Freud eine Erfindung gemacht, sie zu überdecken. Das Selbst nämlich, das verwirklicht werden soll, teilt er einfach auf in ein Ich, ein Über-Ich und ein Es, und dann fordert er: Wo Es war, soll Ich werden. Das Ich allerdings denkt Freud als Vermittlungsinstanz zwischen dem Appetitus des Es und gesellschaftlichen Normen, so daß er der Zirkularität nicht voll verfällt. Anders seine gegenwärtigen Weiterentwickler auf dem Psychomarkt und an den Volkshochschulen: In einer verkürzten Weise Freud rezipierend wird „Selbstverwirklichung“ im Anschluß an Freud im lebensweltlichen Alltag der Spätmoderne gedeutet als ungehemmte Freisetzung der Triebschicht. Wo Es war, soll nicht Ich werden, vielmehr soll das Es sich erst einmal reflexiv ungebrochen darstellen und ausdrücken. Urschrei und Gestalttherapien wetteifern um neue Kunden. Keiner muß sich mehr schämen, vor laufender Kamera in den Talkshows sein Innenleben bloßzulegen. Denn, um sich zu verwirklichen, muß man sich kennen. Und wer sich kennt, der kennt sein Es.

Der „herrschaftsfreie Dialog“, für viele der Vorschein nicht-verdinglichten Seins, entgrenzte absichtswidrig das Leben zur universellen Talk-Show. Der Aufschrei ob des neuerdings gesendeten „Reality-TV“ ist groß und erfolgt zu Recht. Denn wenn das Furchtbare nur noch Unterhaltungswert hat, ist Sittlichkeit zerstört. Aber keiner schreit auf, wenn im „Reality-TV“ des Geistes, den Talk-Shows, die intellektuellen Unglücke geistiger Zusammenbrüche hemmungslos zur Schau gestellt werden.

Das Individuum ist das Geheimnis, das, wenn es gelüftet wird, das Humane zerstört. „Und der Mensch versuche die Götter nicht und begehre nimmer und nimmer zu schauen, was sie gnädig bedecken mit Nacht und Grauen“, so warnte bekanntlich Friedrich Schiller. Dies bezieht sich nicht nur auf die Außennatur, sondern im selben

Maße auf die Innennatur. „Individuum ineffabile est", so lehrten die Scholastiker – das Individuum ist durch keine Prädikate zu bestimmen, denn diese gelten immer für viele Gegenstände und können deshalb nie das Einzelne in seiner Besonderheit treffen. Genau darin, in seiner Singularität und Unbestimmtheit, hat das Individuum seine Würde, und daraus folgen seine Unverfügbarkeit und die Achtung, die ihm zusteht. – Das wirft ein interessantes Licht auf die von Sigmund Freud in Gang gesetzte Psychoanalyse.

Die Erziehungswissenschaftler sprechen wie die Lehrer, die Schüler, die Journalisten im Feuilleton und alle, die den geläufigen Code sprechen, vom „Sich-Einbringen". Damit ist gemeint, daß der Schüler in seiner „Ganzheit" und „Unmittelbarkeit" begriffen werden müsse, das heißt, als Gefühlswesen („affektive Dimension" genannt) und als denkendes Wesen („kognitive Dimension" genannt), und manchmal auch noch als handelndes Wesen im Sinne der technischen Handhabungen („psycho-motorische Dimension" genannt).

Nach der Kritik Marx' an der Arbeit, die unter kapitalistischen Bedingungen zur Entfremdung und Verdinglichung führe, kann sich das Subjekt – das haben auch Nicht-Marxisten gelernt – nicht mehr in der Arbeit „verwirklichen", denn welches Produkt unter kapitalistischen Bedingungen kraft der Arbeit produziert wird, wird nicht vom Produzenten bestimmt, sondern vom Kapitaleigner, auch der Arbeitsvorgang kann vom Arbeitenden nicht selbst bestimmt werden, und schließlich gehört sogar das Produkt nicht dem Produzierenden, sondern ebenfalls dem Kapitaleigner. Aus dieser Entfremdung des Arbeitenden im Produkt und im Produktionsprozeß folge eine Verdinglichung der menschlichen Beziehungen dergestalt, daß der andere nur noch als Konsument oder Produzent einer Ware angesehen werde, so daß sich das Ding vor und an die Stelle des Menschen setze. Weil demnach sich der Produzierende in seinem Produkt nicht erkennen kann, sich in ihm nicht realisieren kann, deshalb soll er es auch gar nicht wollen. Wer es dennoch tut, sich etwa mit Müller-Milch oder Mercedes identifiziere, der habe sich selbst verloren. Wer dies jedoch durchschaut habe, der könne allenfalls noch um des Geldes willen arbeiten. Damit aber setzte sich der Konsum an die Stelle der Produktion. Ich bin nicht mehr, was ich produziere, vielmehr bin ich, was ich konsumiere. Daraus resultiert ein entspanntes bis schludriges Verhältnis zur Arbeit, weshalb das „Made in Germany" einiges von seinem Ruf verloren hat. Und so wurde das Geld, unabhängig von seinem Erwerb, nämlich der Arbeit, zum einzigen Movens der Arbeit, die entsprechend auch in Deutschland heute „Job" heißt. Wenn es aber auf das Geld und nicht auf die Arbeit und das Produkt ankommt, sind auch Betrug und Korruption gerechtfertigt, beides gilt nunmehr als „cleverness". Selbstverwirklichung ist die cleverness, unabhängig von Arbeit zu konsumieren. Dies ist der neue Spießer, der kalkuliert, wie er sich selbst in der Gesellschaft erhalten kann, der seine Chancen und Risiken abwägt, seine Bedürfnisse durchzusetzen: Was muß ich der Gesellschaft geben, damit ich mehr von dieser zurückbekomme?

Die Kultusminister haben mit ihrer Formel der „Selbstverwirklichung" nur nachvollzogen, was sich gesamtgesellschaftlich entwickelt hat: eine Subjektivierung des Denkens und Handelns. – Es ist die lange Geschichte der abendländischen Kultur und Zivilisaton.

Als Platon das Wesen der Dinge ergründen wollte, unterteilte er die Welt in eine der Erscheinungen und eine der Ideen, und diese seien die eigentliche Wahrheit. Aristoteles machte diese Zweiteilung der Welt nicht mit und fand das Wesen der Dinge in diesen selbst. Er nannte es das „hypokeimenon": das (den Dingen) Zugrundeliegende. Es ist das, was dem Ding immer gleich bleibt und es zu dem macht, was es ist. Gemeint ist also der Wesenskern, die Substanz des Dinges im Gegensatz zu den Akzidenzien, den wechselnden Zuständen und sich ändernden Eigenschaften. Die Römer übersetzten „hypokeimenon" mit „subiectum", wörtlich übersetzt: das Unterworfene. Das „hypokeimenen" und das „subiectum" bestimmen also das Ding als das, was es ist. Reden wir heute vom Subjekt, dann meinen wir nach wie vor dasjenige, was etwas bestimmt. Aber während die Antike das Bestimmende der Dinge unabhängig vom Menschen sah, als das, was in ihnen beschlossen und dem Menschen unverfügbar ist, denkt die Moderne, daß der Mensch derjenige ist, der die Dinge als das bestimmt, was sie sind, zwar nicht, was sie „an sich" sind, aber was sie „für uns" sind. Die objektive Wirklichkeit wird in der Neuzeit aufgelöst in Vorstellungen des denkenden Menschen, die nur deshalb nicht zufällig und für jeden Menschen anders, sondern intersubjektiv, d.h. für alle Menschen gleich sind, weil die menschliche Erkenntnisfähigkeit bei allen Menschen dieselbe ist.

Diese Entwicklung beginnt bei René Descartes und seiner Erklärung der „res cogitans" zum „fundamentum inconcussum" der Neuzeit: Das denkende Ich wird die Grundlage der Moderne. Die subjektunabhängige, objektive Wahrheit, sei es die der Wirklichkeit oder die Gottes, wird aufgegeben zugunsten der subjektiven Gewißheit der Denkvollzüge. Aus der Wirklichkeit werden Vorstellungen des denkenden Menschen. Immanuel Kant führte diese Entwicklung zu ihrem Höhepunkt. Er teilt die Welt auf in eine „an sich" seiende, die den Nachteil hat, nicht erkennbar zu sein und in eine „erscheinende", die zwar vom Menschen erkannt werden kann, von der her jedoch keine Rückschlüsse auf die Welt „an sich" möglich sind. Damit erkennt der Mensch im Grunde nur seine eigenen Vorstellungen, denn er formt in seiner Erkenntnis der erscheinenden Welt diese als seine Vorstellungen. Die Erkenntnisbedingungen des Menschen, erklärt Kant, seien auch die Existenzbedingungen der (erscheinenden) Dinge. Diese erkenntnistheoretische Subjektivierung in der europäischen Geistesgeschichte wurde von Sigmund Freud psychologisiert. Seither kreist das europäische Denken und Empfinden um das psychologisch gedeutete Ich. Die erkenntnistheoretische Bescheidenheit Kants wurde zur lebensweltlichen Hypertrophie des psychisch gedeuteten Ich. Das hypertrophe Subjekt zentriert die Welt auf sich, wird zum einzigen Bezugspunkt seines Selbst- und Weltverständnisses. Der „homo mensura"-Satz des Protagoras wird subjektiv verkürzt zum Credo der Moderne: „Ich bin das Maß aller Dinge, der seienden, daß sie sind, der nicht-seienden, daß sie nicht sind."

Hat Freud die erkenntnistheoretische Bewußtseinsphilosophie des Ich psychologisiert, dann wurde dieses psychologisierte Ich inzwischen moralisiert. Für das moderne Subjekt existiert alles nur in bezug auf sich selbst. Die Subjektivität wurde Lebensform.

Die Autoren des „Strukturplans" berufen sich ausdrücklich auf den Artikel zwei des Grundgesetzes, nämlich auf das „Recht auf freie Entfaltung der Persönlichkeit", um die von ihnen betriebene Individualisierung des Lernens und die Differenzierung der Bildungswege zu rechtfertigen[32]. Dies führte zur Inflationierung von Fächern in der gymnasialen Oberstufe, die prinzipiell gar nicht begrenzbar ist, weil eben jede administrative Begrenzung dem Recht auf freie Entfaltung der Persönlichkeit der Schüler entgegenstünde. Statt also die Fächer und Inhalte zu konzentrieren, wurden sie um Psychologie und Pädagogik, Rechtswissenschaften und Sozialwissenschaften, Philosophie und Spanisch, Russisch und Holländisch, Literatur und Arbeitslehre erweitert. Auch im Kanufahren läßt sich das Abitur ablegen. Die Pädagogen, die die Schüler zur Kritik erziehen wollen, also zur Fähigkeit der Unterscheidung (so bekanntlich das griechische „krinein"), setzten für sich jegliches Kriterium der Scheidung von „wichtig" und „weniger wichtig" außer Kraft und bürden damit die Last, aus der Unzahl an Fächern auszusuchen, den Schülern auf, also denen, die, um substantiell wählen zu können, all diese Fächer schon kennen müßten. Die Individualisierung des Lernens erweist sich so als subjektiver Schein. Sie ist in Wahrheit eine Vergleichgültigung allen

Lernens in die Beliebigkeit. Ein Korrektiv für die Auswahl außer der zufälligen Subjektivität gibt es nicht: weder die Tradition noch die Kultur, weder Aufklärung noch Humanität.

Aus der Kontingenz der Subjektivität folgt unterm Entscheidungsdruck der Kurswahl der Dezisionismus, der sich nicht mehr rechtfertigen, sondern nur noch durch die Wahlzwangsituation entschuldigen kann. Der systemisch überforderte Schüler kann nur noch zirkulär auf die eigene Kontingenz verweisen. Bildungspolitiker und Pädagogen sprechen allerdings von „Selbstbestimmung".

Selbstverwirklichung, das heißt für zu viele Jugendliche deshalb: „Bock oder Nicht-Bock", heißt „easy" und „locker" und „cool", heißt Konsum, von der Musik bis zu den Animateuren. Selbstverwirklichung ist de facto Regression, Infantilisierung und Idiotisierung, ist Stagnation: „Ich bin eben so." Der Kontext der Selbstverwirklichung ist Freizeit, Urlaub und Vergnügen – nicht also Arbeit, geschweige denn die Arbeit an sich selbst, statt dessen das „Sichausleben", das Realisieren des zufälligen Zustandes. So versteht man sich als ein Bedürfnisbündel und die anderen als Mittel, seine Bedürfnisse zu stillen. Beate Uhse hat Ende 1993 im Alter von 74 Jahren und mit fast fünfzigjähriger Erfahrung in der Porno-Branche ihre Geschäfts- und Lebensweisheit so zusammengefaßt: „Es macht die Menschen kaputt, wenn sie ihre Bedürfnisse unterdrücken müssen." Es ist durchaus „sozial zu verantworten", daß das Subjekt sich auf Kosten anderer verwirklicht. Denn nach welchem Gesichtspunkt sollte entschieden werden, wenn es um die eigene oder fremde Selbstverwirklichung geht? Und wie wird entschieden im Konfliktfall zwischen Selbstverwirklichung und sozialer Verantwortung?

Mit der Propagierung der „Selbstverwirklichung", unbeschadet des Zusatzes „in sozialer Verantwortung", werden die sozial und argumentativ Schwachen noch hilfloser, denn in der Welt der kommunikativen Rechtfertigung subjektiver Ansprüche werden die Sprachlosen sozusagen noch sprachloser und suchen sich ihre Wortführer. Um konkreter zu werden: Wenn die rechte Gewaltszene heute vornehmlich von Hauptschülern und Schulabbrechern beherrscht wird, liegt es auch daran, daß diese im allgemeinen Kommunikationszwang nicht mithalten können und sich deshalb eben über Gewaltakte Gehör verschaffen und Wortmächtigere für sich reden lassen. Wer sich nicht mit Worten durchsetzen kann, der versucht es mit Gewalt. Und Selbstverwirklichung schützt nicht gegen Benachteiligung. Für einen Arbeitslosen muß es einigermaßen zynisch klingen, wenn er aufgefordert wird, sich selbst zu verwirklichen. Und wie klingt Selbstverwirklichung in den Ohren dessen, dem der Lebenspartner zuerst in die Toskana zum Töpferkurs und dann in ein neues Leben entfloh?

Das Es hat mit der Selbstverwirklichung den Sieg über das Ich davongetragen. Seine Würde sieht das spätmoderne Subjekt in seiner Würdelosigkeit, in seinem Ausgeliefertsein an seine Bedürfnisse. Der Appetitus ist sein Zentrum. Und so findet die Selbstverwirklichung ihr Glück bei Neckermann und der Pizza um die Ecke, beim Golf Cabrio und Gottschalk. Das Ziel der Selbstverwirklichung ist der Videorecorder und gegebenenfalls das Johlen beim Elton-John-Konzert. Man lebt sich aus, und man bringt sich ein. Was aber ist das „sich"? Indessen ist der Wäschetrockner nun mal nicht die Erfüllung der Menschheit, und so müssen wir lernen, uns zu schämen, wenn wir glücklich sind, nach dem Hauptwaschgang das gesäuberte Geschirr aus der Spülmaschine zu holen.

Die Kultusminister gaben also nur dem Psychoboom der Spätmoderne nach, schrieben die Subjektivierung als Erziehungsziel fest, als sie die Selbstverwirklichung zum Ziel gymnasialer Ausbildung erhoben. Die Kultusminister haben darauf verzichtet, oberste Prinzipien des Denkens und Handelns zu benennen.

„Selbstverwirklichung" reicht nicht aus, um eine Kultur, nicht einmal um eine Gesellschaft zusammenzuhalten. Statt dessen erzeugt dieses Erziehungsziel Zentrifugalkräfte, die das Gemeinwesen und private Verbindungen sprengen, die entsolidarisieren, so daß die „soziale Verantwortung" zu Bruch geht. Das Ergebnis ist bekannt.

Was ist das nun, wenn man einen Gymnasiasten mit verkehrt herum aufgesetzter Baseballkappe, Sticker im Ohr, Bermuda-Großraumhose und Nike-Turnschuhen, auf der Lehne einer Bank im Benrather Schloßpark sitzend, Bier aus der Dose trinken sieht? Zeigt das nun den Erfolg oder den Mißerfolg der Erziehung zu Selbständigkeit und Selbstverwirklichung in sozialer Verantwortung? Oder ist sie etwa auch dann gescheitert, wenn sie erfolgreich war?

Glücklicherweise nicht alle, aber viel zu viele Jugendliche gestalten ihr Leben nach der Devise „Bock-oder-Nicht-Bock". Wozu man „Bock" hat, wird getan, wozu man „Null-Bock" hat, wird unterlassen. Etwas abstrakter ausgedrückt heißt das, unsere Gesellschaft unterliegt einem Subjektivierungsprozeß, in dem sich die zufällige Subjektivität und die zufällige Befindlichkeit im „Hier und Jetzt" zum Maßstab des Verhaltens setzt. Daß die „Bock-oder-Nicht-Bock-Mentalität" in einer Gemeinschaft zu Konflikten führen muß, ist offensichtlich.

Daß der Mensch nach Glück strebt und daß jeder darunter etwas anderes versteht, das war die These des Aristoteles in seiner „Nikomachischen Ethik". Und in der amerikanischen Unabhängigkeitserklärung von 1776 wird das Recht des Menschen festgeschrieben, nach Glück zu streben („pursuit of happiness"). Zweihundert Jahre später haben Pädagogen und Bildungspolitiker daraus ein Grundrecht des Menschen auf Glück gemacht. Dies ist der entscheidende Unterschied: Gemäß der Unabhängigkeitserklärung hat der Staat nicht die Pflicht, den Bürger glücklich zu machen, sondern darf ihn nicht daran hindern, dies selbst und auf eigenes Risiko zu versuchen. In der bundesrepublikanischen Version wird dies jedoch genau zur Pflicht des Staates: den Bürger glücklich zu machen. Mit anderen Worten: Der Staat hat die Aufgabe, dem Bürger eine gewisse Anzahl an Lustquanten zur Verfügung zu stellen, die er an all seine Bürger gleich verteilen muß. Und die Institutionen, die vom Staat verpflichtet werden sollen, diese Aufgabe zu erfüllen, sind vornehmlich die Industrie und die Schule. Glück wird mit Konsum gleichgesetzt, wird zur Ware, die der mündige Kunde entweder bei Neckermann bestellen oder im Kaufhof einkaufen kann. Die Lehrer hingegen haben das Glück kostenlos an die Schüler zu verteilen.

Glück indessen ist weder herstellbar noch käuflich zu erwerben, man muß schon selbst glücklich werden. Und die Aufgabe der Schule war es einmal, die Schüler nicht im Glück zu unterrichten, sondern ihnen die kulturellen Güter nahezubringen, die eine Kultur für so wertvoll hält, daß sie sie nicht missen möchte. Nicht Glück ist das Ziel des Unterrichts, vielmehr ist es das Ziel des Unterrichts, den Schülern Freude am Lernen, am Entdecken, am Wissen und Können zu machen. Und vielleicht findet der eine oder andere darin tatsächlich sein Glück.

Die Gegenwart leidet an der Subjektzentrierung ihres Denkens, Handelns und Empfindens. Noch das Eintreten für die Umwelt rechtfertigt sich mit dem Verweis auf das Subjekt: „Erst stirbt der Wald, dann stirbt der Mensch." Und folgerichtig wird dagegengehalten: „Mein Auto fährt auch ohne Wald." Diese Subjektivierung der Moderne macht es erkenntnistheoretisch und psychologisch nahezu unmöglich, Umweltprobleme wirksam anzugehen. Die Natur kommt nicht an sich in den Blick, sondern nur in subjektiver Verkürzung.

Im sozialen Bereich sieht das so aus, daß jeder genau deshalb, weil er Subjekt ist, Ansprüche einklagen kann und auch durchsetzt; weil er Subjekt ist, nicht weil er Verdienste hat. Allein die Eigenschaft,

Individuum zu sein, wird als zureichender Grund für Forderungen gegenüber der Gesellschaft, dem Staat und den Mitmenschen angesehen. Individuell zu sein ist das Verdienst, und deshalb boomen Boutiquen und Life-Style-Gazetten.

Dem Subjekt wird zugetraut, was man „der Gesellschaft", „dem Staat", „den Parteien", „dem System" – kurz, was man den Institutionen des liberal-demokratischen Staates nicht mehr zutraut: eine humane Gesellschaft zu formen. Und dieses unverstellte Subjekt ist eben, in der Freudschen Terminologie, nicht das „Ich", das sich mit dem (gesellschaftlichen) „Über-Ich" arrangiert hat, vielmehr das von der Gesellschaft noch unberührte „Es". Am reinsten liege es vor bei dem, der am wenigsten mit der Gesellschaft in Berührung gekommen ist: dem Kind. Es handelt sich um die biblische Denkfigur: „Lasset die Kindlein zu mir kommen und wehret ihnen nicht; denn solcher ist das Reich Gottes." (Markus 10, 14) Wie die Bibel das Kind als sündenfrei sieht, bevor es mit der Welt in Berührung kommt („ehe die Kinder geboren waren und weder Gutes noch Böses getan hatten", Römer 9, 11), so sehen moderne Pädagogen das Kind so lange als unschuldig an, bis es mit der Gesellschaft in Berührung kommt. Und daraus resultiert dann die Hauptaufgabe der Pädagogen: die Kinder vor der Gesellschaft zu schützen, sie gleichsam im Stadium des Paradieses vor dem Sündenfall zu belassen. Die Krabbelstuben gelten als ein derart neues Paradies. Und so avanciert das Kind zum Hoffnungsträger der Zukunft, ohne daß die Vermittlung zwischen unschuldigem vorgesellschaftlichem Zustand und gesellschaftlicher Einwirkung je geklärt worden wäre. Gleichwohl soll die unverstellte Kreativität des Kindes die verkrusteten Strukturen der sich selbst stabilisierenden öffentlichen Ordnung aufbrechen. Im Kern wurde der Gedanke für die Moderne von Rousseau formuliert.

b) Pseudokreativität

Ausgerechnet Rousseau, der seine eigenen Kinder ins Waisenhaus steckte! Das hinderte ihn aber nicht daran, an das Kind als den besseren Menschen zu glauben. Diese Rousseausche These wird heute in Pädagogikseminaren und Studienseminaren, in der Vorschuldidaktik und an der Volkshochschule, in Talk-Shows und Klassenzimmern vertreten. „Kinder an die Macht." Da werden die Buschtrommeln der Moral gerührt und mit großem Tamtam wird das Ende der Erziehung verkündet, so daß es schon zum Topos der Popmusik geworden ist:

„We don't need no education, we don't need no thought control, hey, teacher, leave us kids alone!" Bildung nämlich sei in Wahrheit Verbildung, weshalb sie tunlichst zu vermeiden sei. Diese These, vorgetragen mit der Inbrunst moralischer Dignität, gibt sowohl für Eltern als auch für Lehrer die Legitimation, sich der Anstrengung der Erziehung zu entziehen. Denn gut, so erklärte Rousseau, sei eben die Natur, und nur unter den Händen der Menschen degeneriere sie. Deshalb läge der Mensch, frei geboren, überall in Fesseln.

Wie es jedoch dem eigentlich guten Menschen hatte gelingen können, sich gegen seine eigene Natur zu stellen und eine schlechte Gesellschaft zu formieren, dies Problem ignoriert Rousseau. Auch was er unter „Natur" versteht, verschweigt er. Sie ist ihm ein unbestimmter Gegenbegriff zur Kultur und Gesellschaft. In genau diesem Sinne hat ein unbestimmter Naturbegriff auch heute Konjunktur: als Gegenbild zu Technik und Zivilisation, die als Störung, wenn nicht gar als Zerstörung der Natur aufgefaßt werden. Abgesichert in diesem allgemein-öffentlichen Einverständnis griffen Pädagogen den Topos vom unschuldigen Kind auf und kamen zum Schluß, daß die beste Erziehung der Verzicht auf Erziehung sei und daß der erste Schritt die Entfesselung der Kinder von allerlei Zwängen sei, wie ihn die permissive Erziehung praktiziert.

Doch die Hoffnung auf Selbststeuerung trog. Die von Herbert Marcuse beschworene „libidinöse Vernünftigkeit", in die die „Achtundsechziger" vertrauten, trat nicht ein. Die sich beschleunigende Zerstörungswut der Kinder und ihre anwachsende Gewaltbereitschaft schon im Kindergarten zeigen, daß die Selbststeuerung der von Erziehung entlasteten Kinder nicht funktioniert hat.

Das soll nicht heißen, daß die Verantwortung für die soziale, intellektuelle und moralische Verwahrlosung eines zu großen Teils der heutigen Jugend die „Achtundsechziger"-Studenten trügen. Die Wirklichkeit sieht anders aus. Die propagierte „antiautoritäre Erziehung" lief, wenn überhaupt, in geschlossenen Räumen ab, etwa in der „Kommune I". Keiner wird im Ernst behaupten wollen, daß die Handvoll Kinder der Kommunarden die Gesellschaft umkrempelten und deshalb die Kommunarden die heutigen Erziehungsdefizite zu verantworten hätten. Entscheidend war, was außerhalb des studentischen Milieus der „Achtundsechziger" geschah. Die „68er" haben ein gesellschaftliches Klima geschaffen, das auch jene erfaßte, die mit der „Studentenbewegung" nichts zu tun hatten. Dieses Klima (und nicht die Theorie und die Praxis der „antiautoritären Bewegung") erlaubte es, Nicht-Erziehung als Erziehung auszugeben. Dies Klima wurde erzeugt von den kommerziellen Umsetzern des neuen Ansatzes in Werbung, Zeitschriften, Rundfunk, Fernsehen, in der Freizeitindustrie und der Sexindustrie. Die lebensweltliche Wirklichkeit von Herbert Marcuse und Wilhelm Reich waren Oswalt Kolle und Beate Uhse. Aus der propagierten „antiautoritären Erziehung" wurde im lebensweltlichen Alltag das laissez-faire der Nicht-Erziehung. Die „antiautoritäre Erziehung" wurde im lebensweltlichen Alltag zur Ausrede, auf Erziehung zu verzichten. Nicht: „Linke Lehrer produzieren rechte Kinder", sondern: Der Erziehungsverzicht der Eltern produziert desorientierte Kinder.

Mehrere Entwicklungen trafen aufeinander. Auf der einen Seite wurden immer mehr Mütter berufstätig, so daß die Zeit, sich den Kindern zu widmen, knapper wurde. Zugleich kam die Parole der Selbstverwirklichung auf und die Emanzipationsbewegung der Frau. Da die soziale und berufliche Wirklichkeit diesen Bewegungen hinterherhinkte, das heißt, daß sich weder die Struktur des Berufslebens noch die der Familie, geschweige denn die Männer sich wesentlich veränderten, entstand eine gewisse Zeitnot für die Erziehung der Kinder, die ideologisch scheinhaft gerechtfertigt wurde durch das zum Schlagwort verkommene Theorem der „antiautoritären Erziehung". Dies ist der Erziehungsnotstand bis heute.

Unberührt von diesen Entwicklungen fördern Pädagogen jedoch unverdrossen die „Spontaneität" und plädieren für die „Kreativität" der Schüler. Im vierten Grundschuljahr werden die Schüler von ihrer Lehrerin aufgefordert, sich eine eigene Handschrift auszudenken. Und so überlegen sich die Kinder dann, an welchen Buchstaben sie welchen Schnörkel anbringen können.

Schulen veranstalten „Kreative Tage". Im Lokalteil der Tageszeitung wird dann darüber berichtet, denn die Abonnenten lesen so etwas gerne, und die Schulen sind froh ob der erhofften Werbewirkung. Die „Kreativität", so wurde berichtet, bestand darin, daß Eltern, Schüler und Lehrer gemeinsam ihre Klassenräume anstrichen. Aber das Schöpferische kommt dann noch: „Die fünften Klassen verwandelten ihre Unterrichtsräume in eine grüne Dschungellandschaft oder verzierten die Wände mit bunten Farbklecksen." Je exotischer und bunter, desto kreativer. Da kommt es auf einen Klecks mehr oder weniger nicht an. Die Schüler der Jahrgangsstufe zwölf „inszenierten" derweilen „eine aufwendige Show mit spektakulären Knall- und Leuchteffekten". Show, Spektakel, Effekt: kreative Tage. Auch Lottospielen hielten die Studienräte für kreativ, und so richteten sie ein „Wahllotto" ein, denn schließlich waren gerade Landtagswahlen; zu gewinnen gab es „Kinogutscheine und Schokolade".

Kreativität ist etwas, das die Griechen noch nicht einmal Zeus, dem Göttervater, zugestanden. Das Judentum erfand den creator-Gott, der die Welt und den Menschen erschafft, und das Christentum hat diesen Gottesbegriff übernommen. In der Renaissance ging dann der Schöpferbegriff von Gott auf den Menschen über, genauer: auf den Künstler, der sich von nun an als „Genie" verstand, das spontan, das heißt selbstursächlich schöpferisch tätig ist, ohne die Regeln zu kennen, gemäß denen es produziert. Und genau aus dem Mangel an Regeln kann man nicht lernen, ein Genie zu werden; man kann es höchstens imitieren. Kein mittelalterlicher Tafel- oder Buchmaler kam je auf die Idee, kreativen Anspruch zu erheben. Der Künstler der Moderne versteht sich hingegen als kreatives Originalgenie. Deshalb bekommt die Skizze eine größere Bedeutung als das ausgeführte Werk; in jener sei die Authentizität des Schöpfungsaktes noch spürbar, die in der mühevollen Ausarbeitung verlorengehe. In der Kunst der Gegenwart ist diese Auffassung im „action-painting" praktiziert worden. George Matthieu machte den Versuch, seine Farben so schnell auf die Leinwand zu bringen, daß die zeitliche Verzögerung zwischen spontanem Impuls und manueller Ausführung die Spontaneität nicht unterband. Seine Rekordzeit soll zehn Sekunden für die Fertigstellung eines Bildes betragen haben. Doch auch ihm gelang es nicht, den Weltrekord Gottes einzustellen, denn dieser produziert, indem er denkt.

Die freischaffenden Sprayer, die, um nicht erwischt zu werden, nächtens in Sekundenschnelle ihre Strichzeichnungen an die Wände von Unterführungen, Haltestellen und Bahnhöfen sprühen, stehen im Gefolge solchen Kunstverständnisses. Städte, die solche Sprayer anwerben, um die Mauern zu verschönern, sind die Mäzene spontaner Kreativität. Wie hoch solche Spontaneität geschätzt wird, kann man dann anderntags im Lokalteil oder, wenn man eine andere Meinung hören möchte, im Feuilleton der Zeitungen nachlesen.

Jeder Mensch, so deklarierte Josef Beuys, sei ein Künstler; gemeint war, daß jedem Menschen Spontaneität eigne, so daß es darauf ankomme, diese nicht verkümmern zu lassen. Und dies ist das Implikat der gesamten Bewegung des Spontanen, Kreativen und Authentischen: daß das Unmittelbare allemal besser sei als die Vermittlung. Man kann auch sagen: Die Bewußtlosigkeit gilt mehr als die Reflexion. Nun hat dieses Theorem eine ehrwürdige Tradition. Platon verbannte bekanntlich die Künstler aus seiner Polis, weil sie fern der Wahrheit der Ideen ihre Kunst produzierten. Wollen sie im platonischen Staat geduldet werden, dann müssen sie außer sich geraten, das heißt, in der Ekstase ihrer Vernunft ledig werden, weil nur so gewährleistet sei, daß sie die Wahrheit darstellen könnten. Allerdings macht Platon eine Voraussetzung, die auch all diejenigen teilen müßten, die heute die Bewußtlosigkeit als Wahrheitsbedingung propagieren: daß nämlich die Dichter in ihrer Ekstase zum Gefäß und zur Hand und zum Mund des Gottes werden, der sich ihrer nur bedient.

Der Lehrer, so die pädagogisch-didaktische Umsetzung des Credos, müsse die spontane Kreativität der Schüler fördern. Weil das lästige Instrument Farbstift oder Pinsel ausgespart ist und sich so die Spontaneität, weil vom Gerät nicht behindert, unmittelbarer ausdrücken kann, eignen sich Fingerfarben und Knete besonders gut. Die didaktische Konsequenz der Kreativitätspädagogik ist also die Verwendung solcher Materialien, die der Spontaneität möglichst wenig Widerstand entgegensetzen, die weich und leicht formbar sind, so daß die Arbeit aufs Äußerste reduziert ist. Homer mühte sich mit Hexametern ab. Nietzsche dachte, daß immer dann etwas Lohnendes herauskomme, wenn man lange und konzentriert an einer Sache arbeite, so daß man am Ende die Mühe nicht mehr bemerkt, deren es bedurfte. Goethe schrieb fast sein ganzes Leben lang am „Faust". Aber natürlich sind das keine Vergleiche.

Die „kreative Pädagogik" wendet sich explizit gegen ihre Interpretation der Schule als eine Veranstaltung zur „Verkopfung" der Jugendlichen. Und in der Tat ist es abstrus, wenn jedes Fach der gymnasialen Oberstufe Wissenschaftspropädeutik betreiben soll und deshalb auch Kunst, Musik und Sport theoretisiert werden. Gegen einen solchen bildungspolitischen Amoklauf wird zu Recht Front gemacht. Schlimm aber ist der antiintellektuelle Affront der Erlebnis- und Betroffenheitspädagogik. Nicht daß zu viel gedacht wird, ist das Problem des Gymnasiums, sondern daß zu wenig gedacht wird. Im Gymnasium (und anderswo) kann gar nicht genügend gedacht werden – gerade angesichts des Trends zur intellektuellen Verwahrlosung bis hin zur geistigen Entmündigung, der Idiotisierung der Kultur und der Verrohung im Umgang.

Soll der Mensch von Kaninchen unterscheidbar bleiben, muß er sich schon zur Verkopfung entschließen. Und dazu reicht die farbige Gestaltung der Schulhefte nicht hin; auf Abstraktion kann nicht verzichten, wer zur Humanität gelangen will. Die „Primärerfahrung" und die Anschauung müssen wohl oder übel verlassen werden, denn Vermittlung ist menschlicher als Unmittelbarkeit. Die Abstraktion erst ermöglicht Überblick, ermöglicht Distanz zu sich und der Sache und ermöglicht dadurch erst Begreifen, Verstehen, Moralität und geistige Selbständigkeit. Deshalb müssen die Jugendlichen zum abstrakten Denken erzogen werden.

Der Unterricht, so der pädagogisch-didaktische Konsens, müsse mit einer „Spontanphase“ beginnen, in der die Schüler „sich einbringen“ könnten. Das heißt, die Schüler sollen ihre unverstellte Meinung bezüglich eines Sachverhaltes, eines Gedichts oder eines mathematischen Problems unmittelbar, und das heißt reflexiv nicht gebrochen, verlauten lassen. Sie sollen also „äußern“ (so die gängige Schreib- und Redeweise), was ihnen gerade so in den Sinn kommt. In solchen Äußerungen vermuten Pädagogen die Authentizität des Individuums – auch wenn die Schüler nur die jüngsten Talkshow-Bonmots rekapitulieren. Und oft genug fällt den Schülern gar nichts ein. Der Lehrer versucht dann erneut, sie zu „motivieren“. In Lehrerkonferenzen tragen, sozusagen kongenial, Lehrer dann „Spontis“ vor: Überlegungen, die nicht durchdacht sind, so daß ihre Urheber dafür nicht belangt werden wollen: die Exkulpation des Unsinns durch Spontaneität.

Der Lehrer, so die pädagogische Überzeugung des Tages, muß alles tun, um die Kreativität und Spontaneität der Schüler nicht zu zerstören. Dazu ist es am besten, er tut gar nichts. In Anlehnung an Mao Tse-tungs Programm der „Barfußmedizin“, das medizinisch Unausgebildete zur ärztlichen Hilfe einsetzte, weil nicht genügend Fachärzte vorhanden waren, wird, so wörtlich, eine „Barfußdidaktik“ propagiert, nicht aus Not, sondern aus Überzeugung, deren Glaubensbekenntnis lautet, daß das Fachwissen des Lehrers eine überflüssige Voraussetzung gelingenden Unterrichts sei: Man müsse es „gerade als günstig ansehen, wenn die Lerngruppe ein Problem angeht, für das der Lehrer geringe Sachkompetenz besitzt“. So steht es geschrieben in einer Zeitschrift für Philosophiedidaktik aus dem Jahre 1977. Hintergrund dieses Konzepts ist die Überzeugung, daß ein Lehrer, der dem Schüler überkommenes Wissen vermittle, genau dadurch dessen Kreativität, Spontaneität, Selbständigkeit und Kritikfähigkeit schmälere. So wird die fachliche Inkompetenz mit gutem pädagogischen Gewissen ausgestattet.

Das größere Problem im Schulalltag als das der Erzeugung und Förderung von Originalität, Spontaneität und Kreativität ist, den kreativen Unfug und den originalen Unsinn der Schüler zu verhindern. Selbst im Oberstufenunterricht merkt man ihnen noch das „wilde Denken“ an. Schwierig ist, ihnen beizubringen, wie sie ihre Spontaneität selbst disziplinieren können, d.h. ihre Einfälle einer Methode zu unterwerfen, zu systematisieren und in eine verständliche Darstellung zu bringen, ihnen beizubringen, wie sie von ihrer Subjektivität Abstand gewinnen und sich selbst kontrollieren können. Der Mensch beginnt nicht dort, wo er sich zur Natur zurückbildet, sondern wo er sich über seine physische Existenz erhebt: wo er frei ist. Erst der moralische Mensch ist Mensch.

Das Subjekt, nicht der Humanus, ist Zentrum der neuen Pädagogik. Für die Unterrichtsinhalte bedeutet dies, daß sie nur unter einem subjektiven Aspekt in Blick geraten. Die Pädagogen sprechen von „Problemorientierung". So ist es im Erdkundeunterricht nicht mehr zulässig, den Vulkanismus in der Eifel zum Unterrichtsgegenstand zu machen, weil der Vulkanismus in der Eifel kein subjektives Problem ist. Im Philosophieunterricht ist es nicht zulässig, den Schülern die Geschichte der Philosophie beizubringen, weil die Geschichte der Philosophie kein subjektives Problem ist.

Viele Pädagogen lehnen zwar den „Eurozentrismus" ab, haben jedoch den Anthropozentrismus zum Subjektivismus gesteigert: Kein Sachverhalt und kein Ereignis haben mehr einen Wert in sich, vielmehr müssen sie sich ausweisen in ihrer Relevanz für den Schüler. Nichts darf mehr um seiner selbst willen gelernt werden, alles nur in bezug auf die Lebenswelt der Schüler. Mit anderen Worten: Die Sachen selbst gerieten völlig außer Sicht, nur noch als subjektivierte werden sie zur Kenntnis genommen. Die zufälligen Subjektivitäten der Schüler und des Lehrers einer Klasse werden zum Maßstab darüber, was Unterrichtsinhalt ist und in welcher Weise er behandelt wird. Die Objektivität ist systematisch ausgeschaltet und kann kein Korrektiv für das Individuum mehr abgeben. Problemorientierung ist die Subjektivierung der Welt. Und so ist es nicht zu verwundern, daß die Welt nicht mehr begriffen, sondern nur noch subjektiv verkürzt wird: auf Lust- und Unlustempfindungen.

Die Problemorientierung des Unterrichts fordert die Problemlösung. Deshalb, und weil im Zuge des pädagogischen Imperialismus die Schule ins Leben eingreifen soll („Handlungsorientierung"), sollen die Schüler im „problemlösenden Denken" gefördert werden. Und so habe ich Examensstunden gesehen, in denen in fünfundvierzig Minuten die Probleme der Welt gelöst wurden: sei es das Migrationsproblem, die Hungerkatastrophen irgendwo in Afrika oder die zunehmende Gewaltbereitschaft unserer Gesellschaft. Der pädagogische Schnellimbiß ist in Deutschlands Klassenzimmern fest etabliert und bildungspolitisch gerechtfertigt.

Angesichts der drängenden Probleme, des bescheidenen Wissens und der geringen Problemlösungskompetenz von Pädagogen und ihrem unbedeutenden Wirkungsanteil an der moralischen Erziehung der Jugendlichen ist Zurückhaltung angebracht. Vielen Studienräten stände es gut an, ihre moralische, sachliche und erzieherische Selbstüberschätzung aufzugeben.

Pädagogen und Bildungspolitiker sollten vom pädagogischen Imperialismus überhaupt Abstand nehmen, der meint, daß Erziehung die Probleme der Welt lösen könne und müsse. Gerade weil in der modischen Kuschel- und Betroffenheitspädagogik den Jugendlichen eingeflüstert wird, daß die Probleme der Welt lösbar seien, wenn nur alle guten Willens wären, erleiden vornehmlich die Schüler, die die Lehrer ernst genommen haben, das Leben als Praxisschock. Und zu viele reagieren dann mit einem Kurzschluß: vom politisch linken und rechten Extremismus über religiösen Fanatismus bis hin zum Tugendterror unterschiedlichster Provenienz.

c) Betroffenheit

Die Pädagogik des guten Gewissens und der besten Absichten und des besseren Deutschland läßt Sextaner über den Hungertod in Eritrea und das Robbensterben in der Ostsee diskutieren. – Wenn Kinder mit Problemen konfrontiert werden, die sie weder emotional bewältigen noch sachlich lösen können, ist dies ein Verbrechen an den Kindern, denn sie bleiben hilflos und desorientiert zurück. Ärzte konstatieren seit einiger Zeit besonders bei Kindern „Umweltdepressionen". Solche Präventivpädagogik ist indessen auch ein Verbrechen an den politischen und ökologischen Problemen, weil suggeriert wird, sie wären durch Betroffenheit zu bewältigen.

Es gibt einen Punkt, da wird die Übernahme von Verantwortung schamlos, denn die Überdehnung der Verantwortung schlägt in Vergleichgültigung des Einzelfalls um. Und so kommt es dann auf eine Verantwortung mehr oder weniger nicht mehr an, geschweige denn auf die Mittel. Es gibt eine Hybris auch der Verantwortung. Die aufdringliche Hilfsbereitschaft der Gymnasiasten, Turnvereine und Thekenmannschaften – Menschen des guten Willens, des Unvermögens und schlechten Geschmacks. Man tut, was man kann. Im Auffangnetz der Kerzchenmetaphysik finden sich die Ohnmächtigen dann wieder. Selig schwenken sie die Wunderkerze. Ob bei Grönemeyer oder der Antifa-Demo. Nichts ist sicher vor der Sentimentalität der falschen Tränen.

„‚Ich träume mir 'ne Welt, da gibt es nur noch Frieden, und keinen Krieg, der Herzen bricht – und nur noch liebe Menschen.' Das ist ein Resultat der Auseinandersetzung mit dem Thema Gewalt, an dem fächerübergreifend 200 Schülerinnen und Schüler von 10 bis 19 Jahren des X-Gymnasiums beteiligt waren.“ So berichtet eine Tageszeitung über ein „Projekt gegen Gewalt“, das an einem Gymnasium durchgeführt wurde. Geholfen wurde den Schülern von den Studienräten, Oberstudienräten und Studiendirektoren der Fächer Deutsch, Religion, Französisch, Kunst, Sozialwissenschaften und Geschichte. Der gute Wille hat erkennbar gesiegt, selbst über die Interpunktion.

Nun geht es nicht um die Denunziation von Gefühlen. Es ist bekannt: Wissen ohne Gefühl bleibt leer; aber Gefühl ohne Wissen bleibt blind. Und wenn sich der Unterschied zwischen einem Rockkonzert und der Mahnwache anläßlich des Golfkriegs im subjektiven Empfinden von Jugendlichen auflöst, dann spätestens muß das Konzept der Betroffenheitspädagogik zu Protest gehen.

Die Kuschelpädagogik ist die pädagogische Flucht in die Unbelangbarkeit des guten Gewissens, der Privatheit und der Subjektivierung. Im pädagogischen Biedermeier bekundet man seine Betroffenheit, der Unterricht findet schon mal bei Kaffee, Kuchen und Teelichtern statt, die lautere Gesinnung und die besten Absichten sind erkennbar. Und so zerbricht sich der pädagogische Biedermann, wenn schwierige Entscheidungen anstehen, nicht mehr seinen Kopf, vielmehr bekundet er seine Bauchschmerzen.

Während fünfzig Prozent der Kinder die RTL-Sendungen nach 22.00 Uhr ansehen, sich in Gruppen Horror- und Pornowochenenden mit den Videos der Eltern machen, während sie in Pausen Wurfsterne tauschen und dealen, sollen sie im Religionsunterricht ins Heft gedruckte Schablonen „Moses auf dem Berg Sinai“ ausmalen. Die Schulen veranstalten Projektwochen zum Thema Müll, und die Schüler verstopfen mutwillig die Toiletten, damit sie überlaufen. Mädchen hängen ihre gebrauchten Binden an die Türklinken. Die Lehrer veranstalten Projekte zur Ausländerfeindlichkeit, und die Schüler reißen Türkenwitze.

Zu St. Martin werden Laternen gebastelt, zu Weihnachten Sterne, zu Ostern Osterhasen, und zwischendurch werden Ausflüge und Sportfeste und Schulfeste vorbereitet, alles während des Unterrichts und selbst gebastelt. Die Eltern helfen, besonders mit selbstgebackenem Kuchen, aber auch mit Getöpfertem, denn das Fest soll gelingen, und der Gewinn wird gespendet.

Der Biologielehrer, in Jeans mit Sakko, behandelt das Thema Abtreibung erlebnispädagogisch in der Klasse zehn mit Bildern von verletzten Frauenunterleibern und mit Nadeln erstochenen Föten, alles in Farbe und Großformat. Im Kasperlespiel treten die Kondome dann, kindgerecht, als Clowns auf.

In einer vom Kultusministerium eines Bundeslandes herausgegebenen Broschüre wird mit der Betroffenheitspädagogik für die Gesamtschule geworben. Es wird darauf verwiesen, daß an der Gesamtschule Schule und Leben miteinander verbunden würden, nämlich bei Themen wie „Dritte Welt im Lernbereich Gesellschaftslehre in Verbindung mit einer Dritte-Welt-Woche in der Schule". Solche Veranstaltungen seien schon „fester Bestand des Schulangebots". Darüber hinaus gebe es weitere „Verknüpfungsformen" von Leben und Gesamtschule. Wörtliches Zitat: „So z. B. Unterricht in Verbindung mit Projekten, deren Verlauf und Ergebnisse das Erleben der Schülerinnen und Schüler nachhaltig beeinflussen. Ein Beispiel dazu ist das Projekt ‚Simulationsspiel Machtergreifung' (das in den Jahrgangsstufen 7–9 durchgeführt wurde). Die Schule hatte hier aus Anlaß zur 50. Wiederkehr des Tages der Machtergreifung in 1933 auf eine jubiläumsähnliche Gedenkfeier verzichtet und statt dessen geplant, Betroffenheit und eigenes Erleben an diesem bedeutungsschweren 30. Januar 1933 durch ein Simulationsspiel hervorzurufen. Die Schülerinnen und Schüler sollten unvorbereitet und wehrlos ‚Willkürmaßnahmen' einer grundlosen Scheinverhaftung in der Schule ausgesetzt werden, um sie offen zu machen für die Situation, in der der Nationalsozialismus Macht ausübte." Zitat Ende.

Der pädagogische Impuls siegt wie über die historische Korrektheit, so auch über moralische Skrupel, bemerkt weder die Verharmlosung noch die Anmaßung und geht hinweg über Syntax, Stil und Ausdruck.

Die Emotionalisierung gilt als pädagogisches Grundanliegen einer neu entstandenen Kuschel- und Schmusepädagogik. Sie begann im Kindergarten, ging über zur Grundschule und erreicht gerade die Gymnasien; Ansätze sind sogar schon an den Universitäten bemerkbar. Die Kinderladenmentalität hat auf breiter Front gesiegt.

Der sachliche Beginn war, daß nach der kultusministeriellen Deklaration der „Wissenschaftsorientierung" zur Bedingung des Unterrichts in der Sekundarstufe I und der „Wissenschaftspropädeutik" zum Ziel der Sekundarstufe II Lehrer, die von sich dachten, „wider den Stachel zu löcken", entdeckten, daß die Schüler nicht nur „res cogitans", denkende Köpfe auf Beinen sind, sondern auch Leib mit Gefühlen und Empfindungen, daß Lernen insgesamt kein nur kognitiver Prozeß ist. Man nannte diesen Ansatz den „ganzheitlichen".

Dann baten Lehrer die Eltern, die Klassenzimmer „wohnlicher" zu machen. Es setzte sich die Meinung durch, daß die Schule kein Dienstleistungsunternehmen ist und die Lehrer nicht, wie noch im 19. Jahrhundert, zu den Dienstboten zählen, sondern daß Lehrer, Schüler und Eltern eine „große Familie" seien.

Und so kauften Eltern Farbe, und in einer gemeinsamen Aktion strichen Eltern, Lehrer und Kinder die Klassenzimmer, bemalten die Wände mit Tieren, Popstars und Abstraktem. Zum Wohnzimmer gehören indessen auch ein Kanapee, ein Couchtisch und ein Schrank und Blumen nebst Vase. Das Klassenzimmer erwies sich als bessere Deponie denn die Sperrmüllabfuhr. Decken und Kissen kamen hinzu. Die Geborgenheit erschien nun wichtiger als das Erlernen von Inhalten und Methoden. Das vertrauliche „Du" war schon erprobt, ebenso die herrschaftsfreie Notenfindung durch die Schüler per Diskussion und Abstimmung, und nun wird die neue Nähe mit Kuschelecken und Zirkusprogrammen und allerlei Animationsspielen ausprobiert. Die Industrie bietet „Zirkuskoffer" und andere einschlägige Materialien an. Die Infantilisierung wird zum pädagogischen Programm.

Oberstufenunterricht. Auf dem Pult steht das Kuscheltier. „Der ist doch wirklich süß." Die Welt wird Kinderwelt, und die ist weich und rund. Die Schmusepädagogik virtualisiert die Welt zum Spielzimmer. „Irgendwie", erkennt ein Pädagoge, „ist das doch wirklich gut", nämlich die verkuschelte Wirklichkeit. Anstatt die Jugendlichen darauf vorzubereiten, Verantwortung zu übernehmen, leitet er die Kinder an, das Erwachsenwerden zu verweigern. Und so wird das Kinderzimmer für immer mehr Jugendliche und junge Erwachsene zur Trutzburg ihrer Regression. Da die Wirklichkeit aber kein Kinderzimmer ist, bleiben die bekuschelten und beschmusten Gymnasiasten dann eben auch noch als Studenten in ihrer Trutzburg bei den Eltern sitzen; schließlich sind Studentenbuden kaum zu finden und immens teuer.

Es ist schon erstaunlich: Während die Kinder nur einen Wunsch haben, nämlich möglichst schnell erwachsen zu werden, ist es heute vielen Pädagogen ein Herzensanliegen, die Schüler möglichst lange als Kinder zu behandeln. Dieses Konzept setzt sich dann ungebrochen fort bis zum infantilen Schwachsinn von Quizsendungen und Geschicklichkeitsspielen im Fernsehen. Die Schule leistet ganze Arbeit. „Das Vernünftigste", so dachte Georg Wilhelm Friedrich Hegel, „was die Kinder mit dem Spielzeug machen können, ist, daß sie dasselbe zerbrechen."[33] Ein solcher Akt der Emanzipation erregt heute bei Pädagogen nur noch verständnisloses Kopfschütteln.

In der Fortsetzung der Flitterwelt der Barbiepuppen in die Boutiquen und die Lebensform der Gegenwart ist die Differenz von Schein und Wirklichkeit, privat und öffentlich, Spaß und Ernst aufgehoben. Die Kuschelpädagogik der Spätmoderne propagiert, wovor Friedrich Schiller warnte: Sie verführt die Jugendlichen, mit der Wirklichkeit zu spielen, sie so zu behandeln, als sei sie versöhnt. Dies ist die Etablierung des pädagogischen Zynismus mit bestem Gewissen. Und er ist verhängnisvoller als jeder von Pädagogen angeprangerte Umgang der Jugendlichen mit den fiktiven Welten der Videos, mit dem Computer oder der virtuellen Wirklichkeit im Cyberspace.

Die Infantilisierung der Pädagogik gründet jedoch nicht nur in einer anthropologischen Metaphysik Rousseauscher Provenienz, sondern auch in der positivistischen Forschung der Lernpsychologie. In Tests wurde festgestellt, daß Hoch- und Niedrigängstliche unterschiedliche Lernleistungen erbringen, wenn sie sich unter Leistungsdruck fühlen. Dann nämlich versagen die Höherängstlichen deutlich öfter als die Niedrigängstlichen. Gibt man den beiden Gruppen jedoch Aufgaben innerhalb einer Spielsituation zu lösen, unterscheiden sich Höher- und Niedrigängstliche hinsichtlich ihrer Leistungen nicht mehr signifikant. Daraus schlossen dann die Pädagogen, die der geistesgeschichtlichen Pädagogik nichts abgewinnen können, daß man den Schülern die Angst beim Lernen nehmen müsse, daß man auf Noten und überhaupt auf „Streß“ verzichten müsse, und dies geschehe eben in der Herstellung von Spielsituationen in den Schulen. Geisteswissenschaftliche und empirische Pädagogik trafen sich also im Ergebnis: die Überführung des Unterrichts in eine Spielsituation.

Der Weltrekord im 100 m Rollstuhlfahren lag im Juli 1990 bei 24,18 Sekunden – Körperbehinderte rüsten zur Sport-Weltmeisterschaft. In den Richtlinien für das Gymnasium ist das Rollstuhlfahren als Sonderdisziplin aufgenommen, wobei vom „Balancieren am Ort“ bis zur „Slalomfahrt“ an alles gedacht ist. Den Zynismus scheinen selbst viele Behinderte nicht zu bemerken. Auch das beschädigte Leben ist ein Spiel.

Weil es nur noch Schein gibt, der, weil die Wirklichkeit zum Schein geworden ist, gar kein Schein mehr ist, und weil deshalb die Rede von Schein und Wirklichkeit gegenstandslos ist, ist auch die Rede von Ernst und Unernst unverständlich, die Rede von Verbindlichkeit und Verantwortung. Deshalb klappt die moralische Erziehung nicht mehr. Sie scheitert weder an der Unfähigkeit noch der Unwilligkeit der Eltern, der professionellen Erzieher und der Öffentlichkeit, sie scheitert nicht aus empirischen, sondern aus systematischen Gründen: am

Eintauchen der Spätmoderne ins ununterscheidbare Hier und Jetzt, in das Nirwana der Unverbindlichkeit, der Unverantwortlichkeit. Locker, leicht und easy. Allenfalls fällt einmal der Strom aus oder der Rechner stürzt ab. Jenseits von Gut und Böse gibt es keine Anstrengung, keine Qual und keine Moral. Wer ist Sisyphus? Von der Motivationsphase zur „Nackten Kanone". Das „Katzenklo" wurde zur neudeutschen Humoreske, wenn man nämlich trotzdem lacht.

Ordnung, meinte einmal Karl Kraus, sei der Humor der Deutschen – er kannte weder Karl Dall noch Helge Schneider. So nötig haben die Deutschen heute das Lachen. Kein Witz ist zu flach, keine Zote zu schmutzig, kein Spaß zu billig, kein Spruch zu blöde. Der Krüppel, der hilflos aus seinem Rollstuhl kippt, wird zum Lacherfolg. Wir kichern und feixen uns zu Tode. Mit einem flotten Spruch auf den Lippen fordert der Spätmoderne die Welt in die Schranken. Grinsend treten wir vor Gott und die Geschichte. Da bleibt kein Auge trocken.

Beim kulturellen Countdown ist schon lange unter die Null hinaus gezählt.

Im Hier und Jetzt gibt es keine Perspektive. Im Nirwana des pubertären Schlaraffia gilt es, den Status quo zu erhalten. Doch eine Gesellschaft, die sich nicht mehr erneuern will, hat sich aufgegeben. Der neue Pseudokonservativismus zerstört sich selbst.

Die Jugendlichen lernen heute nicht mehr, etwas ernst zu nehmen, sich auf etwas zu konzentrieren, das sich nicht bewegt, sondern das sie in ihrem Kopf bewegen müssen. Aufmerksamkeit verdient, was sich bewegt, was sich verändert, was sich selbst überflüssig macht und freiwillig dem Neuen weicht. Das Bewußtsein hat die Stufe der „sinnlichen Gewißheit", wie Hegel sie beschreibt, nicht verlassen: es kann keine Wahrheit festhalten, vielmehr gilt ihr als „wahr", was gerade wahrgenommen wird. Deshalb erfreuen sich die Videoclips so großer Beliebtheit. Das Bewußtsein liefert sich an das aus, was gerade erscheint, Zusammenhänge werden nicht hergestellt, was auch gar nicht notwendig ist, denn sie sind von vornherein vermieden, was erscheint, ist das Hier und Jetzt im Nullkontext. Und da Bewußtsein immer Bewußtsein von etwas ist, ist das Bewußtsein der sinnlichen Gewißheit die Schwundstufe des Geistes, vergleichbar den Bewußtseinszuständen des Reptiliengehirns. Und so sitzt der Dinosaurier heute vor dem Fernsehschirm. So wird alles gleich-gültig und zusammenhanglos. „Ach, Herr Tänzer, ich brauch'nen neuen Kick!" Die Wirklichkeit zerfällt in die Unverbundenheit von Erlebnissen, so daß Kontinuität sich auflöst und Urteilskraft nicht eingeübt werden kann. Kierkegaard, so schrieb eine Schülerin in einer Klausur, sei ein Vorsokratiker. Der Lehrer, der an einen Schreibfehler glaubte, fühlte sich bemüßigt, die Schülerin über ihr Versehen aufzuklären. Und diese: „Ach ja, stimmt." Sprach's, drehte sich um und verschwand. Kein Peinlichkeitsgefühl, keine Ausrede, kein Erstaunen. Wenn Kierkegaard kein Vorsokratiker war, dann war er eben kein Vorsokratiker.

Selbst die Merkfähigkeit läßt nach, so daß der systematische Aufbau von Lerninhalten und Methoden immer schwerer fällt. Und so sind die Schüler, wenn sie in die Schule kommen, in der Regel nicht schulfähig. Und der Abiturient, der das Gymnasium verläßt, ist in der Regel nicht studierfähig. Statt zu argumentieren, hat er Positionen, statt systematisch zu entwickeln, hat er Meinungen. Was soll's?

Wenn Schein und Wirklichkeit nicht auseinandergehalten werden, stürzt die Gesellschaft in sich zusammen.

Die Infantilisierung des Unterrichts hat seine Entsprechung in der Fort- und Weiterbildung von Studienräten. Lernspiele aus der Vorschulerziehung gelten als fortschrittlichste Gestaltung von Fortbildungsseminaren. Deshalb nämlich, weil auch die Ausbildung der Lehrer zu „verkopft" sei, so daß es notwendig sei, die „affektive Dimension" zurückzugewinnen, auf daß die Lehrer diese an ihre Schüler weitergeben könnten. In den „Beiträgen zur Methodik der Lehrerfortbildung", publiziert von einem kultusministeriell getragenen „Landesinstitut für Schule und Weiterbildung" aus dem Jahre 1990, sieht das so aus: Zur „Sicherstellung einer guten Arbeitsatmosphäre" bei Fortbildungsveranstaltungen für Studienräte wird empfohlen: „Siebener-Übung: Die Teilnehmerinnen und Teilnehmer sitzen im Kreis. Es wird reihum gezählt und dabei jede Zahl, die eine 7 enthält oder ein Vielfaches der 7 ist, durch ‚bumm' ersetzt. Gelangt der Kreis ohne Schwierigkeiten über 30 (Anmerkung: Es handelt sich bei den Teilnehmerinnen und Teilnehmern um Studienräte), wird eine zusätzliche Zahl, z. B. 6, durch ‚bimm' ersetzt. Eventuell kann auch noch die 8 durch ‚bamm' ersetzt werden. 1 – 2 – 3 – 4 – 5 – bimm – bumm – bamm – 9 – 10 – 11 – bimm – 13 ... Bei einem Fehler beginnt eine neue Runde mit 1." (Anmerkung: Es handelt sich immer noch um Studienräte). Die Leiter dieser Übung werden dann ermuntert, sich durch eventuelle Verweigerungshaltungen einzelner Teilnehmer nicht irremachen zu lassen: Die „Scheu vor solchen ‚Kinderspielen'" würde sich schon legen und die Atmosphäre sich lockern, denn schließlich seien „Fehler unproblematisch" und „keiner scheidet aus". Körperliche Entspannungsübungen ergänzen das Programm, z. B. die Übung „Gorilla": „Zehen einrollen – Waden anspannen – Oberschenkel – Pobacken zusammenkneifen (so daß ein Fünfmarkstück die Prägung verliert!) – Bauch anspannen – Arme (Fäuste einwinkeln, Oberarme) – Oberkörper – Nacken!" – Es handelt sich um wörtliche Zitate, und die Vorschläge könnten um circa dreißig weitere Beispiele derselben Anspruchsebene ergänzt werden.

Im Gegensatz zu den Pädagogen wissen die Schüler sehr genau, daß Schule kein Spiel ist. Aber es nutzt ihnen nichts. Zu viele Lehrer setzen heute ihre Projektionen der Kinderwelt als der besseren Gegenwelt durch, weil sie kultusministeriell unterstützt werden, weil Universitätspädagogen, Ministerialräte, Dezernenten und Fachleiter die Infantilisierung gutheißen. Die Krabbelstube ist überall.

Die Schüler müssen lernen, in einer gefährdeten Welt zu leben. Dazu reichen weder Lernziele noch Handlungsorientierung, noch Lernspiele, noch Betroffenheit. Die neue pädagogische Unschuld des pädagogischen Biedermeier gleitet in Leichtgläubigkeit über die Probleme hinweg, meint sie durch Subjektivierung beheben zu können und verschärft dadurch, was sie verhindern will, nämlich die Barbarisierung der Gegenwart durch Idiotisierung. Das Herzklopfen für das Wohl der Menschheit verhindert keinen einzigen Schuß. Der Gewalt ist mit Betroffenheitspädagogik nicht beizukommen. Natürlich braucht ein Kind auch auf dem Gymnasium noch Zuwendung und Verständnis. Die neue Nähe der „Erlebnistrunkenboldigkeit" (Heidegger) indessen ist in Wahrheit Pseudo-Zuwendung: Das Unterrichtsarrangement ersetzt den Menschen. Humanität braucht keine Kuschelecken.

Die Kuschel- und Schmusepädagogik ist die Bankrotterklärung pädagogischer Aufklärung. Und so kehrt sich die Geschichte Europas um: Die Aufklärung produziert, entgegen ihrer Absicht, wogegen sie angetreten war: Sentimentalität, Leichtgläubigkeit, Aberglauben, Inhumanität und Dummheit.

In Deutschland verfallen die vom pädagogischen Kahlschlag der Enttabuisierung enterbten Jugendlichen in der Öde der Kuschelprogramme des pädagogischen Biedermeier und der Gleichgültigkeit pädagogischer Scheinliberalität auch heute wieder in eine diffuse nationale Identität als Restorientierung, die inhaltlich nicht gefüllt ist, sondern sich nur negativ als Abgrenzung erhält. So ist die scheinliberale und pseudoaufklärerische Pädagogik gescheitert.

d) Aus den Requisiten des didaktischen Panoptikums[34]

Das Kultusministerium von Nordrhein-Westfalen beschloß 1991 für die Fachseminare, an denen die Studienreferendare zu Lehrern der Sekundarstufe II ausgebildet werden, Rahmenpläne erstellen zu lassen. Dazu wurden Kommissionen einberufen, denen in einem Erlaß bestimmte Rahmenbedingungen vorgeschrieben wurden. Dabei wurde davon ausgegangen, daß die Methoden, die im Fachseminar verwendet werden – also bei Studienreferendaren, die im Durchschnitt 28,2 Jahre alt sind –, genau dieselben sein müßten wie diejenigen, mit denen diese Studienreferendare bei Schülern Lernprozesse initiieren. Angestrebt ist also eine Isomorphie der Arbeitsweisen im Fachseminar und im Unterricht, des Umgangs mit Erwachsenen und Kindern. Dazu wurden „einige wesentliche Methoden (alphabetisch geordnet) aufgelistet", denen sich der Ausbilder der Studienreferendare befleißigen soll:

„Alleinarbeit, Arbeitsanweisung, Arbeitsblatt, Auswertung, Befragung, Beobachtung, Blitzlicht, Brain-Storming, deduktive Vorgehensweise, Dialog, Diskussion, Eigenlernen, Entscheidungstraining, Ergebnissicherung, Erkundung, Erzählung, Experiment, Fallmethode, Film, Forschungsexperiment, Fragebogen, Fremdkontrolle, Frontalunterricht, Gespräch, Gruppenarbeit, Gruppendynamik, Handlungsorientierung, induktive Vorgehensweise, Interaktion, Interaktionsspiel, Interpretation, Interview, Kasernenhof-Methodik, Körpersprache, Kommunikationsstörungen, Konferenz, Kontrastieren, Kontrollexperiment, Konversation, Kreisgespräch, Labern ..." – so geht es weiter über „Provokation", „Ritualbildung", „Supervision", „Themenzentrierte Interaktion", „Unterrichtsprobe", „Video" und „Wandzeitung" bis „Zuhören".

Nachdem im deutschen Gymnasium der Bildungskanon gestrichen war und damit die Unterrichtsinhalte in die Verantwortung des einzelnen Lehrers gelegt worden sind, erlahmte paradoxerweise die fachwissenschaftliche, pädagogische und didaktische Diskussion um die Inhalte. Da sich zugleich die Auffassung durchgesetzt hatte, daß der Lernerfolg entscheidend von der Unterrichtsmethodik abhänge, beschäftigte sich die pädagogisch-didaktische Diskussion hauptsächlich mit Strukturfragen des Schulsystems, mit Organisationsfragen der Schule und Methodenfragen des Unterrichts. Da nun die Inhalte ausgeblendet waren, hatte dies zum Ergebnis, daß eine Geisterdiskussion entstand, in der Struktur-, Organisations- und Methodenfragen, nachdem sie sich von Inhalten emanzipiert hatten, sich verselbständigten. Das heißt nun nicht, daß diese Diskussion ohne Ziel geführt worden wäre. Das Ziel war klar: den Unterricht zu verbessern, nicht aber in bezug auf einen bestimmten Unterrichtsgegenstand, sondern bezogen auf Lernziele wie „Emanzipation", „Selbständigkeit" etc.; so meinte man, die entsprechenden Überlegungen ohne Bezug zu Unterrichtsinhalten anstellen zu können.

Damit wurden die Methoden im eigentlichen Sinne „absolut", wurden ohne Bezug zu Unterrichtsinhalten diskutiert. Entsprechend etablierte sich an den Universitäten neben den Fachdidaktiken eine pädagogische Disziplin „Allgemeine Didaktik". Der Irrlauf der emanzipierten Methoden begann, der das didaktische Panoptikum immer aufs neue bestückt.

So ist in einem Protokoll einer Fortbildungsveranstaltung von Fachleitern der Sekundarstufe II des Faches Erdkunde zu lesen, wie man vorging, um zu klären, „was die Funktionen des Kolloquiums im Rahmen der 2. Staatsprüfung sind." – Um die Fragestellung zu würdigen, muß man wissen, daß das Kolloquium schon seit Jahrzehnten Bestandteil des „Zweiten Staatsexamens" ist und von den meisten anwesenden Fachleitern, alles Studiendirektoren im gesetzten Alter, schon seit Jahren abgenommen wurde. Zur Lösung dessen, was eigentlich jeder Fachleiter wissen müßte, wurde eine „Zielklärungsübung" eingesetzt: „Jedes Mitglied einer Kleingruppe erhält 48 Karten; auf 45 dieser Karten steht jeweils eine Aussage, die eine mögliche Funktion des Kolloquiums nennt, dazu gibt es 3 Leerkarten, auf denen jedes Gruppenmitglied weitere ihr/ihm wichtige Funktionen des Kolloquiums notieren kann. Jedes Gruppenmitglied hat 15 Minuten Zeit, um diejenigen 5 Karten auszuwählen bzw. selber zu beschriften und aus den Bögen herauszuschneiden, die zusammen am ehesten ihre/seine Vorstellungen von den wichtigsten Kolloquiumsfunktionen beschreiben. Die Mitglieder einer Kleingruppe versuchen jeweils, im Gespräch einen Konsens darüber zu finden, was wichtige Funktionen des Kolloquiums sind. Mögliche bzw. erforderliche Teilschritte/Teilhandlungen:

– durch Diskussion die ausgewählten Karten nach inhaltlicher Nähe ordnen bzw. ‚zusammenfassen';
– übereinkommen, einzelne Karten, über die kein Konsens besteht, ‚auszusortieren';
– jede Kleingruppe sollte gemeinsam ihr spez. ‚Gesamtbild' von den ‚Kolloquiumsfunktionen'/‚Kolloquiumsfunktionsprofil' zu entwickeln versuchen (u.a. Frage nach Verhältnis von zentralen und

peripheren Aspekten!), etwa in dieser Weise: (es folgt eine Skizze, auf der in der Mitte zwei Karten abgebildet sind, auf denen „zentrale K.-Fkt.“ steht, um die herum 8 weitere Karten gruppiert sind, auf denen „periphere K.-Fkt.“ steht);

- dieses in der Gruppe gemeinsam entwickelte ‚Kolloquiumsfunktionsprofil‘ für die gegenseitige Vorstellung im Plenum auf ein großes Blatt kleben;
- das jeweilige Produkt im Plenum erläutern, Erfahrungen bei der Erstellung des Produkts und wichtige Gesprächsprozesse thematisieren.“

Offensichtlich traut die Behörde gestandenen Fachleitern, die nach der Beamtenbesoldungsstufe A 15 bezahlt werden, nicht zu, in einem schlichten Gespräch strittige Fragen über ein Sachgebiet zu klären, das sie schon wiederholt praktiziert und über das sie, als Fachleiter, auch intensiv nachgedacht haben. Sollte jedoch vorausgesetzt sein, daß Fachleiter über ihre eigene Tätigkeit so wenig nachgedacht haben, daß sie unfähig sind, darüber in einem Gespräch Auskunft zu geben, oder sollte davon ausgegangen werden, daß sie kommunikativ so gehemmt sind, daß sie dies nicht können – dann müßten sie sofort von ihrem Amt suspendiert werden.

Das Ergebnis der Bemühungen der Studiendirektoren während eines ganzen Tages wird vom Protokollanten als „Tagesevaluation“ dann so zusammengefaßt:

„– Bei unserem Versuch, die Kolloquiumsfunktionen zu bestimmen, haben wir einen gewissen Konsens feststellen können.
– Das Verfahren der ‚Zielklärungsübung‘ war funktional, es hat ‚Spaß gemacht‘, es ist an vielen ‚Stellen‘ der Ausbildungsarbeit sinnvoll einsetzbar.“

Spaß muß sein.

Und wenn der einmal aufhört, dann produzieren Pädagogen zum Beispiel, jetzt ganz im Ernst, die Theorie der „subjektiven Theorie“, erfinden das „regionale Lernen“, bemühen die unterschiedlichsten Varianten der Gruppendynamik, empfehlen Konzentrationsübungen, Rollenspiele und das „Spiel der Stummen“, behaupten, daß nur dann gelernt werden könne, wenn man etwas „selbsttätig“ und „handlungsorientiert“ erarbeite. So weiß man nun endlich, weshalb ungefähr vor dem Jahre 1980 Schüler nichts gelernt haben.

Die Prozeßorientierung jedenfalls hat für die neue Didaktik entscheidenden Vorrang vor der Produktorientierung.

Der Grundirrtum aller verselbständigten Überlegungen zu Struktur, Organisation und Methodik ist die Auffassung, daß der äußere

Rahmen von Unterricht entscheidende Auswirkungen auf den Lernerfolg von Schülern habe. Ob aber nun im 45-Minuten-Takt unterrichtet wird oder Projektunterricht über mehrere Wochen stattfindet, ob die Schüler in der „Freiarbeit“ ihren Lerngegenstand und ihr Herangehen selbst bestimmen oder ob dies für die gesamte Klasse einheitlich vorgegeben wird, ob die Schüler „selbsttätig“ sind oder der Lehrer ihnen etwas erklärt – ein guter Lehrer macht auch unter ungünstigen Bedingungen guten Unterricht, und ein schwacher Lehrer kann seinen Unterricht auch durch günstige äußere Bedingungen nicht wesentlich verbessern.

Lernerfolge sind im Kern unabhängig von äußeren Organisationsformen des Unterrichts. Und keiner hat bisher zeigen können, daß Lernerfolge, die aus „Selbsttätigkeit“ resultieren, größer sind als durch Erklärung und Übung. Diese Bevorzugung der „Selbsttätigkeit“ der Schüler vor der Erklärungstätigkeit des Lehrers ist ein wesentlicher Grund, weshalb heute viele Schüler große Schwierigkeiten in der Beherrschung schon von Grundfertigkeiten wie Lesen und Schreiben haben. Viele Kinder sind schlicht überfordert, wenn von ihnen schon in der Grundschule verlangt wird, in einer Schülergruppe sich Unterrichtsgegenstände anzueignen, anstatt sie, didaktisch geschickt aufbereitet, vom Lehrer erklärt zu bekommen. Das setzt sich dann auf dem Gymnasium fort in den Fremdsprachen, in Mathematik und Deutsch und und ... Man muß sich nur einmal die Mühe machen, Schüler zu fragen, was für sie ein guter Lehrer ist. Neben Sozialkompetenzen und Gerechtigkeit kommt, wenn es um die Sache geht, sofort: „Der kann gut erklären.“ Doch der pädagogische Zeitgeschmack will dies nicht wahrhaben.

Eine Studienrätin, die an einem Gymnasium mit hohem Ausländeranteil unterrichtet, erklärte gegenüber einer Zeitung: „Viele Kinder, besonders wenn sie oder ihre Eltern aus dem Ausland kommen, beherrschen ja heute nicht mehr unbedingt die deutsche Sprache.“ Dies also ist die Ausgangsbedingung: Die in ein Gymnasium aufgenommenen Schüler, deutsche wie ausländische, beherrschen die deutsche Sprache nur noch bedingt. Die Lehrerin aber sieht auch das Gute, und sie fährt fort: „Dafür bringen sie aber andere Voraussetzungen mit“, auf die sie stärker eingehen wolle. Das sieht dann so aus: „Konkret heißt das im Unterricht, daß in Biologie nicht nur die Vegetation Deutschlands, sondern auch die der Türkei, Marokkos und anderer Länder durchgenommen wird. Die Geographie der Herkunftsländer der Schüler beziehungsweise ihrer Eltern wurde zum Bestandteil des Erdkundeunterrichts. Im Fach Politik stand unter anderem der

Besuch einer Moschee auf dem Programm." Abgesehen davon, daß nicht nur die Vegetation und Landschaft Deutschlands in jedem Biologie- und Erdkundeunterricht üblicher Unterrichtsgegenstand ist, bleibt unklar, welche „anderen Voraussetzungen" der Schüler in diesem Programm genutzt wurden (die geographischen und biologischen Erfahrungen können es ja nicht sein, weil selbst die ausländischen Kinder in der Regel in Deutschland geboren sind), und ein Rätsel bleibt, wie qualifizierter Fachunterricht ohne ausreichende Kenntnisse der deutschen Sprache gelungen ist.

Das „gut gemeint", so paraphrasiere ich Gottfried Benn, ist das Gegenteil von „gut gekonnt".

Keine Fortbildungsveranstaltung klappt heute mehr ohne Plakatkarton, Flipchart, Karteikarten und Filzstift und natürlich Interaktionsspiele, die zur Entkrampfung beitragen und der Verkopfung gegensteuern sollen. Für Studienräte wird das Spiel: „Geräusche machen" vorgeschlagen, weil die Tagung sonst zu langweilig wird. „Ablauf: Die Gruppe sitzt im Kreis und beginnt zu summen. Eine/r der Teilnehmerinnen und Teilnehmer fängt an, ein anderes Geräusch und mit dem Körper und dazugehörige Bewegungen zu machen. Die anderen nehmen das Geräusch und die Bewegung auf. Die Teilnehmerinnen und Teilnehmer geben jeweils an die Nachbarinnen und Nachbarn weiter. Hinweis: Alle kommen in Bewegung und werden wieder wach." – Ich übergehe die verkorkste Syntax; aber was soll man von Studienräten halten, die auf einer Tagung zu Fragen der Schule und des Unterrichts durch solche Übungen geweckt werden können? Oder was soll man von Studienräten halten, die sich an folgender Übung erfreuen können: Telefonieren. Die Teilnehmerinnen und Teilnehmer sitzen im Kreis: Alle bekommen eine (Telefon)-Nummer (1 ...). Das ‚Telefonnetz' wird aufgebaut: alle schlagen gleichzeitig im Rhythmus zweimal auf die Oberschenkel, klatschen zweimal in die Hände, schnipsen zweimal mit den Fingern, Oberschenkel – Klatschen – Schnipsen – Oberschenkel – ... Das ‚Telefonieren' beginnt: Die Anruferin/der Anrufer nennt beim ersten Schnipsen die eigene Nummer, beim zweiten Schnipsen die der Gesprächsteilnehmerin/des Gesprächsteilnehmers. Diese/dieser ist daraufhin neue Anruferin/neuer Anrufer, nennt die eigene Nummer, eine neue Teilnehmerin/einen neuen Teilnehmer usw.: Oberschenkel – Oberschenkel – Klatsch – Klatsch – eigene Nummer – fremde Nummer –... Bei Fehlern beginnen diejenigen, die den Fehler produziert haben, neu das Netz aufzubauen und rufen erneut an." Welches Bild, welche Wunschvorstellung des Studienrats steht denen vor Augen, die solches Treiben ernsthaft vorschlagen? Und wie kommt ein Kultusminister dazu, für die Entwicklung und Publikation solch kindischer Einfälle Geld auszugeben?[35]

Das Entscheidende wissenschaftlicher Aussagen ist der Versuch, die zufällige Subjektivität auszuschalten, damit die Aussage „objektiv“ oder doch wenigstens „transsubjektiv“ wird. Wissenschaft ist zeit- und kulturinvariant. Deshalb wurden qualitative Aussagen wie „warm“ und „kalt“ überführt in quantitive wie 200° Celsius und 50° Celsius. Diese Messung muß jeder, gleichgültig wann und wo und wie er lebt, mit demselben Ergebnis vornehmen. Deshalb wurden auch Instrumente erfunden; nicht nur, um genauer beobachten zu können, sondern auch, um die Subjektivität der Beobachtung zu verringern, umgekehrt, um zu verallgemeinern. Die Regeln der „Themenzentrierten Interaktion“ indessen lauten: „Vertritt dich selbst in deinen Aussagen: sprich per ‚ich‘ und nicht per ‚wir‘ oder per ‚man‘. Sei authentisch und selektiv in deinen Kommunikationen (es gibt also auch einen Plural von ‚Kommunikation‘). Mache dir bewußt, was du denkst und fühlst, und wähle, was du sagst und tust. Sprich deine persönlichen Reaktionen aus. Sei zurückhaltend mit Verallgemeinerungen.“ Usf.

Statt Methoden anhand von inhaltlichen Problemstellungen zu erarbeiten, werden inhaltsentsorgte „Wollknäuel-Spiele“ empfohlen: „Die Moderatorinnen und Moderatoren bringen ein dickes rundes Wollknäuel mit. Ein Gruppenmitglied beginnt mit der eigenen Kurzvorstellung und nennt z. B. Name, Schule, Unterrichtsfächer. Anschließend wirft er das Wollknäuel einem anderen Gruppenmitglied zu. Durch das Weiterwerfen entsteht ein Netz von Fäden. Um das Wollknäuel wieder aufzurollen, wird der gleiche Weg rückwärts beschritten und zumindest der Name ein zweites Mal genannt.“ Wozu man ein Wollknäuel benötigt, um sich vorzustellen, wird nicht erläutert.

Die Sorge all dieser Maßnahmen ist das Subjekt und dieses in seiner Verkürzung auf die emotionale, motorische und intellektuelle Ebene eines Kindes. Diese Verkürzung soll indessen ein Gegengewicht darstellen zu einer angeblichen „Verkopfung“ und einer ungeliebten Abstraktion. Vorausgesetzt ist, daß Studienräte, die ein wissenschaftliches Studium hinter sich haben, eine pädagogische Ausbildung und jahrelange Berufserfahrung, unfähig sind, sich in einem schlichten Gespräch über ein pädagogisches Fachgebiet auf einer Sachebene ernsthaft und gewinnbringend zu unterhalten. Deshalb werden Interaktionstrainings veranstaltet, deshalb wird die „Themenzentrierte Interaktion“ propagiert, deshalb schreckt man selbst vor Methoden der Vorschuldidaktik nicht zurück. Wenn dabei nun nur eine völlige

Fehleinschätzung ihrer Klientel durch die Autoren solcher Anleitungen vorläge, dann wäre dies das kleinere Übel – was aber, wenn die Autoren recht hätten?

2. *Pädagogische Pseudomoral*

a) Entsittlichung

Schulpolitik ist Sozialpolitik. Wer Jugendliche sozial fördern möchte, der muß dafür sorgen, daß sie einen höheren Schulabschluß erhalten. Um die Leistungen der Schüler zu steigern, muß die seelische Belastung im Unterricht minimiert werden. Deshalb wurde der „Notenstreß" abgebaut: An der Grundschule werden bis zum zweiten Schuljahr keine Noten mehr erteilt, an der Gesamtschule gibt es bis zur Klasse zehn keine Noten. Zum generellen Abbau der Diskriminierung durch Notenvergabe fordern viele Pädagogen und Bildungspolitiker die völlige Abschaffung der Noten. Mit den Noten nämlich würde selektiert, was moralisch bedenklich sei, weil dadurch Sozialchancen vereitelt werden könnten. Im übrigen gibt es genügend empirische Untersuchungen, die zeigen, daß jede Notengebung, vom Aufsatz über die Mathematikarbeit bis zum Sportunterricht, offensichtlich unvermeidbar subjektiv und damit ungerecht ist.

Solange jedoch die Zensuren noch nicht abgeschafft sind, wird in einer angesehenen pädagogischen Fachzeitschrift, „Die deutsche Schule", vorgeschlagen, Noten nicht leistungsbezogen zu erteilen, sondern sozusagen als „Sozialhilfe": „Das Problem, daß Zensuren auf Schüler demotivierend wirken können bis hin zur Mutlosigkeit und Untätigkeit, hat zur Konzeption der ‚pädagogischen Zensur' geführt. Hiernach sollte man einen Schüler an seinen Möglichkeiten messen, seinen Leistungsfortschritt beurteilen und nicht die Meßlatte einer vorgegebenen, sog. objektiven Größe anlegen." Nachdem die Autorin ausgeführt hat, daß diese Praxis, wenn sie die anderen Schüler bemerkten, zu Protesten führe, ruft sie zum Betrug auf: „Was kann der Lehrer tun? Er kann schummeln – es gibt Bereiche, in denen er durch die Lerngruppe am wenigsten überprüfbar ist. Das gilt in der Oberstufe z.B. in Deutsch und Sozialwissenschaften paradoxerweise am ehesten für den schriftlichen Leistungsbereich: Die Arbeiten sind so lang und so komplex, daß Schüler kaum mehrere vergleichen (dies wird dann anders sein, wenn Schüler einen Lehrer verdächtigen, ungerecht zu sein)." – Die Hypermoral transzendiert sich selbst in die Unmoralität mit gutem Gewissen.

Aus der Sicht der Eltern kann solche immoralisch gewordene Hypermoral, im Gemisch mit Kuschelpädagogik und Schmusedidaktik, so aussehen: Unter die Klassenarbeit des Schülers, der die schlechteste Arbeit der Klasse abgeliefert hatte, schrieb die Mutter (mit allen Verstößen gegen die Rechtschreibung und Syntax): „Liebe Frau X, ohne daß ich Ihre Beurteilungskriterien grundsätzlich kritisieren möchte, erscheint mir die Note „ausreichend“ für Nickys Arbeit sehr hart. Er war sehr traurig darüber. Ich finde auch, das von 28 Aufgaben bzw. Fragen 6 Fehler als ausreichend bewertet, schwer auf die Motivation geht. Immerhin sind 78,57 % der Arbeit richtig. Ich hoffe, Sie nehmen meine Einwände nicht übel. Vielleicht können wir gelegentlich darüber sprechen. Mit freundlichem Gruß Y.“

Ein Lehrer, der nach der Referendarzeit sechs Jahre lang keine Anstellung bekommen hatte und dem dann überraschend doch noch ein Stelle an einer Gesamtschule angeboten wurde, die er annahm, wurde, so berichtete er, nach der ersten Klausur, die er hatte schreiben lassen, vom Didaktischen Leiter seiner Schule angewiesen, die Noten hochzusetzen, weil die Zensuren nicht dem erwünschten Durchschnitt entsprächen. Auf Konferenzen, berichtete er weiter, werde stets aufs neue betont, daß der Beurteilungsmaßstab einzig aus der jeweiligen Klasse abzuleiten sei und daß nicht nach klassenexternen, etwa sachbezogenen Kriterien beurteilt werden dürfe. Was die Jahreszeugnisse in der Jahrgangsstufe zehn beträfen, sei es geboten, nicht unter dem landesweiten Durchschnitt der anderen Gesamtschulen zu liegen. Im Jahre 1992 sähe dieses so aus, daß im „Profil II“ (das sind die leistungsstärkeren Schüler) zwanzig Prozent der Schüler mit dem Hauptschulabschluß abschlössen, dreißig Prozent mit der Fachoberschulreife und fünfzig Prozent mit der „qualifizierten Fachoberschulreife“, der es diesen Schülern gestattet, in die gymnasiale Oberstufe einzutreten. Bei seinem Eintritt wurde diesem Lehrer nahegelegt, sich das Computerprogramm „Prognos“ zuzulegen, weil der einzelne Lehrer bei der Notengebung nicht mehr übersehen könne, welche Folgen seine Noten für die Laufbahn des Schülers habe, denn der Schlüssel zur Errechnung der Abschlußnote sei zu kompliziert.

Ende 1994 und Anfang 1995 meldeten sich verstärkt Gesamtschullehrer zu Wort, die diese Schulform aus interner Kenntnis heraus vehement öffentlich angriffen – allerdings anonym, weil sie sich vor Repressalien fürchteten; bis auf einen Gesamtschullehrer, der 22 Jahre an einer Gesamtschule unterrichtet hat und inzwischen in Pension war. Zwei Neuerungen beansprucht die Gesamtschule für sich: zum einen die „Binnendifferenzierung“ und zum anderen eine besondere Unterrichtsform, nämlich den „Projektunterricht“ und Formen der von der Montessori-Pädagogik übernommenen „Freiarbeit“.

„Binnendifferenzierung" besagt (etwas verkürzt ausgedrückt), daß Schüler mit höchst unterschiedlichem Leistungsvermögen in ein und derselben Klasse sitzen und der Lehrer dafür zu sorgen hat, daß dennoch alle dasselbe lernen, z. T. dadurch etwas abgeschwächt, daß die schwächeren Schüler in „Grundkursen" und die stärkeren in „Erweiterungskursen" sitzen. Bei der Unterrichtshospitation an einer Gesamtschule berichteten mir die unterrichtenden Lehrer, daß genau diese Binnendifferenzierung ihr Hauptproblem sei, das sie nicht lösen könnten. In ihren Klassen hätten sie Kinder sitzen, die kaum auf einer Hauptschule mitkommen könnten, und andere, die problemlos auf ein Gymnasium gehen könnten. An der Bewältigung dieser Aufgabe scheiterten sie. Und im Wissen um dieses systemimmanente Defizit, daß nämlich die Begabungen zu weit auseinanderklafften, hätten sie sich entschlossen, ihren Leistungsanspruch so zu senken, daß ihr Anspruchsniveau an ihre Schüler leicht unter dem der Hauptschule lag, damit ihre Schüler einen Notendurchschnitt erzielten, mit dem sie auf dem Arbeitsmarkt mit den Hauptschülern konkurrieren könnten.

Der Unterricht ist heute lernorganisatorisch wesentlich besser durchdacht denn je. Mehr denn je wird der Unterricht vom Schüler, seiner Interessens- und Motivationslage, seinen methodischen Fähigkeiten und seinem Wissensstand her konzipiert und durchgeführt, um aufgrund der „sozio-kulturellen Lernvoraussetzungen" und dem „sachstrukturellen Entwicklungsstand" der Lerngruppe her die Lernprozesse anzulegen und zu steuern. Die Unterrichtsmaterialien sind graphisch brillant aufbereitet, sie sind übersichtlich angelegt, bauen systematisch auf, führen vom Leichteren zum Schwierigeren, vom Einfachen zum Komplexen. Overhead-Projektoren, Bildschirme, Fernsehfilme und Großaufnahmen gehören zum Standard-Repertoire jedes Unterrichts, der, wo immer möglich, auch computerunterstützt ist. Die Lehrer sind in der Regel weniger autoritär, die Angst im Unterricht ist minimalisiert, die Schüler werden methodisch besser geschult, die Selbständigkeit der Schüler wird gefördert. – Kurz: Der Unterricht heute ist eindeutig besser, als er je in Deutschland gewesen ist. Und dennoch: mit wenigen Ausnahmen ist der Lerneffekt heute nicht größer als früher. In den wenigen Bereichen, wo er sich prüfen läßt, etwa der Rechtschreibung, ist er sogar geringer. Dies ist das Didaktik-Paradox. Zwei Erklärungen, die sich gegenseitig nicht ausschließen, bieten sich an: Die Begabung der Schüler ist drastisch gesunken, so daß selbst der verbesserte Unterricht die Defizite nicht wettmachen kann. Es könnte aber auch sein, daß der Effekt von Unterrichtstechniken und -materialien maßlos überschätzt wird. Vielleicht hängt viel mehr an der Qualität der Lehrer, an ihrer Persönlichkeit, als Pädagogen heute vermuten, Qualitäten, die von technischen Hilfsmitteln nicht kompensiert werden können.

Und ein Drittes ist zu bedenken: die Nachrichtenübermittlungstechnik arbeitet schon seit eh und je damit, daß Informationen auf unterschiedliche Weise transportiert werden können: über Schallwellen, über Radiowellen, über Lichtwellen. Daraus zogen Semiotiker und Informationstheoretiker den Schluß, daß der Informationsträger unabhängig von der übertragenen Information gewählt werden könne. Die Lernpsychologie hat nun in validen Untersuchungen herausgefunden, daß Kinder dann am meisten lernen, wenn nicht nur ein Sinn angesprochen wird, sondern wenn mehrere Sinne beim Lernen beteiligt sind. Insbesondere, so zeigte sich, ist beim Menschen die visuelle Aufnahmekapazität erheblich höher als die auditive. Dieses lernpsychologische Ergebnis wurde nun mit den Erkenntnissen der Nachrichtenübermittlungstechnik verbunden: Lernen wurde als Informationsverarbeitung gedeutet, die auf möglichst effektive Weise zu gestalten sei, und das heiße audiovisuell. Didaktiker entwickelten daraufhin audio-visuelle Medien, bei denen zwei Eingangskanäle für die Informationsübertragung benützt werden und die dadurch den Lernerfolg steigern sollen. Dies war die Geburtsstunde der „Sesamstraßendidaktik“ (Neil Postman). Als Geburtshelfer wirkten mit: der Fernsehapparat, der Overhead-Projektor, die Videos und der Computer. Es profitierten davon: vor allem die Schulbuchverlage, die das, was Miss Piggy auf dem Bildschirm vorführte, auf Buch-Seiten übertrugen. So wurden denn die Unterrichtsmaterialien optimiert und das Lernen minimiert. Denn der Fehler der Sesamstraßendidaktik ist, daß sie sich keine Mühe macht, den Zusammenhang zwischen Darstellung und Inhalt zu überdenken. Und der sesamstraßendidaktische Fehlschluß liegt in der Gleichsetzung von Lernen mit Informationsaufnahme und der daraus resultierenden Einebnung jedes Unterrichtsgegenstandes zum Informationsreservoir, das mittels beliebiger Träger und über alle Sinnen-Kanäle übermittelbar sei. Daß also, trotz beträchtlich gesteigertem didaktischen Aufwand, die Ergebnisse immer magerer werden, hat seinen Grund auch in der Inkongruenz von Medium und Lerngegenstand.

In der Tat ist festzustellen, daß sich zwei eng miteinander verbundene Traditionen, in denen die europäische Kultur steht, im lebensweltlichen Alltag mehr und mehr auflösen: nämlich die Lese- und Argumentationskultur. An die Stelle der Lesekultur tritt immer mehr das Bild: von den Piktogrammen an Toilettentüren und bei Sportveranstaltungen bis hin zu den bildhaften Computerbefehlen, die Macintosh entwickelt hat. Verbale Sprache ist nicht mehr nötig, um einen Computer zu bedienen, das „handling“ geschieht nonverbal: es ist nur noch notwendig, mit der „Maus“ das entsprechende Bild „anzuklicken“. An die Stelle der Argumentationskultur tritt im lebensweltlichen Alltag immmer stärker die Positions- und Kommunikationskultur. Jeder muß über alles eine Meinung haben – notfalls mit einem Aufkleber oder Button –, und er muß sich „verständigen können“ und er muß seine Meinung „einbringen“ können. Argumentation ist dazu nicht nötig.

Da also zwei grundlegende Kulturtechniken, nämlich das Lesen und Argumentieren, im lebensweltlichen Alltag immer unbedeutender werden, wird es in direkter Proportionalität dazu immer schwieriger, die europäische Kultur zu vermitteln, weil diese unauflöslich mit Argumentieren und Lesen verbunden ist.

Horst Lang, Direktor bei Siemens, so wurde er im „Spiegel“ (23, 1992) zitiert, spricht wenig fein von einer „völlig versauten Lehrerschaft“, die das Leistungsprinzip aus den Schulen verbannt habe. Auch die meisten Lehrer klagen über die sinkenden Ansprüche, die an Schüler gestellt werden könnten. Andere stellen dies in Abrede, die Anforderungen seien heute viel höher als früher. Nun gibt es keine empirischen Belege, weder für die eine noch für die andere Behauptung. Und noch fataler: es wird niemals welche geben. Dies hat seinen Grund darin, daß die Bildungsreform die Inhalte virtualisiert hat und statt dessen Lernziele zur Vorgabe macht. Ein solches Lernziel des Faches Deutsch lautet: „Der Schüler soll methodisch gesicherte Kenntnisse und Einsichten gewinnen in die individuellen und gesellschaftlichen, zeitlichen und räumlichen Bedingungen, Möglichkeiten und Grenzen menschlichen Denkens und Handelns.“ Welche „Kenntnisse“, „Einsichten“ und „Bedingungen“ das sind, wird nicht ausgeführt. Damit ist ein Vergleich dessen, was Schüler heute lernen, anhand der Inhalte nicht länger überprüfbar (denn jeder Lehrer kann die Vorgaben anders inhaltlich füllen), geschweige denn, daß die heutigen Leistungen mit denen früherer Generationen vergleichbar wären. Nicht einmal das Erreichen der curricular festgeschriebenen Lernziele ist überprüfbar, weil sie zu abstrakt formuliert sind. Wie soll das Lernziel überprüft werden: „Der Schüler soll in der Lage sein, eigene und fremde Wirklichkeitserfahrungen in eigene Gestaltungen zu verarbeiten“? Oder wie sollte es möglich sein, das oberste Lernziel „Selbstverwirklichung in sozialer Verantwortung“ zu messen? Es entzieht sich prinzipiell jeglicher Kontrolle und der schulischen erst recht.

Jugendliche sind heute sicherlich nicht weniger intelligent als Jugendliche zu irgendwelchen anderen Zeiten. Wenn nun aber beinahe die Hälfte aller Grundschüler nach dem vierten Schuljahr aufs Gymnasium überwechselt, dann müßten die Schüler heute klüger sein als früher. Dies ist genauso unwahrscheinlich wie die umgekehrte Annahme, daß sie dümmer wären. So bleibt nur eine Erklärung übrig: Es sind heute mehr Schüler am Gymnasium, die von ihrer Leistungsbereitschaft und ihrem Leistungsvermögen her gesehen eigentlich nicht hierher gehören. Im selben Maß, in dem der quantitative Anteil derer mit geringerer Leistungsfähigkeit und -bereitschaft steigt, sinkt die durchschnittliche Leistungsfähigkeit und -bereitschaft aller Gymnasiasten. Die Schüler mit Minderleistungen dominieren dann die Klassen. Kein Lehrer wird es wagen, ein Drittel seiner Klasse durchfallen zu lassen. Dies ist auch juristisch nicht möglich: Der „Drittelerlaß" schreibt vor, daß eine Klassenarbeit, in der ein Drittel oder mehr der Schüler mit einer schlechteren Note als „ausreichend" abschneiden, wiederholt werden muß, es sei denn, der Lehrer kann dem Schulleiter wichtige Gründe nennen, die für die Beibehaltung der gesetzten Noten sprechen. Es ist nicht schwer, sich vorzustellen, wie oft ein Lehrer solche Gespräche mit seinem Direktor führen wird, vor allem wenn man noch den Druck berücksichtigt, den die Eltern in solchen Fällen auszuüben pflegen.

Es sind heute mehr Schüler am Gymnasium, deren Leistungsvermögen und -bereitschaft den traditionellen Ansprüchen nicht genügen. Dies liegt auch daran, daß die Entscheidung, ob ein Kind das Gymnasium besucht oder nicht, de facto in der alleinigen Entscheidungsgewalt der Eltern liegt. Zwar schreiben in manchen Bundesländern die Grundschullehrer nach dem vierten Schuljahr ein Gutachten, das mit der Beurteilung „geeignet", „vielleicht geeignet" oder „nicht geignet" schließt, doch ist dieses Gutachten in der Praxis wertlos. Denn in manchen Bundesländern sind dies unverbindliche Empfehlungen, und in anderen Bundesländern verzichten die Grundschullehrer auf die Beurteilung „nicht geeignet" und schreiben lieber die unverbindliche Formel „vielleicht geeignet", weil sie sich damit viel Zeit und Ärger ersparen, denn immer mehr Eltern gehen dazu über, solche Beurteilungen juristisch anzufechten. Dieselbe Situation wiederholt sich nach der Erprobungsstufe: Diesmal müssen die Gymnasiallehrer die Empfehlung aussprechen, ob das Kind für das Gymnasium, die Realschule oder die Hauptschule geeignet ist. Nur bei der Empfehlung „Hauptschule" müssen die Eltern ihr Kind vom Gymnasium nehmen. Da ein Kind auch bei der Empfehlung „Realschule" am Gymnasium bleiben kann, neigen auch die Gymnasiallehrer, um sich den Ärger mit Eltern, Juristen und vorgesetzter Behörde zu ersparen, zur unverbindlichen Aussage „Realschule“, auch wenn sie Hauptschule meinen. Und wenn alles nichts nützt, dann besorgen sich ehrgeizige Eltern von einem Psychologen ein Gutachten, das die Gymnasialfähigkeit des Kindes bestätigt und damit das Gutachten der Grundschule außer Kraft setzt.

Und so setzt ein verhängnisvoller Kreislauf ein: Eltern schicken ihr Kind, da es von der Grundschule als „vielleicht geeignet“ beurteilt wurde, aufs Gymnasium. Nach der Erprobungsstufe spricht das Gymnasium die Empfehlung „Realschule“ aus. Die Eltern sind einsichtig und wollen ihr Kind an einer Realschule anmelden. Die kann oder will es nicht nehmen, weil die Klassen überfüllt sind. Damit müßte das Kind auf die Hauptschule wechseln. Da dies die Eltern nicht wollen, verbleibt das Kind am Gymnasium (denn die Empfehlung „Realschule“ schließt juristisch das Recht auf den Besuch des Gymnasiums ein). Die Folgen kann man sich ausdenken.

Die Schule ist nicht mehr in der Lage, mit den vielen Problemen, mit denen sie zu kämpfen hat, fertig zu werden, weil die Aufgaben, die ihr zugeteilt wurden, ihre Kapazität übersteigen. Wer zu viel erfüllen soll, der kann alles nur noch halb erfüllen. Und dieser Überlastung wegen versagt die Schule auch in ihren ursprünglichen Aufgaben. Und wo das öffentliche Bildungssystem versagt, springt der Markt ein: mit Privatschulen, Privatuniversitäten und Nachhilfeinstituten. Abzulesen ist dies an Zahlen. In den letzten zwanzig Jahren stieg die Zahl der Schüler, die in einer Schule in freier Trägerschaft unterrichtet werden, von 290 000 auf 436 000 – die Gesamtschülerzahl sank in diesem Zeitraum von 9 auf 7,3 Millionen. Die Zahlen sind nicht sehr hoch, aber der Tend ist eindeutig. Erschreckend hingegen sind die Zahlen der privaten Nachhilfe. Nach einer Untersuchung von Michael Behr aus dem Jahr 1990 erhalten 46 % aller Gymnasiasten Nachhilfeunterricht oder haben ihn schon erhalten[36]. Bielefelder Schulforscher haben in einer Studie aus dem Jahre 1995 herausgefunden, daß in den alten Bundesländern fast jedes fünfte Kind der Klassen fünf bis neun regelmäßig Nachhilfe erhält, wofür wöchentlich insgesamt rund 30 Millionen DM ausgegeben werden. Die meiste Nachhilfe, nämlich 21 %, erhalten die Realschüler. Hauptanbieter auf dem „Nachmittagsmarkt“ sind die Schülerhilfen, der Studienkreis Nachhilfe und die Pädagogische Vereinigung. Studienkreis und Schülerhilfe, die, wie McDonald, Lizenzen an Einzelfirmen verkaufen, haben inzwischen je 300 und 400 Franchisefilialen in Deutschland bzw.

den deutschsprachigen Nachbarländern. Andere Firmen drängen auf den lukrativen Markt, von den vielen Schülern, Studenten und pensionierten Studienräten, die in ganz Deutschland Nachhilfe erteilen, ganz abgesehen.

Eine Marktanalyse kommt zum Ergebnis: „Zum gegenwärtigen Zeitpunkt ist davon auszugehen, daß das Marktwachstum des Nachmittagsmarktes nicht beschränkt ist, da die Nachfrage nach selbständiger Förderung bzw. Verbesserung des Leistungsniveaus immer notwendiger ist." Drei Gründe werden geltend gemacht: erstens weil viele Schüler in einer Klasse sind und dem Unterricht mangelnde Qualität vorgeworfen wird, zweitens weil das berufliche Durchsetzen die Erfüllung einer steigenden Leistungsnorm verlange, drittens schließlich weil die politische und gesellschaftliche Entwicklung für eine „starke Differenzierung zwischen den ‚Erfolgreichen' und den ‚Erfolglosen' (...)" sorge, wobei „die Mittelschicht ausgedünnt" würde. „Folglich muß das Individuum, um nicht zu den Erfolglosen zu gehören, privat für seine Ausbildung noch zusätzlich etwas tun."

Die Überdehnung der schulischen Aufgaben führt damit nicht zur Chancengleichheit, sondern dazu, daß wohlhabende Eltern ihre Kinder in privaten Bildungseinrichtungen und mit Nachhilfeunterricht fördern können, was weniger begüterten Eltern versagt bleibt. Die Überdehnung der schulischen Aufgaben erzeugt, was verhindert werden sollte.

Nach einer Studie der Universität Bielefeld, die seit 1986 jährlich 1700 Schüler befragt, steigt der Konsum von Drogen stetig: von Tabak über Alkohol bis zu Medikamenten. Das Einstiegsalter liegt zwischen zehn und dreizehn Jahren. 6 Prozent der Jungen und 7 Prozent der Mädchen dieser Altersklasse rauchen, 6 Prozent der Jungen und 2 Prozent der Mädchen dieses Alters trinken regelmäßig Alkohol. 40 Prozent der Zwölfjährigen nehmen regelmäßig Kopfschmerztabletten ein, 8 Prozent dieser Altersgruppe nehmen regelmäßig Beruhigungs- oder Schlafmittel, 6 Prozent Anregungs- oder Aufputschmittel. In der Altersstufe sechzehn bis siebzehn Jahre trinken 40 Prozent der Jungen und 28 Prozent der Mädchen Alkohol. 12 Prozent nehmen Beruhigungs- oder Schlafmittel ein, 11 Prozent Anregungs- oder Aufputschmittel.

Erziehungswissenschaftler führen diesen Drogenmißbrauch auf Versagensangst der Jugendlichen zurück. Wenn dies so ist, dann ist die Frage, weshalb heute offensichtlich mehr Jugendliche Versagensangst haben als früher. Entweder sind die Leistungsanforderungen gestiegen, oder aber die Begabungsressource und die Lernbereitschaft sind geringer. Angesichts der massiven Hilfen, die heutige Schüler im Gegensatz zu früheren Schülergenerationen erfahren, ist es wahrscheinlicher, daß heute deshalb mehr Schüler als früher überfordert sind, weil die Expansion des Bildungswesens Schüler unter einen Leistungsdruck setzt, dem sie von ihrer Begabung her nicht gewachsen sind. Zu viele Eltern glauben den Bildungspolitikern und den Medien, daß eigentlich jedes Kind einen höheren Schulabschluß erreichen könne. Dadurch geraten zunehmend Schüler, die ohne das Ziel höhere Schule sehr wohl erfolgreich ihren Schulabschluß an der Hauptschule machen könnten, schon an der Grundschule unter Druck. Und wenn solche Schüler dann auch noch ins Gymnasium geschleust werden, ist die Versagensangst das notwendige Ergebnis, denn die Schüler erkennen sehr wohl ihre Grenzen, nur zu viele Eltern und Bildungspolitiker wollen sie nicht wahrhaben.

Wie groß aber ist die Versagensangst eigentlich, wenn, nach einer Untersuchung des nordrhein-westfälischen Ministeriums für Arbeit, Gesundheit und Soziales, rund 40 Prozent aller Schüler ab der achten Klasse (also im Alter von ungefähr dreizehn Jahren) neben der Schule her einer Arbeit nachgehen? Einige dieser Schüler (genau 10 Prozent derer, die nebenher arbeiten) tun dies aus finanzieller Not; die übrigen 90 Prozent indessen, um ihre Konsumwünsche zu erfüllen: die Designer-Jeans, das Mountain-Bike, die Stereo-Anlage. Der Konsumdruck scheint jedenfalls größer zu sein als der Notendruck.

Ein Oberprimaner, kurz vor dem Abitur, machte sich die Mühe, einige Erfahrungen aus seiner Schulzeit aufzuschreiben. Er gab sie mir und erlaubte mir auf meine Bitte hin, daß ich daraus zitiere: „Dann kam die elfte Klasse und mit ihr die große Faulheit. Die bis 10/2 (das zweite Halbjahr der Klasse 10) auf Hochtouren gebrachte Lernmaschine spulte das meiste von dem, was gefordert war, im Leerlauf ab, und man machte einen auf Lau (...). Die eigene Arbeitsweise hat man natürlich der Oberstufe angepaßt, dergestalt, daß man begann, auf Somi-Noten (die Noten für die „Sonstige Mitarbeit" neben den Klassenarbeiten, „Klausuren" genannt) zu schielen, ein bißchen herumrechnete, aber nicht zu viel, denn vom Defizit war man ja eh nicht bedroht (wenn in einem Kurs nur ein „ausreichend minus" erzielt wird, wird der Kurs nicht angerechnet – dieser Tatbestand heißt „Defizit"), wie die Noten denn ausfallen könnten, und ansonsten viel herumhing, denn: Wenn man im Unterricht ordentlich die Tatze hochhält, freut sich der Lehrer, man wird eigentlich ganz nett unterhalten und braucht keine Hausaufgaben mehr zu machen. Den Stoff habe ich trotzdem immer verstanden. Noch heute ist das einzige Fach, für das ich ernsthaft arbeiten muß, Mathematik. Weil es das aber nicht sein konnte, daß man den ganzen Tag nur ab-, durch- und herumhing, begann ich meinen Nachmittag mit einer Fülle von Ehrenämtern zuzuschütten. Klavierunterricht hatte ich schon lange, ich wandelte die Stunde in Orgelunterricht um und behielt das Klavierspiel ohne Lehrer bei. Auch Meßdiener und Grüppling in einer Jugendgruppe der katholischen Jugend Herz-Jesu war ich schon lange, dann ging ich in den Chor, dann wurde ich Lektor, dann organisierte ich eine Ferienreise, dann zog ich mit ein paar Gleichgesinnten als Chefredakteur eine eigene Zeitung hoch, arbeitete nebenher in der offiziellen Pfarrzeitung und dem Jugendausschuß des Pfarrgemeinderates mit, schreibe jetzt auch Glossen für die Schülerzeitschrift und unterhalte zwei Jugendgruppen mit Kindern von 9–10 und 11–12 Jahren. Als ‚Job' habe ich bis Dezember eine Zeitung ausgetragen, tue dies jetzt nicht mehr, weil mein Geld bis zum Zivi reicht, da jetzt aber der Sportunterricht weggefallen ist, werde ich mir auch da einen Verein suchen. Man will ja gesund bleiben, und die zwei Tanzkurse, in denen ich bin, reichen da, glaube ich, nicht aus. – Ist es normal, daß man als Schüler der gymnasialen Oberstufe derartig viel Zeit in alles Mögliche investieren kann und trotzdem Zeugnisse mit Schnitten um 2,0 nach Hause bringt? (...) Bin wirklich ich es, der ein Genie oder Organisationstalent ist, oder ist auch die Schule selbst schuld, daß ich so viel Zeit habe?"

Das alles beweist nicht, daß die Leistungen heute niedriger sind als früher, macht es jedoch wahrscheinlich, vor allem dann, wenn Lehrer, die schon längere Zeit unterrichten, aufgrund ihrer eigenen Erfahrung berichten, daß sie heute mehr Zeit für denselben Stoff benötigen als früher: weil mehr Zeit dafür verwendet werden muß, um zu erklären und zu üben und um die Schüler konzentriert zu halten, und weil die Unterschiede im Lern- und Sozialverhalten innerhalb einer Klasse immer größer würden.

Was geschieht, wenn die Schulen für immer geringere Leistungen immer bessere Noten geben oder gar auf die Zensuren verzichteten? Dann nähme das Leben selbst die Selektion vor. Und diese Selektion, die de facto die einzelnen Unternehmen und die informelle Gesellschaft vornähmen, wäre in keiner Weise öffentlich zu kontrollieren. Und wie viele Fehlentscheidungen in der Schule auch vorkommen mögen und wie schlimm die Folgen solcher Fehlentscheidungen für einzelne auch sind, so sind diese alle doch öffentlich kontrollierbar und einklagbar. Die Selektion hingegen, die das Leben vornimmt, kennt keinen Rechtseinspruch. Was also, so muß die Frage lauten, kann man dem urwüchsigen Leben überlassen, und was sollte der Schule als Selektion vorbehalten bleiben? Die bildungspolitischen Versuche jedenfalls, möglichst viele Jugendliche, unabhängig von ihrer Leistung, zum Abitur zu führen, produziert genau das, um dessen Vermeidung willen sie unternommen werden: statt Chancengleichheit soziale Ungerechtigkeit. Denn die Vergabe von Arbeitsplätzen ist nicht mehr von der Leistung abhängig, sondern von Beziehungen.

b) Verantwortungslosigkeit

Erstes Staatsexamen im Fach Erziehungswissenschaft für die Lehrbefähigung in der Sekundarstufe II der gymnasialen Oberstufe. Die Kandidatin spricht an zentraler Stelle von „Identität", ohne zu erläutern, was sie damit meint. Die Prüferin fragt nicht nach. Als Prüfungsvorsitzender habe ich das Recht, in die Prüfung einzugreifen. Ich bitte die Kandidatin darzulegen, in welchem Sinne sie von „Identität" spreche. Die Kandidatin reagiert verwirrt und weiß nicht zu antworten. Erfolglos versuche ich Hilfestellung zu geben, spreche von sozialer und personaler Identität, von kultureller, verweise auf den Gebrauch von Identität in der Mathematik, in der Logik, in der Soziologie, Psychologie – vergebens. Die Kandidatin wußte also während der gesamten Prüfungszeit gar nicht, wovon sie eigentlich sprach. Als die Prüfungskommission dann über die Note beriet, warf mir die Prüferin, eine Soziologin (Soziologie kann als Fach innerhalb der erziehungswissenschaftlichen Prüfung gewählt werden), vor, mit meiner Frage die Kandidatin verwirrt zu haben, und dies sei „unfair". Im übrigen sei auch sie nicht in der Lage, den Begriff „Identität" sofort zu erläutern. Um dies zu können, müsse sie sich mindestens eine halbe Stunde in den Nebenraum zurückziehen, um darüber nachzudenken. Der Zweitprüfer, ein Pädagoge, stimmte zu: Die Frage sei zu schwierig gewesen, auch er könne sie nicht beantworten. Ich verwies darauf, daß das Identitätsproblem doch zentraler Prüfungsgegenstand gewesen sei. Und die Soziologin fragte ich, weshalb sie denn ein Thema prüfe, das sie selbst nicht zureichend kenne. Beide Prüfer reagierten aggressiv. Bei der Notengebung wurde ich dann überstimmt, die Kandidatin bestand mit „gut".

Eine andere Prüfung geht über die ästhetische Erziehung bei Platon, Kant und Schiller. Der Kandidat hat noch nie etwas von der „Kalokagathia" gehört, kennt weder „Noesis" noch Einbildungskraft und Verstand, ihm ist noch nicht einmal der „Spieltrieb" geläufig. Als Prüfungsvorsitzender stimme ich für „mangelhaft", werde jedoch überstimmt, der Kandidat besteht die „Erste Staatsprüfung für das Lehramt am Gymnasium" mit „befriedigend minus". Die interessante Begründung der Kollegen lautete: Bei einem weniger fachkundigen Vorsitzenden würde nicht so streng geurteilt werden.

Ein anderer Kandidat ist so schwach, daß es selbst den Prüfern nicht verborgen bleiben konnte. Aber auch diesmal werde ich überstimmt, und der Kandidat besteht. Die nicht weniger interessante Begründung: Das Pädagogikstudium sei derart miserabel, daß kein Universitätsniveau, ja noch nicht einmal Akademieniveau erreicht würde. Da dies aber so sei, könne man im Examen auch nicht mehr von den Kandidaten erwarten und es sei deshalb nicht zu verantworten, sie durchfallen zu lassen.

Manche Prüfer ersetzen die wissenschaftlichen Kriterien gern durch solche, die sie für moralische halten. Besonders dann empfinden sie es als moralische Pflicht, die Sachgerechtigkeit außer acht zu lassen, wenn die Leistung eines Kandidaten so schwach ist, daß er die Prüfung nicht bestehen kann. Auf meine Bedenken, die ich bei einem solchen Ersten Staatsexamen einmal mehr vorbrachte, entgegnete ein Prüfer: Es sei doch politisch gewollt, daß mehr Studenten mit Examen abschließen, und er könne nicht einsehen, daß er als einzelner, und dann ausgerechnet noch in Prüfungen, dagegen angehen solle, geschweige denn, daß dies erfolgreich sein könne. Würde er bei Prüfungen unter den gegebenen Bedingungen strengere Kriterien anlegen, sei dies eine Benachteiligung des einzelnen Prüfungskandidaten, und dies sei moralisch nicht vertretbar, denn nirgendwo würden strenge Maßstäbe angelegt. Eine andere Standardformulierung bei ungenügenden Leistungen eines Kandidaten lautet: „Geben wir ihm noch ein ‚ausreichend', sonst kommt er nächstes Jahr wieder."

Die verheerende Wirkung solcher Praktiken bleibt außer acht. Nicht nur, daß so die Gleichbehandlung der Kandidaten erst recht außer Kraft gesetzt ist und die Wissenschaftlichkeit irrelevant und damit die Prüfung zur Farce wird – es wird nicht berücksichtigt, daß solche Verfahren der Pseudomoral Lehrer in die Schulen befördern, die fachlich ungeeignet sind. Und wer fachlich schwach ist, das zeigt die Erfahrung in der Referendarausbildung und in der Schulpraxis, versagt in der Regel auch in der Unterrichtspraxis. Damit aber ist dieser Lehrer in seinem Beruf unglücklich, und Schülergenerationen werden dreißig Jahre lang unter ihm zu leiden haben.

Doch solche Überlegungen werden gar nicht mehr angestellt. Der Pädagogikkollege, der resignierend feststellte, daß die Noteninflation politisch gewollt sei, hat natürlich recht. Die Ministerin für Wissenschaft und Forschung des Landes Nordrhein-Westfalen, Anke Brunn, bekundete in einem Schreiben vom 21. Mai 1993 ihren Willen, die den Universitäten für 1994 zur Verfügung gestellten Haushaltsmittel „nach Erfolgskriterien zu verteilen“. Die Ministerin schrieb an die Rektoren der wissenschaftlichen Hochschulen des Landes Nordrhein-Westfalen: „Wie ich (...) bereits dargelegt habe, möchte ich jedenfalls für den Haushalt 1994 auf das Kriterium ‚Lehrangebot‘ verzichten und die Mittel ausschließlich auf der Grundlage der nach Fächergruppen gewichteten Absolventenzahlen umschichten. Zwar kann ich die Überlegungen nachvollziehen, nicht auf die erfolgreichen, sondern auf die abgelegten Prüfungen abzustellen. Ich meine jedoch, daß damit der Bitte des Wissenschaftsausschusses nach einer erfolgsbezogenen Umverteilung nicht entsprochen wird.“ Die Haushaltsmittel, welche die Universitäten erhalten, werden also nicht davon abhängig gemacht, wie viele Studenten studieren, noch nicht einmal davon, wie viele ins Examen gehen, sondern einzig davon, wie viele Kandidaten die Prüfung bestehen. Je mehr bestandene Examen, desto mehr Geld. Die Gefahr, daß diese Regelung dazu führen könnte, daß eben auch unqualifizierte Prüflinge bestehen, sieht Frau Brunn nicht: „Die Sorge, der Parameter ‚Absolventen‘ könne hochschulpolitisch falsch verstanden werden, teile ich nicht. Ich bin sicher, daß auch in Zukunft Prüfungsleistungen unabhängig von haushaltsmäßigen Folgen beurteilt werden.“ Zitat Ende. Welchen Sinn jedoch, wenn nicht die quantitative Steigerung der examinierten Studenten, das neue Kriterium haben soll, verrät Frau Brunn nicht. Sie bekennt sich zur Qualitätssteigerung: „Ohne ein grundlegendes Umdenken und auch finanzielles Umsteuern zugunsten von Bildung und Qualifizierung kann die Modernisierung des Standortes Deutschland nicht gelingen.“ Deshalb müßten die Hochschulen ausgebaut werden, so in ihrer Rede zum 25jährigen Bestehen der Universität Dortmund. Qualifizierung durch Quantifizierung: der Abiturienten, der Studenten, der Examina, der Universitäten.

Haben sich an den Hochschulen aufgrund der desolaten Studiensituation Resignation und Gleichgültigkeit bei den Prüfungen breit gemacht, so ist bei den Zweiten Staatsexamina für Lehramtskandidaten eine gesteigerte moralische Hemmung der Prüfer zu beobachten, Kandidaten nicht bestehen zu lassen. Vor allem angesichts der Tatsache, daß die Kandidaten des Einstellungsstopps wegen ohnehin keine Chancen hätten, in den Schuldienst übernommen zu werden, sei es nicht zu vertreten, sie auch noch durchfallen zu lassen.

Seminar- und Fachleiter, die die Referendare zwei Jahre lang am Studienseminar ausbilden, entwickeln einen recht engen Kontakt zu diesen, so daß sie in ihm, wie sie häufig und gerne sagen, eben auch „den Menschen“ sähen. Gemeint ist damit, daß sie bei denen, die extrovertiert genug sind, um dem Fachleiter ihre private Situation darzulegen, nicht mehr so recht trennen wollen zwischen deren pädagogischer Leistung und ihrer Sympathie oder Antipathie für den einen oder anderen Referendar. Der Konfliktfall wird in der Regel schon vor dem Examen ausgetragen, so daß im Examen fast ausschließlich der Sympathiefall eintritt. Und wenn die Leistung des Kandidaten nicht mehr im ausreichenden Bereich liegt, so daß die Prüfungskommission in die unangenehme Lage kommen könnte, dem Kandidaten Auge in Auge gegenübertreten zu müssen, um ihm zu verkünden, daß er nicht bestanden hat, erlebt man häufig einen Betroffenheitswettbewerb der Mitglieder der Prüfungskommission. Vorsorglich hat der Prüfungsvorsitzende einen Taschenrechner mitgebracht, um bei jeder Notenvergabe von Teilleistungen nach einem etwas komplizierten Schlüssel sofort berechnen zu können, welche Auswirkung eine Teilnote für das Gesamtergebnis haben könnte, und, bitte, man wolle dem Kandidaten doch seine Vornote nicht verderben. So heucheln selbst Prüfungsvorsitzende und Fremdprüfer für den Kandidaten, den sie nur aus der Prüfung kennen, Sympathie – vor sich und den anderen –, um sich als „humane Prüfer“ zu erweisen. Und so wird bei der Urteilsfindung von der Ehescheidung bis zum Verweis auf die bisherigen Leistungen (die allenfalls von zwei Prüfungsmitgliedern beurteilt werden können) alles Menschliche angeführt, um die Note zu verbessern. Jeder indessen weiß, daß dies juristisch unzulässig ist. Jeder weiß auch, daß das zu Ungerechtigkeiten gegenüber den stilleren Kandidaten führt. Und jeder weiß auch, daß Themenabsprachen für das Kolloquium nicht zulässig sind. Ein anderes beliebtes Argument, um einen Kandidaten trotz fachlich unzureichender Leistung bestehen zu lassen, ist der Verweis darauf, daß er doch freundlich zu den Schülern gewesen sei und ein angenehmes Klima erzeugt habe. Und im übrigen könnten die fachlichen Fehler ja korrigiert werden, so daß die Schüler nichts unrevidierbar Falsches gelernt hätten.

Viel zu viele Fachleiter sehen nur den einzelnen, konkreten Referendar vor sich, den sie zwei Jahre kennen, sind aber nicht bereit, sich die Tausende von Schülern vorzustellen, die ungeeigneten Kandidaten ausgesetzt sein werden. So entscheiden sie sich, gemütvoll und human wie sie sind, für das Jetzt.

„Zahnmed. Studentin 1. Semester, sucht Nachhilfe in Chemie/Physik", so die Anzeige in einer Tageszeitung Ende 1993. Das Abitur gewährleistet dieser Studentin offensichtlich die „allgemeine Studierfähigkeit" nicht mehr, die nominell nach wie vor das Ziel der gymnasialen Oberstufe ist. In welchem Ausmaß das Gymnasium (systemisch oder faktisch) versagt, wird deutlich, wenn man sich vor Augen hält, daß diese Studentin, die jetzt Nachhilfe sucht, ein überdurchschnittlich gutes Abitur abgelegt haben muß, denn sonst wäre sie zum Zahnmedizinstudium gar nicht zugelassen worden. Entweder also hat sie in den Fächern Chemie und Physik Noten bekommen, die ihren Leistungen nicht entsprechen (das wäre dann ein faktisches Versagen des Gymnasiums), oder aber sie hatte die beiden Fächer abgewählt und entsprechend mangelnde Kenntnisse (dies wäre dann ein systemisches Versagen des Gymnasiums).

Die Expansion des Bildungswesens hat das Gegenteil dessen bewirkt, weswegen man sie plante: Die Bildungsreserven wurden überstrapaziert, so daß die Chancengleichheit verzerrt wurde. Erreicht wurde statt dessen die Senkung der fachlichen und pädagogischen Qualität der Schule, so daß es heute mehr Abiturienten und Studenten gibt denn je, die aber im Durchschnitt weniger qualifiziert sind als vor der Reform. Und die soziale Chancenverteilung wird inzwischen immer stärker vom Geld gesteuert. Die Verteilung der Sozialchancen wird wegen der Überschwemmung des Arbeitsmarktes von Abiturienten von öffentlich nicht kontrollierbaren Mechanismen vorgenommen. Die Berufschancen durch einen höheren Schulabschluß sanken proportional zur nachlassenden Aussagekraft schulischer und universitärer Zeugnisse und umgekehrt proportional zu ihrer zunehmenden Quantität. An die Stelle des Zeugnisses treten immer mehr die öffentlich nicht kontrollierbaren firmeninternen Tests und private Beziehungen. Entsprechend steigt der Zulauf zu solchen Privatschulen, die sich der neuen Pädagogik entziehen, ihre Schüler nach Leistungsgesichtspunkten unterrichten und sich auch um die sittliche Erziehung bemühen, die die öffentlichen Schulen aufgegeben haben. So werden von begüterten Eltern immer mehr Privatschulen und Privatuniversitäten bevorzugt. Die Bildungspolitiker haben den Teufel mit Beelzebub ausgetrieben.

Die Hüter des reinen pädagogischen Gewissens und die moralischen Bedenkenträger indessen begreifen diesen Vorgang nicht als Ergebnis des eigenen Konzepts und Engagements, sondern interpretieren ihn als Bestätigung der eigenen Arbeit und schließen deshalb, daß sie ihre Anstrengungen nun noch steigern müssen. Mitunter allerdings kann man sich des Verdachts nicht erwehren, daß so mancher Bildungspolitiker seine Politik nur deshalb weiterbetreibt, weil seine Karriere auf der Verfolgung eines bildungspolitischen Konzepts beruht, so daß seine politische Karriere eine Knick erführe, ließe er von diesem Bildungskonzept ab.

3. *Der Verlust der Erziehung*

a) Erziehungsnotstand

„Die Arbeitsbedingungen in diesem Kurs sind sehr schlecht, die Gründe hierfür sind zahlreich." So schrieb eine Referendarin in ihrer schriftlichen Unterrichtsplanung im Jahre 1993 für einen Kurs in der Jahrgangsstufe 12 der gymnasialen Oberstufe. Nachdem sie einige Gründe genannt hat, fährt sie fort: „Alle Faktoren machen den Progreß des Unterrichtsgeschehens fast unmöglich. Hinzu kommt die Heterogenität der zum Teil auffallend desinteressierten Lerngruppe. Fünf Schüler stören das Unterrichtsgeschehen z.B. durch laute Gespräche untereinander unentwegt. Andere Methoden, sachliches Desinteresse zu bekunden, bestehen darin, trotz Aufforderung die Arbeitsblätter nicht zu lesen, sondern sie zu zerreißen, sich keine Notizen von dem im Unterricht Behandelten zu machen und selbst die Beantwortung der simpelsten Fragen zu verweigern. Die Bereitschaft zur aktiven Teilnahme am Unterrichtsgeschehen ist auch bei den meisten anderen Schülern und Schülerinnen sehr gering (...)." Neben solch flegelhaftem Betragen fällt beim Besuch heutiger Gymnasialklassen eine selbstverständliche Nonchalance der Unerzogenheit der Jugendlichen auf. Schüler, die zu Beginn der Stunde, wenn der Lehrer den Raum betritt, auf ihren Plätzen sitzen, gibt es nicht mehr. Die Regel ist, daß der Lehrer die Schüler, die irgendwo in den Gängen sitzen oder stehen, einzeln in den Klassenraum bittet. Pünktlichen Unterrichtsbeginn gibt es nur im Ausnahmefall. Wer als Erwachsener denkt, daß ihm die Tür geöffnet würde, wird erleben, daß, wenn er eine Tür öffnet, er von zahlreichen Schülern bedrängt wird, die sich neben ihm hinaus- und hineinzwängen. Die Fächer unter den Bänken sind vollgestopft mit Bananenschalen, angebissenen Brötchen, verschmiertem Butterbrotpapier, gebrauchten Papiertaschentüchern, Plastikbechern und Zellophanhüllen, die Bänke selbst wild bekritzelt, von Unflätigkeiten über Namen von Popgruppen und Fußballvereinen bis zu pornographischen Darstellungen im Stil von Bahnhofsabtritten. Die Wände der Schulen sind in der Regel mit Graffiti besprüht. Es ist nicht unüblich, daß Schüler während des Unterrichts essen, manche kauen auch Kaugummi, so daß die verkehrt herum aufgesetzte Baseballmütze sich rhythmisch auf und ab bewegt. Andere beißen auf einen „Riegel", Coca-Cola-Dosen stehen auf den Bänken, die Beine liegen schon mal auf dem Tisch, nur noch wenige wissen, daß man beim Gähnen die Hand vor den Mund nimmt. Die Sprache bewegt sich auffällig häufig im Fäkalbereich. Der mittlere Geräuschpegel, gegen den Lehrer heute ankämpfen müssen, beträgt 75 Dezibel. Entsprechend schüttet er pro Minute im Durchschnitt 14 Nanogramm Adrenalin aus und verbraucht ungefähr 200 Kilokalorien Energie mehr als in der Freizeit[37].

Nun sind selbstverständlich nicht alle Jugendlichen heute unerzogen. Vermutlich ist der prozentuale Anteil derer mit Erziehungsdefiziten an der Gesamtmenge nicht wesentlich höher als früher auch. Allerdings ist seit 1989 die Zahl der Gewalttaten Jugendlicher stetig gestiegen. Wobei bemerkenswert ist, daß nur fünf Prozent einer Altersgruppe achtzig Prozent der Delikte verursachen und die Zahl der Wiederholungstäter sehr groß ist. Innerhalb der letzten dreißig Jahre verdoppelte sich die Gewaltkriminalität in der Bundesrepublik.

Eine Lehrerin schreibt: „Liebe Eltern der Klasse 8d, als ich am vergangenen Freitag den Klassenraum der 8d betrat, fiel mir ein mit Wasser gefülltes Kondom vor die Füße, das man oben auf die Tür gelegt hatte. Auf meine Frage, wer sich diese Geschmacklosigkeit ausgedacht habe, erhielt ich von einem Schüler die Antwort, das seien alle gewesen. Der Rest der Klasse schwieg – wohl aus Solidarität oder aus Angst vor Bedrohung bzw. Schlägen der ‚Täter‘. Da angeblich alle Schüler an diesem zweifelhaften Scherz beteiligt waren, wende ich mich an alle Eltern. Frau X und ich sind der Meinung, daß Kondome als ‚Dekorationsgegenstände‘ oder ‚Scherzartikel‘ nicht in die Schule gehören. Die Schulleitung und das Kollegium bemühen sich, ein gewisses Niveau an der Y-Schule aufrechtzuerhalten. Wir bitten Sie daher, mit Ihren Kindern zu sprechen und sie darüber aufzuklären, daß diese Art von Späßen – auch im Interesse der jüngeren Schüler – bei uns nicht erwünscht ist. Mit freundlichen Grüßen.“

Ein Vater nahm dazu Stellung (wörtlich und unredigiert): „Wenn es passiert, daß einem ein aus gerade einem Gramm Naturkautschuklatex hergestellter Hohlkörper, wahrscheinlich noch nicht für den eigentlichen Zweck benutzt (woran ich nicht den geringsten Zweifel habe), dieser auch noch hochsteril und gefüllt mit vielleicht 150 ccm hochwertigem Trinkwasser, durch vorheriges in Position bringen durch Schulkinder, vor die Füße fällt, so ist dies allein tatsächlich nur ein Scherz. Ihn einer geschmacklichen Bewertung zu unterziehen ist hinsichtlich der zu Grunde liegenden Tatsachen prekär. Dieser Scherz wäre um keinen Deut besser oder schlechter gewesen, hätte man sich zur Umhüllung des Inhaltes anderer Materialien, wie z.B. Wasserbombe, Butterbrottüte, Luftballon o.ä. bedient. Allein der Inhalt hätte zur Verurteilung des Scherzes führen können, wäre er nicht der gewesen, der er war – nämlich Trinkwasser. Oben beschriebener Vorfall ist daher nur als ein Scherz schlechten Geschmacks zu bewerten, wenn individuell negativ besetzte Assoziationen in Bezug auf den Scherzartikel bestehen. Ist das der Fall, kann man dies jedoch nicht den Schülern zur Last legen. Ein so unbeschwerter, wahrhaft scherzhafter Umgang mit einem Verhütungsmittel läßt die Vermutung aufkommen, es noch mit Menschen zu tun zu haben, die bei dem Gedanken an Sexualität nicht direkt die übelsten Verkehrungen geschlechtlichen Beisammenseins im Kopf haben, und die, wenn es in wenigen Jahren so weit ist, den richtigen Umgang mit Verhütungsmitteln als selbstverständlich ansehen. Zu einer Zeit der stetig steigenden Aids-Erkrankungen in einer gedankenlosen Erwachsenengeneration, die auch nicht davor zurückschreckt, sich bei Sexurlauben in fernen Ländern, wie Thailand oder Kenia, die Krankheit ‚einzufangen' und letztlich als potentielle Überträger die Krankheit auch hier weiter verbreitet, sollten wir uns gut überlegen, was wir sagen und was wir tun, um der jungen Generation einen offenen Umgang mit Verhütungsmitteln nicht zu verleiden. Wir täten also gut daran, in so mancher Hinsicht, gegenüber unseren jungen Mitmenschen, uns etwas solidarischer zu verhalten. So wie die Klasse Solidarität gezeigt hat. Einen Streich gemeinsam zu planen und durchzuführen, und danach zusammenzuhalten und eben nicht den einen oder anderen zu verpetzen, ist anerkennenswert. Wo immer mehr Egoismus, Selbstgefälligkeit und Ignoranz an Stelle von solidarischem Verhalten und kooperativem Miteinander treten, sind solche Verhaltensweisen Silberstreifen am Horizont. Eine Aussage, die allerdings wirklich das Prädikat des schlechten Geschmacks verdient, ist die, die den Kindern, bzw. einen Teil der Kinder, a priori, Gewalttätigkeit aus sich heraus zuschreibt. Die Androhung von Gewalt zum Zweck, andere zu opportunistischem Verhalten zu bewegen, mag zwar in der Erwachsenenwelt zur üblichen Norm geworden zu sein, ist aber zur Erklärung des Verhaltens in der Klasse, in Bezug auf diesen Fall, weder glaubwürdig noch legitim. Abschließend sollte dazu erwähnt werden, daß es vom pädagogischen Standpunkt aus als sinnvoller zu betrachten wäre, das solidarische Verhalten lobend anzuerkennen, als die Klasse teils zu Gewalttätern, teils zu Feiglingen zu machen. Da dieser kleine Kunstkniff jedoch erahnen läßt, dazu gut zu sein, doch noch eine Petzliese hervorzubringen, die den wahren ‚Missetäter' an den Pranger stellt, zieht er den Geruch von Hinterlistigkeit nach sich. Ob diese Art zuträglich ist, ein gewisses Niveau an der Schule aufrecht zu erhalten, mag man bezweifeln. Dies zu klären bedarf im Vorfeld allerdings der Feststellung, um welches ‚gewisse Niveau' es sich hier handelt. Um noch einmal auf die Wortverbindung Scherzartikel/Kondom zurückzukommen, sei darauf verwiesen, daß diese Verbindung nicht nur den Kinderhirnen entspringt. Man denke an die zahllosen Aids-Aufklärungsposter, zum großen Teil im Comic-Stil, wobei die Hauptdarsteller auf lediglich äußere Geschlechtsmerkmale reduziert sind. Man denke an das Plakat ‚Nur Jecke nehmen kein Kondom' – Clown und Kondom in einem Bild. Man denke an unzählige Comics des gerade bei Kindern so beliebten Uli Stein. Witze – nicht alle – aber viele mit Kondomen. Diese Aufzählung könnte man beliebig fortsetzen, und man merkt: Das Kondom als Scherzartikel ist so gut wie gesellschaftsfähig, ob einem das nun paßt oder nicht. Und wem nicht, der wende sich bitte nicht an unsere Kinder. Mit freundlichen Grüßen."

Der Aufklärung, der die philosophisch-politische Aufklärung zur Sexualaufklärung geschwunden ist, kam mit der Vernunft die Urteilskraft abhanden. Und so wird aus einer einfallslosen Geschmacklosigkeit auf dem Niveau eines Karl Dall ein begrüßenswerter Akt der Aids-Vorsorge, der nur von jemandem verkannt werden könne, der eben nicht die natürliche Unbefangenheit im Umgang mit Sexualität besitze, der insbesondere Pädagogen verpflichtet seien, den Jugendlichen beizubringen. Wer dies nicht begreife, der zeige in Wahrheit schlechten Geschmack und erziehe die Jugendlichen zu Denunzianten und entsolidarisiere Klassengemeinschaften, deshalb: Hey, teacher, leave us kids alone!

Jugendliche mit Erziehungsdefiziten fallen heute mehr auf (weshalb man zu Recht, wenn auch aus anderen Gründen, von „Verhaltensauffälligkeit" spricht), weil man sie in ihrer Unerzogenheit gewähren läßt, weil viele Erwachsene nicht eindeutig zwischen Selbsttätigkeit, Selbständigkeit, Kritik und schlechtem Benimm unterscheiden, mitunter Fehlverhalten akzeptieren in der Annahme, dadurch keine angepaßten Bürger zu erziehen. Und natürlich bevorzugen die Medien bei ihrer Berichterstattung die Schreckensbilder.

Allerdings: Eine Untersuchung des Bundesverbandes der Unfallversicherungsträger, in der bundesweit die Zahlen von 1982 bis 1991 ausgewertet wurden, stellt fest, daß an deutschen Schulen jährlich 100 000 Unfälle durch aggressives Verhalten verursacht werden. Obwohl die Hauptschüler lediglich 14 Prozent aller Schüler ausmachen, entfallen 40 Prozent aller „Raufunfälle" auf sie. Im Beobachtungszeitraum von 9 Jahren stiegen diese „Raufunfälle" an Hauptschulen um 50 Prozent. Im selben Zeitraum stieg die Aggressivitätsquote der Mädchen um 64 Prozent, die der Jungen um 41 Prozent. Der Anteil der Jungen bei aggressiven Handlungen mit Verletzungsfolge liegt bei 70 Prozent. Das Alter der Hauptgruppe der Täter liegt zwischen 12 und 14 Jahren.

Sechs Jungen und zwei Mädchen zwischen 14 und 17 Jahren, alle noch Schüler, schändeten Ende Januar 1994 67 Gräber auf einem Düsseldorfer Friedhof. Mehrere Abende hatten sie dazu benötigt. Auf die Frage, warum sie den Friedhof verwüstet hätten, antworteten sie: „Einfach so.“ Die Eltern waren überrascht, sie hatten ihren Kindern nichts angemerkt.

Am Gymnasium fallen die erziehungsdefizitären Jugendlichen mehr auf, weil durch die schiere Menge der Gymnasiasten die Anzahl auch der erziehungsdefizitären Schüler proportional steigt. Selbst also wenn deren prozentualer Anteil heute nicht gestiegen wäre, machen sich die erzieherischen Problemfälle stärker bemerkbar. Jeder Lehrer muß heute mehr Zeit darauf verwenden, um überhaupt nur solche Unterrichtsbedingungen zu schaffen, in denen Lernen möglich wird, ohne daß die Herstellung von Lernsituationen im Unterricht außerschulische Veränderungen im Sozialverhalten bewirkte. „Schule“, so der Düsseldorfer Regierungspräsident in einer Broschüre seines Hauses zur Gewalt an Schulen im Jahre 1993, „wird immer mehr zur Sozialarbeit.“ Es scheint eine allgemeine Übereinstimmung zu geben, daß die Probleme unserer Gesellschaft durch die unterschiedlichsten Formen der Sozialhilfe gelöst werden könnten. Eine davon ist die Schule.

Damit aber wird Unterricht im doppelten Sinne ineffektiver: Zum einen wird das Ziel „Soziales Lernen“ nicht erreicht. In einer völlig unverständlichen Naivität und maßlosen Überschätzung des Anteils der Schule an der Erziehung von Jugendlichen propagiert die Pädagogik seit Jahrzehnten die These, daß die Form des Unterrichts die entscheidendsten Auswirkungen habe auf das Denken und die private und öffentliche Lebensführung der Schüler. Und so gilt es als ausgemacht, daß Selbständigkeit im Denken und Handeln eines „demokratischen Unterichtsstils“ bedürften. Völlig übersehen werden die vergangenen beinahe zweieinhalbtausend Jahre Unterricht seit Isokrates. Trotz erschlagender Lehrerzentrierung, trotz Lehrerdiktat und Auswendiglernen wuchsen in Europa so kritische Geister heran wie Kant, Schopenhauer, Marx, Nietzsche usf. Aber die neuen Pädagogen wissen, daß nur ein „demokratischer Unterrichtsstil“ solche Erfolge bescheren kann. Und so verwenden sie Zeit und Mühe auf einen Unterrichtsstil, den sie „schülerorientiert“ nennen und abgrenzen von der „Lehrerzentrierung“ und „Sachorientierung“. Und so fehlt dann die Zeit, und dies ist das andere, die zur Herstellung von unterrichtermöglichenden Bedingungen verwendet werden muß, zum Erlernen und Einüben von neuen Unterrichtsinhalten und Methoden: zum Einüben von verantworteter Selbständigkeit.

Was tun, wenn Schüler die Umgangsformen nicht mehr wahren? Hätten diese noch Geltung, würden sie weniger häufig außer Kraft gesetzt, und wer dies tut, wüßte, daß er Anstandsregeln übertritt, und man könnte ihn mit guten Erfolgsaussichten darauf verweisen, daß man in der Straßenbahn aufsteht, wenn ältere Menschen keinen Sitzplatz haben. Doch in der postkonventionalistischen Gesellschaft laufen Verweise auf Konventionen ins Leere. Sie werden gar nicht übertreten, denn sie sind in den Köpfen vieler Jugendlicher (und auch Erwachsener) gar nicht mehr vorhanden. Sie werden nicht mehr verstanden, denn nichts versteht sich mehr „von selbst“, d.h. kraft Tradition. Moralisches Empfinden ist nicht angeboren, sondern ist eine kulturelle Leistung, die dem Kind anerzogen, und das heißt vorgesagt und vor allem vorgelebt werden muß. Moralisches Verhalten bedarf behutsamer Pflege.

Der Alltag ist jedoch enttraditionalisiert, und das besagt, daß das Denken und Handeln insgesamt und insbesondere Forderungen an andere der argumentativen Begründung bedürfen. Gibt es vernünftige Gründe gegen das Tragen von Kopfbedeckungen in geschlossenen Räumen? Einem Erwachsenen, der in der Straßenbahn fordert, daß Kinder ihm Platz zu machen hätten, wird erwidert, daß auch Kinder nach der Schule müde seien und deshalb einen Sitzplatz beanspruchen könnten. Das Alter als Alter ist in einer postkonventionalistischen Gesellschaft kein Argument. Und weshalb denn sollten Erwachsene vor Kindern durch Türen gehen? Aus Vernunftgründen ist das alles nicht zu demonstrieren.

Wo vernünftige Gründe nicht gegeben werden können, entscheidet das Subjekt der Spätmoderne nach Gutdünken über sein Verhalten. Und da Verhaltensformen nicht argumentierbar sind, ist das Verhalten freigegeben an das Belieben derer, die sich verhalten.

Nun ist Schule aber eine Institution. Und Institutionen zeichnen sich dadurch aus, daß sie einen Verhaltenskodex festlegen – so wie ein Spiel durch Spielregeln bestimmt ist. Das hat den Vorteil, daß derjenige, der sich gemäß den Regeln verhält, sein Verhalten nicht eigens legitimieren muß. Der Nachteil ist, daß man sich genau diesen Regeln und damit der Institution unterwerfen muß. Genau diese Unterwerfung unter Institutionen soll nun aber aus pädagogischer Sicht abgebaut werden, weil sie die Gefahr des politischen Totalitarismus heraufbeschwöre: Schüler sollen im Zuge der Aufklärung und nach den Erfahrungen des Dritten Reiches eben lernen, nur das Vernünftige zu tun und nicht das Konventionelle und schon gar nicht das institutionell Erwünschte. Dies ist der Grund, weshalb auch die Institution Schule viel von ihrer institutionellen Macht eingebüßt hat und der Lehrer viel von seiner institutionellen Autorität mit dem Resultat, daß auf der einen Seite die pädagogisch gewünschte Selbstbestimmung der Schüler wuchs, dies aber auf der anderen Seite dazu führte, daß die Regeln des Umgangs im Unterricht immer wieder neu bestimmt werden müssen, und zwar in der Auseinandersetzung zwischen den Schülern unter sich und den Lehrern. Die Dynamisierung und Unberechenbarkeit des Verhaltens und der Dauerlegitimationsdruck für das Tun und Lassen sind die Praxis im Klassenzimmer. Wie soll man einem Schüler argumentativ klar machen, daß er nicht zu spät kommen soll, wenn er antwortet, das sei doch allenfalls ihm selbst zum Schaden, so daß er dies auch allein vor sich selbst zu verantworten habe, nicht aber vor dem Lehrer, allenfalls, sofern er noch keine achtzehn Jahre alt sei, vor seinen Eltern. Und seine Selbstbestimmung sei ein so hohes Gut, daß dafür eine kleine Störung des Unterrichts ertragen werden müsse. Oder: Ein Schüler, 15 Jahre alt, betritt das Sekretariat. Auf seinem T-Shirt ist ein Motorrad von hinten abgebildet. Den Oberkörper tief über den Lenker gebeugt, mit einem Schnur-Tanga und knappem Oberteil bekleidet, steht eine Frau mit gespreizten, durchgedrückten Beinen über dem Sattel. Der Schulleiter, der gerade aus seinem Dienstzimmer kommt und diese Darstellung bemerkt, spricht den Schüler deswegen an. Der rechtfertigt sich: Schließlich sei die Frau doch nicht nackt und seine Freundin fände diese Darstellung auch „cool“, und auch seine Eltern fänden nichts auszusetzen, und überhaupt, welches Recht der Schulleiter denn habe, ihm das Tragen eines solchen T-Shirts zu verbieten. Die Mutter bestätigt telephonisch die Aussage ihres Sohnes. Sie vermag die Beanstandung nicht nachzuvollziehen und belächelt sie verständnislos. Der Bitte des Schulleiters um ein Gespräch kommt sie nicht nach.

b) Postkonventionalistische Normen

In der postkonventionalistischen Gesellschaft wird jede Aufforderung des Typus „Das tut man nicht!“, „Das gehört sich nicht!“ zu Recht mit der Gegenfrage beantwortet: „Warum?“ – und dann fehlen die

Argumente, und es bleibt nur der zirkuläre und deshalb unwirksame Verweis auf die Konvention. Wenn der Traditionsstrom unterbrochen ist, hat die Konvention ihre normative Kraft verloren.

Ein allgemein verbindlicher Verhaltenskodex in der Lebenswelt ist weitgehend aufgelöst und transformiert in eine „kognitive Orientierung"[38]. Indessen sind Verhaltensweisen des lebensweltlichen Alltags nicht argumentierbar. Allein aus Zeitgründen ist es schon nicht möglich, über Routineverhaltensweisen stets aufs neue zu beraten und zu verhandeln. Aber auch aus prinzipiellen Gründen lassen sich Verhaltensweisen des lebensweltlichen Alltags nicht argumentieren. Denn argumentierbar ist allenfalls zweckrationales Verhalten, lebensweltliches Verhalten hingegen ist an Prinzipien gebunden, die sich der Zweckrationalität entziehen. Wer konventionelle Verhaltensweise rational begründen will, der befindet sich folglich im falschen Diskurs.

Wer sich daran stört, daß er, beim Essen in einem öffentlichen Lokal, den Zigarettenrauch seines Gegenübers, der seine Mahlzeit schon beendet hat, über sein Essen gepustet bekommt, wird mit dem Verweis auf Ungezogenheit wenig Erfolg haben, aussichtsreicher ist die Argumentation der Gesundheitsschädlichkeit. Wenn das Selbstverständliche sich nicht mehr von selbst versteht, kehrt sich die Begründungspflicht um. Die Aufklärungsfalle ist zugeschnappt. Die faktische Unmöglichkeit, in der postkonventionalistischen Gesellschaft Regeln des Zusammenlebens konventionell durchzusetzen, und die systematische Unmöglichkeit, sie vernünftig zu begründen, führt unter dem Legitimationszwang der Aufklärung zu Pseudorationalisierungen durch Begründungsverschiebungen. Man soll nicht deshalb mäßig essen, weil Gefräßigkeit als solche zu verabscheuen ist, sondern weil man zu dick wird. Kinder sollen nicht deshalb keinen Abfall auf den Boden werfen, „weil sich das nicht gehört", sondern um die Umwelt zu schonen.

Es war Aristoteles, der in seiner „Nikomachischen Ethik" darauf verwies, daß es dann zu Mißverständnissen komme, wenn man unangemessene Begründungserwartungen an Behauptungen und Forderungen stellt. Die Urteilskraft bestehe genau darin, das den Umständen, Sachverhalten und Dingen angemessene Maß zu finden. Und der Gegenstand „Ethik" sei eben keiner, der mit argumentativ erzwingbaren Deduktionen arbeite. Verhaltensweisen sind weder deduktiv-nomologisch noch induktiv-statistisch ableitbar, sie sind allenfalls historisch-generativ erklärbar. Und zu rechtfertigen sind sie allenfalls pragmatisch, so daß sie plausibel werden. Und zu wünschen ist, daß sie rückgebunden werden an Humanität, Achtung und Würde des Menschen. Dergestalt plausibilisierte Verhaltensweisen der Lebenswelt müssen dann jedoch notwendig gesetzt und anerzogen werden. Eine menschliche Gemeinschaft benötigt Normen nicht deshalb, weil sie „gut" sind, sondern weil sich ohne Verhaltensregeln in einer Gemeinschaft nicht leben läßt. Denn wenn Verhaltensregeln weder konventionell akzeptiert werden noch vernünftig legitimierbar sind, dann bleibt im Konfliktfall nur die Gewalt.

Welche Geltungs- und Gültigkeitsansprüche stellt die Schule heute noch? Berufliche Qualifikation und Allgemeinbildung gehörten einstmals in der akademischen Bildung zusammen. Heute empfinden es viele als progressiv, wenn Ärzte „Perry Rhodan" lesen und Lehrer über dieselben Witze lachen wie die Schüler. In der Tat: Der Dünkel ist abgestreift wie eine abgestorbene Haut. Einstmals war auch erwartet worden, daß die Qualität der Ausbildung ihre Entsprechung im (früher sagte man im „tadellosen") Verhalten hatte. Welche Ansprüche stellen Eltern an ihre Kinder?

Galt es in den sechziger und siebziger Jahren, erstarrte Fronten aufzubrechen, Demokratie und Freiheit zu wagen, dann geht es heute darum, Demokratie und Freiheit und Kultur zu retten vor ihrer Auflösung in Terror, Beliebigkeit und Schrott. In der Kritik aller an allen und allem ist das Überlieferbare aufgezehrt. Die Zukunft ist enterbt.

Was die Spätmoderne lernen muß, ist die Selbstbegrenzung der Freiheit. Sehr bitter erfahren heute gerade Jugendliche, auf welch enge reale Grenzen ihr universeller Freiheitsanspruch stößt. Und viele zerbrechen an diesem Widerspruch und retten sich in religiöse und politische Heilslehren und aggressiven Aktionismus. Was heute geleistet werden muß, ist die Herstellung von Verbindlichkeit in einer enttraditionalisierten Kultur der radikalisierten Aufklärung, ohne zugleich ein totalitäres System zu errichten.

Im Zeitalter der in die Spätmoderne prolongierten Aufklärung, die, ohne über sich selbst aufgeklärt zu sein, sich als Entlarvung und Tabuzerstörung etabliert hat, gelten Setzungen als mit der Demokratie unvereinbare Unterdrückungsinstrumente, im Zeitalter der Totalaufklärung reizen Tabus nur noch zur Tabuverletzung. Die zunehmende Gewalt der Jugendlichen ist Tabuverletzung aus Verzweiflung, aus Desorientierung, aus Sinnentleerung. Hier wenigstens ruft man Widerstand hervor. Schlecht von Juden und Türken zu sprechen, Brandsätze zu werfen, ein Hitlerbild an die Wand zu pinnen, das Dritte Reich loben, sich ein Hakenkreuz eintätowieren – das sind die wenigen letzten Tabuzonen. Wer sie verletzt, der kann sich öffentlicher Aufmerksamkeit sicher sein. Die aus der Geschichte gefallenen Jugendlichen der ehemaligen DDR haben dies als erste begriffen, die aus der Gesellschaft gefallenen der Bundesrepublik begriffen dann auch und ahmten rasch nach. Und so zünden sie mit „Sieg Heil!" und Hakenkreuz Asylbewerberunterkünfte an. Der marodierende Mob beherrscht die politische Gewaltszene. Der typische Skin, so zeigt eine Studie der Universität Trier, der ausländerfeindliche Gewalt ausübt, ist ein männlicher Jugendlicher unter zwanzig Jahren und stammt aus der sozialen Unterschicht, hat allenfalls Hauptschulabschluß, ist Arbeiter, oft ohne abgeschlossene Berufsausbildung.

Und wieder fordern Politiker und Pädagogen, daß die Schüler besser über das Dritte Reich informiert werden müßten. Indessen: Nicht ein einziger Skin wird sich durch solche Informationen davon abhalten lassen, Brandsätze zu werfen. Solche Hoffnungen leben vom naturalistischen Fehlschluß vom Sein auf das Sollen. Es ist das europäische Mißverständnis von Sokrates bis zur Aufklärung, zu meinen, daß sittliches Verhalten eine Frage der Kenntnis sei. Selbst das Wissen um das Gute hindert nicht daran, das Böse zu tun.

Wer die gegenwärtige Gewalt auf Rechtsradikalismus zurückführt, bedient sich der Kategorien von gestern, sieht nur den politischen Terror und nicht die zunehmende Gewaltbereitschaft in der gesamten Gesellschaft und verfehlt deshalb die Gegenwart. Gewalt ist keine Besonderheit der Bundesrepublik Deutschland, sondern ein weltweites Phänomen. Und die spezifischen Formen, die sie in Deutschland angenommen hat, sind bestens in den USA zu studieren. Die nazistischen Embleme der Gewalttäter sind zufällige Applikate eines tiefersitzenden Problems, nämlich die grundlegende Störung des Normensystems der europäischen Kultur. In Deutschland schmücken sich die Skins mit Symbolen, von denen sie nicht viel mehr wissen, als daß sie Bürger erschrecken. Zweifellos sind nachteilige soziale Verhältnisse Bedingungen, die Gewaltanwendung begünstigen. Aber um die Schwelle von Arbeitslosigkeit zur Gewalt zu überschreiten, bedarf es des Verlustes der Normen, die normalerweise solches verhindern. Wer Gewalt vermeiden will, der muß deshalb an beiden Fronten arbeiten: im sozialen Milieu und im normativen Bereich.

Der Nationalsozialismus läßt sich verstehen als Reaktion auf den Zusammenbruch der europäischen Kultur, die gegen Ende des 19. Jahrhunderts manifest wurde und im Deutschland der Weimarer Republik von den Bürgern gespürt wurde, so daß sie die erste Demokratie auf deutschem Boden als Grund der Zerstörung mißdeuteten. Dem Nationalsozialismus gelang es aufgrund dieses Mißverständnisses, sich selbst zum Retter zu stilisieren. Dieser Tatbestand des Zusammenbruchs der Aufklärungskultur erklärt auch die anderen rechtsorientierten Systeme in Europa: den Faschismus in Italien, die Falange in Spanien und das Vichy-Regime in Frankreich. Entsprechend lassen sich die sozialistischen Systeme dieses Jahrhunderts verstehen: als normative Antworten auf die Selbstzerstörung der Aufklärungskultur. Der sich auflösenden Kultur und der sich zerstreuenden Gesellschaft wurden rechte und linke Einheitslehren zur Rettung angeboten, die Konformität erzwangen, aber gerne angenommen wurden, weil sie die Orientierungsnot in der sich auflösenden Moderne linderten.

Die Permissivität in der elterlichen und schulischen Erziehung heute ist Ausdruck der Hilflosigkeit und Desorientierung der Eltern und Lehrer, was die Desorientierung der Kinder befördert. Ein vierzehnjähriger Junge, der die Schule „geschwänzt" hatte, entschuldigt sich schriftlich beim Schulleiter, und zwar auf einem Briefbogen, in dessen Kopf ein kopulierendes Paar eingedruckt ist. Der Schulleiter informiert den Vater und bittet um Auskunft. Dieser, einigermaßen verständnislos, erklärt, daß es sich um Briefpapier handle, das er selbst üblicherweise verwende. Die Desorientierung gibt sich gern als Toleranz aus. Doch solch universalisierte Toleranz, die auf Diskriminierung verzichtet, die nicht unterscheidet zwischen akzeptabel und nicht akzeptabel, gerechtfertigt und nicht gerechtfertig, hat sich selbst zerstört und leistet der Barbarei Vorschub.

Derart sozial vernachlässigt, versuchen Jugendliche durch immer neue Provokationen die Erwachsenen zur Stellungnahme zu bewegen. Diese aber weichen aus. Und so suchen die Kinder und selbst Erwachsene Zuflucht in Sekten, Gangs und politischen Gruppierungen, in denen strenge Zucht und Ordnung herrschen. Sie unterwerfen sich freiwillig dem Zwang, den ihre Eltern ihnen ersparen wollten, in der Meinung, daß eine zwangfreie Erziehung, die de facto zum Verzicht auf Erziehung wurde, ihre Kinder am besten fördere.

60 Prozent der Jugendlichen und jungen Erwachsenen in Nordrhein-Westfalen sehen Recht und Ordnung in Gefahr – dies ergab eine repräsentative Befragung von Jugendlichen zwischen vierzehn und vierundzwanzig Jahren im Auftrag der Gleichstellungsministerin Ende 1993. Und 50 Prozent sind der Auffassung, daß nur ein „starker Mann", der durchgreife, die gegenwärtigen Probleme lösen könne. Für 23 Prozent der männlichen und 13 Prozent der weiblichen Jugendlichen ist Gewaltanwendung eine Möglichkeit der Problemlösung. 6 bis 8 Prozent sehen Gewalt als normales Mittel zur Durchsetzung von Interessen an. „Die politische Grundeinstellung" der

Jugendlichen, so resümiert die Ministerin, sei „ausgesprochen autoritär". 18 Prozent der Ostdeutschen und 22 Prozent der Westdeutschen sind der Auffassung, daß sich viele Konflikte nur durch Gewalt lösen lassen. Messer, Tränengas, Würgehölzer und Wurfsterne bringen ein Drittel der älteren Jugendlichen mit in ihre Schule in Berlin.

Es gibt in der Bundesrepublik einen starken Trend, alle Probleme als „soziale" zu klassifizieren. Auf Pichts Formel, daß Bildungspolitik Sozialpolitik sei, folgte schließlich jüngst das Statement des Präsidenten des Bundeskriminalamtes, Hans-Ludwig Zachert, daß die beste Kriminalpolitik Sozialpolitik sei. Damit ist dann gar nichts mehr gesagt.

Jugendliche brauchen Erwachsene, die sich nicht als Jugendliche aufspielen. Schüler brauchen den Lehrer als Lehrer, nicht als Mitschüler. Der Lehrer muß die Instanz sein, an der sich der Schüler intellektuell und moralisch abarbeiten kann. Nichts ist schädlicher für die Selbstfindung, als wenn die Jugendlichen in die Leere des allgegenwärtigen Verständnisses rennen, das in Wahrheit demokratisch-moralisch kaschiertes Desinteresse ist. „Die Tugend erschlafft ohne Gegner", stellt Seneca fest (De providentia, II, 4). Um moralisch und intellektuell zu wachsen, bedarf es des intellektuellen Widerparts.

Was müssen sich Jugendliche heute alles einfallen lassen, um in der Konkurrenz mit den Medien und im Des- und Überinteresse der Erwachsenen überhaupt noch bemerkt zu werden: vom bizarrsten Haarschopf über die Magersucht bis zum Hakenkreuz auf der Brust, und im Notfall uriniert ein Schüler schon mal aus dem Fenster – und dies sind noch die harmlosen Varianten.

Das Argumentationsdefizit lebensweltlichen Verhaltens provoziert in einer Aufklärungskultur, die über sich selbst nicht aufgeklärt ist, einerseits einen unschlichtbaren Konflikt unterschiedlichen Verhaltens aufgrund der Freisetzung der Verhaltensweisen ins Belieben des einzelnen und führt andererseits in die Verhaltensaporie.

Da ohne konventionelle Verhaltensweisen der Alltag kein Alltag mehr ist, nämlich nicht mehr die Selbstverständlichkeit der Routine, ist der Spätmoderne im lebensweltlichen Alltag der postkonventionalistischen Gesellschaft stets argumentativ überlastet. Mit dem Ende eingeübter Verhaltensweisen gibt es zugleich keine zwingende soziale Integration mehr.

c) Gewalt im Zivilisationsramsch

Ein Gymnasium im Einzugsbereich eines sogenannten „sozialen Brennpunktes“: Eine Schülerin der Klasse neun kommt aufgelöst zum Direktor und berichtet, sie sei in der Pause von drei Mitschülern in die Toilette gezerrt, mißhandelt und aufgefordert worden, dreihundert Mark mitzubringen, sofern sie künftig ungeschoren bleiben wolle.

Das Kieler Kultusministerium hat einen Etat eingerichtet, aus dem Kurse für Lehrer finanziert werden, um ihnen zu helfen, mit verbalen und tätlichen Angriffen der Schüler zurechtzukommen. Die Hilfe reicht vom Rollenspiel bis zum Judolehrgang.

Die Gewalt an den Schulen steigt. Vandalismus tobt sich an den Wänden und dem Mobiliar der Schulen aus. Der Schaden des Schülervandalismus beträgt jährlich ungefähr 200 Millionen Mark. Schüler bedrohen, überfallen und erpressen Mitschüler und Lehrer. Das Schulamt in Frankfurt stellte im Jahre 1991 einen alarmierenden „Mangel an Rechtsbewußtsein“ bei den Jugendlichen fest. Die zuständige Schuldezernentin führte aus, daß die Palette der Gewalt von Bedrohungen und Beschimpfungen über Diebstahl und Bandenbildung bis hin zu nahezu „profihaften“ Erpressungen, Raub und körperlichen Angriffen reiche. Die Normenbildung, so beklagte das Schulamt, scheine im Kindesalter nicht mehr zu gelingen, so daß die Verrohung das „Maß kindlicher Auseinandersetzungen“ überschreite. Die Gewalt habe „eine neue Qualität“. Ein zuständiger Beamter urteilt: „Vor zehn Jahren haben Jugendliche von einem Unterlegenen abgelassen, der aus der Nase blutete oder Ergebenheitszeichen machte. Heute ist das der Startschuß, seinen Gegner fertigzumachen, ihn ‚einzustiefeln‘, wie sich die Jugendlichen ausdrücken.“ Die Hemmschwelle bei Gewaltanwendung ist deutlich gesunken.

Eine Untersuchung der Universität Bielefeld an Schulen im gesamten Bundesgebiet Ende 1994 kommt in den Worten Klaus Hurrelmanns, des Bielefelder Pädagogen, zum Ergebnis: „Die Übergriffe einer Minderheit von 5 Prozent der Kinder und Jugendlichen werden immer skrupelloser und brutaler. Sie erreichen filmreife Qualität.“ 2500 Schüler zwischen zwölf und 17 Jahren wurden untersucht. Die unflätigsten Schimpfwörter der Fäkalsprache und aus dem sexuellen Bereich seien Standard schon bei Grundschülern. „Die Hemmschwelle, auf solche Beleidigungen mit den Fäusten zu reagieren“, so Hurrelmann, „sinkt.“

Der kulturelle Zusammenbruch verunsichert viele Eltern in ihrem Erziehungsverhalten derart, daß sie weder in ihrem Handeln noch ihrem Verhalten und Sprechen Vorbild für die eigenen Kinder sind. Sie versagen vor der Aufgabe, ihren Kindern die sozialen Spielregeln beizubringen, weil sie ihrer nicht mehr sicher sind. So produzieren die Eltern ihre Erziehungswaisen.

Und die Lehrer? Die institutionell in ihrer Autorität geschwächten Lehrer müssen ihre Amtsautorität durch persönliche Autorität und Sachautorität wettmachen. Und wenn dies nicht gelingt, denken sie sich viele Sanktionsmaßnahmen aus, um das Verhalten der Schüler noch einigermaßen überschaubar zu halten. Diese werden demokratisch mit den Schülern im Sinne eines kasuistischen Maßnahmenkatalogs vereinbart. Da verkleben sich dann, im Jahre 1995, Schüler freiwillig mit Leukoplast den Mund, weil sie schon wieder durch Reden den Unterricht gerstört haben. In der erzieherischen Schwundstufe kann so die persönliche Autoritätsschwäche in einen progressiven pädagogischen Akt umgedeutet werden: schließlich denken sich die Schüler die Strafmaßnahmen selbst aus, so daß die erzieherische Maßnahme repressionsfrei, aus eigener Einsicht der Schüler entwickelt wurde. In welche Situation man Kinder mit solchen Selbstbestrafungsmaßnahmen stürzt, wird im Zustand der absoluten pädagogischen Hilflosigkeit gar nicht bemerkt, zu hochpädagogisch emotional aufgeladen sind solche Versuche, mit dem Schwund der Amtsautorität fertig zu werden.

Statt human plausibilisierte Verhaltensweisen in Elternhaus und Schule anzuerziehen, gibt das Fernsehen die Verhaltensmuster vor, die im Alltag und der häuslichen und schulischen Erziehung meist nicht mehr korrigiert werden. Und wenn die Anwendung von Gewalt erfolgreich ist, dann sprechen die Psychologen von einer „positiven Verstärkung“: jede Gewaltausübung, die zum Ziel führt, geduldet oder von anderen nicht wenigstens verurteilt wird, verfestigt die Gewalt als Muster im Handlungsrepertoire. Nach einer amerikanischen Studie haben bereits Elfjährige im Durchschnitt 6000 Morde im Fernsehen gesehen. Ein Studie der Universität Frankfurt kommt zu noch höheren Zahlen: Bis zu ihrem zwölften Lebensjahr haben deutsche Jugendliche rund 14 000 Tötungsdelikte auf der Mattscheibe gesehen.

Nun muß gar kein Kausalzusammenhang zwischen Fernsehen und Realverhalten behauptet werden. Wahrscheinlich ist kein Kind deshalb gewalttätig, weil es Gewalt im Fernsehen gesehen hat. Indessen wird ein Kind durch steten Gewaltkonsum in Bild und Ton an Gewalt gewöhnt, so daß es sie als normal empfindet. Es bekommt in den Gewaltdarstellungen erfolgreiche Handlungsmuster vorgespielt, die es kaum noch korrigieren kann.

Jedenfalls setzen sich immer mehr die Maßstäbe von RTL plus, der Popmusik und der Werbung durch. Verhaltensnormen finden die Jugendlichen in den Gewaltdarstellungen, der verfilmten Sexualität, der Popmusik und dem Konsum. Diese werden zu den geistigen und emotionalen und dadurch auch faktisch wirksamen Eckdaten des Fühlens, Denkens und Verhaltens ganzer Generationen. Video-Clips und Popmusik verstopfen Augen, Ohren und Geist. Die Welt reduziert sich auf Bizarrerien schlechten Geschmacks, die abgrundtief leer sind. Welche geistige Stumpfheit muß der erreicht haben, der sich mit Comics und Quiz abfertigen läßt? Dies ist die Armseligkeit der Zeit. Und die Kinder richten sich ein im Ramsch der Zivilisation. Der Imperialismus des schlechten Geschmacks, der Seichtigkeit und Brutalität dringt in alle gesellschaftlichen Schichten ein und wird kulturell dominierend. Statt der Antike und der Klassik sind heute Rambo & Co. die Erzieher. Die Legitimation des Verhaltens ist der Erfolg: der Sieg, die Beute, die Anerkennung durch andere, die Lust an der Gewalt als Kompensation des beschädigten Ich.

Im Netzwerk der neuen Medien kann jeder, der ein Fax-Gerät besitzt, ein Telephon, einen PC und einen Monitor, sich in den öffentlichen Diskurs einschalten. Die regionalen Rundfunk- und Fernsehanstalten sind die Relais-Stationen. Das Interpretationsmonopol der Gebildeten ist weitgehend gebrochen, und die meisten Intellektuellen haben vor dem schlechten Geschmack kapituliert und den Schund zum Kulturgut erklärt; die Urteilskraft hat zuerst faktisch, dann systematisch abgedankt. Von der Humphrey-Bogart-Schnulze über die „Analyse" von Werbeanzeigen im Deutschunterricht und „Schlageranalyse" im Musikunterricht bis zu „Asterix" im Lateinunterricht – alles ist Kultur und alles ist ein sinnvoller Unterrichtsgegenstand.

Die Bildungspolitiker haben wissenschaftliche und soziale Haltungen wie Genauigkeit, Pünktlichkeit, Fleiß, Ordnung, Gewissenhaftigkeit, Ausdauer, Zuverlässigkeit als „Sekundärtugenden" aus den Lernzielkatalogen gestrichen. Und in der Tat sind dies Sekundärtugenden in dem Sinn, daß sie keine sittliche Substanz in sich bergen und ihren Inhalten gegenüber gleichgültig sind. Was aber ist die Deklaration der Menschenrechte wert, wenn nicht aller Fleiß daran gesetzt wird, sie auch zu verwirklichen? Daß Sekundärtugenden auch für inhumane Ziele eingesetzt werden können, darf nicht dazu führen, sie zu streichen, sondern dazu, sie an humane Ziele anzubinden.

Ein Klassenlehrer läßt seine Sextaner die Erfahrungen aufschreiben, die sie beim „Papierdienst" gemacht haben. „Beim Papierdienst ist mir folgendes passiert: Ein paar Jungen aus der Oberstufe kommen zu uns und schmeißen ihren Müll vor unsere Füße und sagen wir sollen es aufheben und es wegbringen. Manchmal wenn wir in der Nähe ihrer Klassenräume sammeln öffnen sie ihre Fenster und schmeißen von dort ihren Müll zu uns." Oder: „Als wir Papierdienst am Nebenausgang hatten, kam ein Mädchen das uns eine Dose in den Eimer werfen wollte. Da kam ein anderes Mädchen und warf es auf den Boden. Dabei sagte sie: „Können die doch aufheben!" Oder: „Einmal als wir Papierdienst hatten, hat eine Junge aus der Oberstufe eine Dose ausgetrunken, auf den Boden geworfen, zerquetscht und uns vor die Füße geworfen. Und wir sollten es aufheben. Das passiert ein paar mal." Oder: „Wir sind es satt, daß wenn wir Papierdienst haben von anderen Schülern mit Essensresten beworfen werden und obendrauf auch noch ‚bespuckt' und auch mit Stöcken beworfen werden. Es ist uns schon passiert das wir mit Cola-Dosen die extra aus Mülleimern geholt wurden beschmießen wurden. So was finden wir ganz schön gemein, den anderen gegenüber." Und schließlich noch: „Wir haben Papierdienst auf dem Lehrerparkplatz. Wenn die Pause zuende ist, stehen sehr viele Kinder an den Fenstern und machen sich über uns lustig: Sie schmeißen Sachen (z.B. Coladosen, Butterbrote und Becher) aus dem Fenster, beschimpfen uns und behaupten, daß wir uns im Sekretariat melden sollen. Wir müssen immer in das Gebüsch ‚kriechen', weil sie dahin die Sachen werfen."

Bedrohlicher als das Sinken des Bruttosozialprodukts ist der Verlust der Moral, den die Gegenwart erleidet, und über den sich die Öffentlichkeit hinwegtäuscht mit Pseudoformen moralischen Bewußtseins: von den Solidaritätsfesten über Bürgerinitiativen und Spendenaktionen bis hin zum Tag des Baumes. Die Proporzgerechtigkeit konnte noch zur quotierten Gerechtigkeit gesteigert werden. Die intellektuellen Defizite des Bildungswesens werden nur noch von den sittlichen Defiziten übertroffen. Zu lange hat Deutschland auf Kosten der sittlichen Substanz gelebt.

Der Verlust der Sittlichkeit beginnt harmlos und endet böse. Es scheint, daß immer weniger Jugendliche gemeinsame oberste Prinzipien ihres Denkens und Handelns und Fühlens haben. Die Auflösung der Spätmoderne in unvereinbare Subsysteme schreitet immer schneller voran. Die globale Desorientierung wird mit regionalen, subjektiven Heilsgewißheiten kompensiert, die weder argumentativ verteidigt werden können noch Toleranzschwellen haben. Entsprechend steigt die Gewaltbereitschaft im Konfliktfall. Und der Konfliktfall tritt schon ein, wenn einem Zehnjährigen ein Fahrrad im Wege steht, das er ohne Worte und statt dessen mit Fußtritten aus dem Wege räumt. Oder wenn ein elfjähriger Schüler seiner Mitschülerin, die versehentlich sein Mäppchen vom Tisch warf, droht: „Ich trete Dir in den A., daß Dir mein Schuh aus der F. herauskommt." Eine wachsende Zahl Jugendlicher hat nur noch eins im Sinn: Wie können die anderen beleidigt, geärgert, geschädigt werden, ohne daß man selbst davon Schaden nimmt. Und so knicken sie nächtens Autoantennen ab, kratzen mit dem Schlüssel Ratscher in den Lack geparkter Autos, reißen in öffentlichen Telefonzellen die Hörer aus der Wand, zünden Abfalleimer an, schlitzen Sitze in öffentlichen Verkehrsmitteln auf, beschmieren Wände, urinieren in Bahnhofshallen und defäzieren in den Gängen der S-Bahn.

Wenn die elterliche Erziehung scheitert und das Maß der Rücksichtslosigkeit ein bestimmtes Limit überschreitet, dann kann sich Schule nur noch wehren. Es gibt Grenzen der erzieherischen Einwirkung der Erwachsenen auf Jugendliche und noch engere Grenzen der Einwirkungsmöglichkeit der Schule auf Schüler. Dieser Punkt ist an vielen Schulen schon überschritten. Schüler, die in der Pause achtlos ihre Zigarettenkippen, Verpackungen und ausgetrunkenen Dosen auf den Boden werfen, antworten, auf die Aufforderung, doch den danebenstehenden Abfalleimer zu verwenden: „Das räumen doch die Putzfrauen weg."

Wie in den USA zu bemerken, wehrt sich eine Gesellschaft mit Verboten, rigorosen Strafen und Ausgrenzung gegen die Verrohung des mitmenschlichen Umgangs: Es werden Strafen eingeführt für „profane speech", für das Herauswerfen von Papier aus dem Auto auf den Highway, Trinken und Essen am Strand sind ebenso verboten wie Radio-Hören, und Body guards überwachen die Einhaltung, Schlagbäume schirmen ab, und Mautgebühren grenzen aus. Im US-Bundesstaat Ohio ist man inzwischen gar zur Prügelstrafe zurückgekehrt. Im Büro eines Rechtsanwalts verabreichte ein Polizist auf Anordnung des Richters einem Vater drei Hiebe mit demselben Holzscheit, mit dem er seinen Sohn geschlagen hatte. In La Mesa bei San Diego in Kalifornien werden die Photographien von Prostituierten und ihren Freiern in der örtlichen Zeitung abgebildet. In einem anderen Bundesstaat müssen sich seit Januar 1995 Sexualstraftäter nach ihrer Entlassung aus dem Gefängnis bei der örtlichen Polizei melden, und diese ist verpflichtet, die Bürger der jeweiligen Gemeinde zu informieren. In England steht lapidar an vielen Geschäften: „Dogs and children not allowed." Und darunter, klein: „Unless well behaved." Ähnliches, so steht zu vermuten, wird auch die Antwort in Deutschland sein.

Auf der Studienfahrt einer Klasse zehn nimmt ein überalterter achtzehnjähriger Schüler eine Videokamera mit. Mit mehreren Klassenkameraden und zwei Mitschülerinnen dreht er einen Film, in dem sexuell eindeutige Stellungen eingenommen und die leichtbekleideten Mädchen von den Jungen mit Handtüchern geschlagen werden – das alles begleitet von den entsprechenden Stöhnlauten. Um sich großzutun, wollen sie den Film am nächsten Abend anderen Mitschülern zeigen. Dadurch erfahren die Lehrer vom Vorfall. Sie nehmen die Videoaufzeichnung an sich, benachrichtigen die Eltern und schicken die Hauptakteure nach Hause. Die Eltern beauftragen einen Rechtsanwalt. Der verlangt als erstes die Herausgabe des Videobandes und droht den Lehrern zweitens ein Disziplinarverfahren an, weil sie die sechs Schüler ohne Lehrerbegleitung im Zug nach Hause fahren ließen. Nach der Rückkehr der Lehrer von der Studienfahrt kommt es schließlich zu einer Konferenz. Die Eltern rechtfertigten das Tun ihrer Kinder mit dem einen Argument, daß die Handlungen des Videobandes tagtäglich auch auf RTL plus gesehen werden könnten, so daß die Aufnahmen allenfalls bei verstaubten und hinterwäldlerischen Lehrern Anstoß erregen könnten, und mit dem anderen Argument, daß ihre Kinder das, was sie tagtäglich sähen, ja auch verarbeiten müßten, und dazu eignete sich, sozusagen in hygienisch-kathartischer Absicht, ein solcher Film bestens. Dieses Argument überzeugte auch die Studienräte. Der Fall war damit abgeschlossen.

d) Widersprüche in der spätmodernen Erziehung

Ein Mädchen, 14 Jahre alt, wird von sechs etwas älteren Mädchen überfallen. Sie drohen, es umzubringen, schlagen es und schleppen es zur nahegelegenen S-Bahnstation, um es vor den Zug zu stoßen. Es gelingt ihm jedoch, sich zu befreien und davonzulaufen. Es ist leicht verletzt und steht unter Schock. Durch glückliche Umstände können die Täterinnen ausfindig gemacht werden: Schülerinnen einer Hauptschule. Der Schulleiter versucht, den Fall herunterzuspielen, er kenne die Mädchen, sie seien zwar in der Vergangenheit in ähnlichen Delikten auffällig gewesen, aber schließlich sei ja nichts passiert. Der Vater erstattet dennoch Anzeige. Bei der polizeilichen Befragung erklären die Mädchen, daß sie die Überfallene am Tag davor auf einer Disco-Show gegen Drogen gesehen hätten und von ihr „dumm angekuckt" worden seien. Um zu wissen, wo sie wohne, hätten sie sie bis nach Hause verfolgt und ihr am nächsten Tag dann aufgelauert. Das Jugendamt wird eingeschaltet und argumentiert, man dürfe die Täterinnen durch einen Prozeß oder gar eine mögliche Verurteilung nicht

„stigmatisieren". Unter der Auflage „erzieherischer Maßnahmen" stellt der zuständige Staatsanwalt daraufhin das Verfahren ein.

Es herrscht in der Schullandschaft ein merkwürdiger Widerspruch. Auf der einen Seite werden den Schulen schulextern entstandene Probleme zur Lösung aufgebürdet, nämlich die erzieherischen Fehlleistungen der Eltern und der Gesellschaft auszumerzen, und auf der anderen Seite werden Reaktionsmöglichkeiten der Schule auf Fehlverhalten der Schüler juristisch immer stärker eingeschränkt. Schüler, die das achtzehnte Lebensjahr vollendet haben, können sich ihre Entschuldigungen selbst schreiben. Ein Lehrer schickt einem Schüler einen schriftlichen Tadel: „Sehr geehrte Frau, sehr geehrter Herr X! Ich bedaure, Ihnen mitteilen zu müssen, daß Ihr Sohn Y mehrfach ohne Hausaufgaben zum Physikunterricht erschien. In zwei Fällen täuschte Y Hausaufgaben durch Lüge bzw. Vorzeigen anderer bzw. fremder Hefte vor. Ys Hausaufgaben und Arbeitsauffassung müssen sich ändern! Hochachtungsvoll." Der Vater schreibt zurück: „Leider haben Sie recht – die Arbeitshaltung meines Sohnes ist beklagenswert. Nun konnte ich seine Volljährigkeit am 31.3. nicht verhindern und hoffe, daß wenigsten die Schule (zum Beispiel durch Leistungsanforderung) noch einigen guten Einfluß hat. Mit freundlichen Grüßen."

Das „besondere Gewaltverhältnis", das früher in der Schule zwischen Lehrer und Schülern herrschte, beschränkt sich heute auf das Schulgebäude. Über das Verhalten der Schüler außerhalb des Schulgebäudes (man denke an Heinrich Manns „Professor Unrat"), haben die Lehrer nicht zu befinden. Schüler, die, nachdem sie ihre Zeugnisse erhalten haben, auf den örtlichen Marktplatz gehen, sich dort betrinken, Flaschen zerdeppern, Fußgänger anpöbeln, den Springbrunnen verstopfen und die Liegewiese mit Glassplittern übersäen, können von der Schule nicht zur Rechenschaft gezogen werden. Aufgefordert, sich nicht so danebenzubenehmen, fragt einer der angetrunkenen Schüler zurück: Wieso denn nicht? Aufgefordert, wenigstens die Glassplitter der Flaschen, die er auf den Boden geworfen habe, zu beseitigen, meint er, daß er nicht einsehe, daß er und nicht ein anderer dies tun solle und daß er die Straßenkehrer nicht arbeitslos machen wolle. Die eigens vorher angeforderte Polizei hatte zwei Beamte geschickt, die aus sicherer Entfernung die Vorgänge beobachteten. Befragt, weshalb sie nicht einschritten, meinten sie, auch einmal jung gewesen zu sein.

Als ein elfjähriger Schüler, der an einem Essener Gymnasium Lehrer, Eltern und Mitschüler tyrannisierte, deshalb von der Schule verwiesen wurde, ordnete der Regierungspräsident an, daß der Junge an ein Sonderpädagogisches Zentrum zu überweisen sei. Das Oberverwaltungsgericht Münster hob diese Verfügung auf und entschied, daß das Kind gemäß dem Elternwunsch am Gymnasium zu unterrichten sei. Es müsse eben Einzelunterricht erhalten.

Auf der „Solidaritätsfete“ führen zehnjährige Kinder der Jahrgangsstufe fünf eine Mini-Playback-Show vor. Die Eltern klatschen begeistert. Sie merken nicht, daß sie ihre eigenen Kinder, beim mißlingenden Versuch, das Zappeln ihrer Vorbilder nachzuahmen, auslachen. Und noch schlimmer, wenn es gelingen sollte. Ringsum auf dem Boden ist Müll verstreut: Plastikbecher, Plastikteller und Plastikbesteck, Zigarettenkippen und Servietten; Schüler, Eltern und Lehrer treten achtlos darauf. Die Mülleimer quellen über. Pommes Frites, Ketchup, Würstchen, Senf, angebissene Pizzen, Bierfässer auf dem Tresen, selbstgemachte Salate und selbstgebackener Kuchen, Vollwertkost und Selbstgebasteltes. Der Jazz-Tanz der Mädchen ist schon vorüber. Auch das Männerballett der Oberstufenschüler gefiel. Ein paar Skinheads, die gern Randale hätten, aus der Nachbarschaft. Ein Plakat mit dem Bild eines ausgemergelten Kindes, das im Schmutz sitzt und bittend die Hand vorstreckt. Daneben ein Hinweis auf den Stafettenlauf der Studienräte um eine Minute vor zwölf Uhr.

Die inhumanisierte Humanität hat keine Hemmungen, auf ein und derselben Veranstaltung für Hungernde zu sammeln und gleichzeitig Speisen auf den Müll zu kippen. Der Zynismus, daß Hungernden dadurch geholfen werden soll, daß die ohnehin Satten essen und trinken, daß, je übermäßiger gegessen und getrunken wird, desto größer der finanzielle Erfolg und damit die Afrikaspende sein wird – dieser Zynismus wird gar nicht empfunden. Hilfe, die als Show konsumierbar sein muß, zu der bestochen werden muß, ist korrumpiert und um sich selbst gebracht. Barmherzigkeit ist barbarisiert, Hilfe entsittlicht. Wer dies noch bemerkt, der stellt die Entsittlichung in Rechnung, kapitalisiert sie und fördert sie dadurch; das beschädigte Bewußtsein wird bestärkt. Gestört ist das Verhältnis von momentan-monitärem Effekt und Dauerbeschädigung des sittlichen Empfindens. Was wiegt schwerer: ein Scheck in die Dritte Welt oder die Depravierung des Gefühls?

Dem enthemmten Schüler ist der Maßstab ausgetrieben, das hehre Ziel macht vor keinem Mittel halt. Selbst der Hunger in der Dritten Welt ist Anlaß einer Fete. Nichts ist durchsetzbar, das nicht seinen Weg durch das Subjekt genommen hat. Die Solidaritätsfeten sind die real existierenden Ergebnisse des „Sozialen Lernens“.

Bei der Hospitation des Unterrichts eines Referendars gewahrt der ausbildene Fachleiter, daß eine Schülerin der Jahrgangsstufe zwölf ihr

Baby mit in die Schule gebracht hatte, das während des Unterrichts von Arm zu Arm gereicht wurde. Auf seine Nachfrage am Ende der Stunde berichtete der Kurslehrer, das Lehrerkollegium habe den Beschluß gefaßt, der Schülerin zu gestatten, ihr Baby mit in den Unterricht zu bringen, um sie nicht zu benachteiligen. Ob es für das Kind, die Mutter und die anderen Schüler nicht besser gewesen wäre, eine Pflegemutter für diese Zeit zu besorgen, war gar nicht in Erwägung gezogen worden. Der moralische Impetus, die Angst vor „Diskriminierung“, die Geste des Verständnisses und des guten Willens erstickte alle anderen Überlegungen schon im Keime.

Die spätmoderne Erziehung steckt in merkwürdigen Widersprüchen. Auf der einen Seite fördert sie die Selbständigkeit und Eigenverantwortlichkeit der Jugendlichen mit allen erdenklichen Mitteln. Auf der anderen Seite beraubt sie die Jugendlichen ihrer Autonomie, indem sie den Menschen eingebunden behauptet in psychische und sozio-ökonomische Zwänge. Und dann wieder, so bei genetischen Faktoren, interpretiert sie den Menschen als von diesen unabhängig. Vor allem mißlingendes soziales Verhalten wird bei Jugendlichen gerne zurückgeführt auf ein Versagen der Erziehung und Politik, so daß Fehlverhalten exkulpiert ist. Ganze Lehrerkollegien gehen in die Knie, wenn ein Schüler, der, wegen ständigen Zuspätkommens und Schuleschwänzens über Jahre hinweg, zu einer Lehrerkonferenz geladen wird, auf der zu entscheiden ist, wie die Schule zu reagieren gedenkt, sein Wissen aus dem Psychologie- und Sozialkundeunterricht zusammenfaßt und erklärt, daß er unter einer gestörten Mutter-Sohn-Beziehung leide, die Familie zerrüttet sei und er aufgrund seiner unglücklichen Sozialisation einfach so fertig sei, daß sein pünktliches Erscheinen nicht erwartet werden könne. Das pädagogische Verständnis der Lehrer, das ihn vor Sanktionen rettet, entkleidet ihn zugleich seiner Würde. Die pädagogische Pseudoaufklärung produziert die Inhumanität. Wird im Namen der Humanität der Täter als Opfer entlastet, betreibt man in Wahrheit die Enthumanisierung. Indessen, es ist üblich geworden, sich lieber seine Würde nehmen zu lassen, als sich seiner Verantwortung zu stellen. Die Würde des Menschen aber liegt in seiner Freiheit, aus der seine Verantwortlichkeit resultiert. Bedingungen sind keine Bestimmungen. Oder, mit Jean-Paul Sartre gesprochen: Der Mensch ist Freiheit. Und so ist die Spätmoderne die würdelose Kultur der faulen Ausreden, der Unverantwortlichkeit des letzten Menschen, dessen geistiges Zentrum seine physische Existenz ist. Ganze Generationen auch Unpolitischer wurden in eine Aufklärungsdynamik geschleudert, in der Aufklärung nur noch als sexuelle Aufklärung verstanden wird und an deren Ende der Libertin als Spießer steht.

So gilt die Sorge des letzten Menschen der Spätmoderne dem, was er mit dem Tier gemein hat, dem Leib und seinen Lüsten. Er hat, wie Friedrich Nietzsche sagt, sein Lüstchen am Tage und in der Nacht, und im übrigen blinzelt er in die Sonne. Und so ergeht ein höchstrichterliches Urteil, daß der letzte Mensch ein „Recht auf Rausch" habe. Und für den Notfall stellen Schulen Kondomautomaten auf.

Von Marx hat selbst der schärfste Kommunistenfeind gelernt, daß das menschliche Denken und Handeln das Ergebnis seiner ökonomischen Verhältnisse ist. Von Freud hat der spätmoderne Bürger übernommen, daß das menschliche Verhalten im Es verankert ist. Von den Sozialwissenschaften weiß er um die gesellschaftliche Konditionierung individuellen Seins. Die Zwillingsforschung legt die genetische Prägung des Menschen nahe. Das Bioengineering belehrt über die Machbarkeit des Genoms.

Selbst wenn die Deterministen aller Schattierungen recht hätten und das gesamte Freiheitspathos der Moderne Makulatur wäre, müßte kontrafaktisch so getan werden, als ob der Mensch frei wäre. Die Konstruktion Kants gilt es zu reaktivieren: die Determiniertheit des Menschen als Naturwesen und die Freiheit des Menschen als denkendes Wesen. Oder in der Sprache der griechischen Klassik: Notwendig ist die Unterscheidung zwischen „Physis", dem Reich des Zwangs und der Notwendigkeit, und „Nomos", dem Reich der Freiheit, zwischen Naturgesetzen und Freiheitsgesetzen. Wie bei Platon sich der Philosoph zum Mythos der drei Stände überreden muß, nämlich um der Gerechtigkeit der Polis willen, so muß sich der Spätmoderne selbst zum Mythos der Freiheit überreden, nämlich um der Humanität der Kultur und um der Würde des Menschen willen.

Wird die Fiktion der Freiheit nicht aufrechterhalten, fällt der Unterschied zwischen Tier und Mensch weg. Dies ist weniger, wie Freud meinte, eine Kränkung des menschlichen Selbstverständnisses als vielmehr ein Angriff auf die Humanität. Die Brisanz der Entgrenzung des Menschen hin zum Tier zeigt sich in der Debatte um Peter Singers These, daß ein gesunder Schimpanse mehr Recht auf Leben habe als ein behindertes Kind. Wie wirr die politischen Frontlinien verlaufen, zeigt sich, wenn, wer Singers These ablehnt, zugleich für die Verankerung der Natur als Rechtssubjekt im Grundgesetz plädieren kann. Es ist kaum überschaubar, welche Folgen dies nach sich zöge. Jedenfalls wäre damit der juristische Status des „Rechtssubjekts" auf einen Bereich ausgedehnt, der im bisherigen Verständnis eben genau deshalb kein Subjekt ist, weil die Natur keine Freiheit hat und damit auch nicht verantwortlich ist. Wird nun aber ein Unfreies und deshalb Unverantwortliches zum Rechtssubjekt erklärt, dann fällt damit auch die Verantwortlichkeit des Menschen als Rechtssubjekt weg, und aufgelöst wären die Menschenrechte. Wie aber soll eine Gesellschaft, eine Kultur, ein Staat, ein Mensch ohne persönliche Verantwortung denkbar sein?

4. Der Scherbenhaufen der Bildungspolitik

Die Bildungspolitik der letzten dreißig Jahre setzte bei der Sorge um die quantitative Unterversorgung der Bundesrepublik mit Akademikern und dem moralischen Impetus an, das Recht eines jeden auf Bildung durchzusetzen. Die Maßnahmen, die ergriffen wurden, um dem vermuteten Bildungsnotstand zu wehren, waren überaus erfolgreich. Die Planvorgaben Pichts und Dahrendorfs wurden übererfüllt.

Die Universitäten Deutschlands sind ausgebaut für 900 000 Studenten. Im Wintersemester 1993/94 studierten jedoch 1,864 Millionen. Zwischen 1950 und 1991 stieg die Studentenzahl von 300 000 auf 1 Million 650 000 an, allein zwischen 1980 und 1991 hat sich die Zahl der Studenten fast verdoppelt, die Zahl der examinierten Studenten jedoch stieg um nur 22 Prozent. Sie werden immer älter. Das Durchschnittsalter bei Studienbeginn lag im Wintersemester 1990/91 bei 21,9 Jahren, 1992/93 bei 22,0 Jahren, im Wintersemester 1993/94 bei 22,2 Jahren. Die mittlere Studiendauer erhöhte sich in den vergangenen zehn Jahren um ungefähr zwei Semester. Im Jahre 1992 verließen 197 000 Akademiker die Hochschulen. Sie sind mit durchschnittlich 28,5 Jahren wesentlich älter als an ausländischen Universitäten. Den Universitätsabsolventen standen 14 200 offene Stellen gegenüber. 23 Prozent der Hochschulabgänger sind in Berufen tätig, für die ein Studium nicht notwendig ist.

Über den künftigen Bedarf an Akademikern streiten sich inzwischen die unterschiedlichsten Gutachter, ein Konsens ist noch nicht in Sicht. Ein im Auftrag des Bildungsministeriums angefertigtes Gutachten kommt zum Ergebnis, daß es bis zum Jahre 2010 etwa 800 000 Universitäts- und bis zu 250 000 Fachhochschulabsolventen zu viel geben wird. Der Präsident der Hochschulrektorenkonferenz erklärte demgegenüber Ende 1993, daß das Verhältnis von 150 000 Hochschulabsolventen zu 500 000 Lehrabschlüssen, wie es in Deutschland der Fall sei, einer hochtechnologisierten Nation angemessen sei. Und so forderte er für das Jahr 1994 2,3 Milliarden Mark zum weiteren Ausbau der Hochschulen.

Die bildungspolitischen Bemühungen der letzten dreißig Jahre haben wirkungsvoll den Strukturwandel des deutschen Bildungswesens betrieben. Doch der höhere Ausstoß von Abiturienten erhöhte nur vorübergehend das Bruttosozialprodukt, und die Kultur in Deutschland verzeichnete keinen bemerkbaren Aufschwung.

Der Erfolg der Bildungsreform war jedoch zugleich ihr Mißerfolg, weil die Bildungsplaner leichtsinnige Fehler gemacht haben. Es gab keinerlei empirische Untersuchung über die tatsächliche „Begabungsreserve", und niemand machte sich die Mühe, eine langfristige Bedarfsanalyse anzufertigen. Es ist schon erstaunlich, wie ein solches Projekt wie die Bildungsreform über dreißig Jahre hinweg aufgrund völlig ungesicherter Voraussetzungen verwirklicht werden konnte. Allein der quantitative Vergleich mit dem Ausland und der moralische Wille, die Gleichheit in der Bildung herzustellen, reichten aus, um in einem erstaunlichen Kraftakt das Bildungswesen in Deutschland völlig umzugestalten. Erklärbar ist dies nur durch den Reformhunger, der weite Teile der Bevölkerung in der Bundesrepublik in den Jahren nach der Adenauer-Ära erfaßt hat, der so schnelle Änderung wollte, daß dabei die notwendige Sorgfalt vernachlässigt wurde. Die Strafe bezahlen wir heute.

Die sozusagen freischwebende Reform des Bildungswesens in Deutschland erzielte eine quantitative Steigerung, die weder in einem substantiellen Bildungsreservoir abgesichert noch vom Markt her zu rechtfertigen war. Und so war das Ergebnis vorauszusehen: Die Reform produzierte ein Überangebot von zu vielen unterqualifizierten Akademikern und einen Mangel an qualifizierten Lehrlingen. In den öffentlichen Bildungsanstalten wird mit immer mehr Geld immer geringere Qualität bei steigender Quantität produziert.

Wir stehen heute vor dem Scherbenhaufen einer Bildungspolitik, die Pädagogen und Bildungspolitikern folgte, die das Beste gewollt haben. Deutschland braucht nicht mehr, sondern weniger, dafür aber besser ausgebildete Akademiker. Die Hochschulen müssen nicht ausgebaut werden, vielmehr müssen die Studentenzahlen sinken, und das dadurch freiwerdende Geld muß in die Forschung gesteckt werden.

Nun hat auch schon Picht das qualitative Problem gesehen; er schreibt von einem „epidemischem Qualitätsschwund" zwischen 1924 und 1964, den er hauptsächlich dem Dritten Reich anlastet[39]. Er war jedoch der Auffasung, daß die qualitativen Probleme quantitativ lösbar seien: Je mehr Lehrer, so glaubte er, desto höher die Qualität der Ausbildung[40]. Genau dieses Argument wird auch heute noch von Lehrerverbänden und Hochschullehrern benutzt: Da die Klassen bzw. Seminare zu groß seien, könne der Unterricht bzw. die Lehre nicht mehr die erforderliche Qualität haben. Deshalb solle man mehr Lehrer und Professoren einstellen. Völlig unberücksichtigt bleiben bei diesem Argument die Begabungsressource, die Leistungsfähigkeit und die Leistungsbereitschaft der Schüler und Studenten. Nach wie vor wird so getan, als sei diese begrenzte Ressource beliebig reproduzierbar. Nach wie vor fordern deshalb Bildungspolitiker und Verbandsfunktionäre, Lehrer und Professoren den quantitativen Ausbau des Bildungssystems. Es ist schon bemerkenswert: Wenn es um die qualitative Verbesserung des Bildungswesens geht, fallen deutschen Politikern nur quantitative Argumente ein – und zwar quer durch alle Parteien: Ausbau der Hochschulen, Verlängerung der Arbeitszeit der Lehrer, Verkürzung der Schulzeit, Verkürzung der Studienzeit. Mehr Geld, mehr Lehrer, mehr Schüler, mehr Hochschulen. Keiner hat dazugelernt. Und das Erstaunlichste: ob nun „Chancengleichheit" von der SPD oder „Chancengerechtigkeit" von der CDU gefordert wird, Schule kommt nur noch als Verteiler von Sozialchancen in den Blick. Das Verständnis von Schule ist funktionalisiert. Schule wird nicht länger als Bildungsinstitution begriffen, Bildung kommt nicht als ein Gut in Sicht, das einen Wert in sich selbst hat. Die neue Pädagogik, Bildungspolitiker und Medien sprechen viel vom Schüler, aber daß er ein Recht auf Bildung habe, die nicht in einem Kosten-Nutzen-Denken funktional verzerrt ist, gesteht ihm keiner zu, auch nicht die Eltern und noch nicht einmal die Jugendlichen sich selbst.

Nun ist ein Kosten-Nutzen Denken im Bildungsbereich ja nicht prinzipiell verwerflich, indessen darf es nicht der einzige Gesichtspunkt der Konzeption von Schule sein.

Die Schule hat sicherlich mehrere Aufgaben. Da ist zuerst diejenige der kulturellen Reproduktion durch die Vermittlung der spezifischen Kulturtechniken. Darüber hinaus, neben der Familie, auch die Aufgabe der Sozialisation, sozusagen, wie Hegel meinte, als Glied zwischen Familie und Staat. In diesen Bereichen ist es sinnvoll und auch notwendig, nach dem Verhältnis von Aufwand und Ertrag zu fragen.

Doch eine originäre Aufgabe der Schule, für die es keine andere Institution gibt, ist es auch, den Schüler zu bilden. Und Ziel muß es sein, die Bildung des Jugendlichen zu verbinden mit der kulturellen Reproduktions- und Sozialisationsaufgabe der Schule.

Der quantitative Ausbau und die organisatorische Umgestaltung des Bildungssystems in Deutschland waren die Scheinprobleme von gestern. Die Begabungsreserven sind erschöpft, und gemessen an den tatsächlichen Begabungen gibt es eher eine Überkapazität der Bildungseinrichtungen. In Frage steht heute die qualitative Verbesserung der Bildung.

Die Qualitätsverbesserung ist nicht quantitativ erreichbar. Natürlich kann sich ein Lehrer, der nur zwölf Schüler unterrichtet, länger um einen einzelnen kümmern, als wenn er achtundzwanzig unterrichtet. Aber es ist trivial: hundert unqualifizierte Lehrer machen keinen besseren Unterricht als fünfzig unqualifizierte, ganz im Gegenteil: sie vergrößern, bezogen auf das gesamte Ausbildungswesen, das Qualitätsdefizit insgesamt. Das Argument: Je weniger Schüler, desto besser der Unterricht, läßt sich ja nicht nur als Erhöhung der Lehrer- und Hochschullehrerbestände verstehen, sondern auch als Reduzierung der Schüler.

Die Qualitätsverbesserung ist aber auch nicht, wie die Autoren des „Strukturplans" und in deren Gefolge die gesamte Bildungspolitik der letzten dreißig Jahre meinte, durch Strukturreformen erreichbar. Die Struktur der Schule hat Auswirkungen auf die schulischen Organisationsabläufe innerhalb der einzelnen Bildungsanstalten und auf die externen Kooperationsmöglichkeiten der Bildungsanstalten, verändern aber nicht die Qualität des Unterrichts. Deshalb läuft die Debatte pro und contra Gesamtschule völlig ins Leere.

Es ist zwar banal, gleichwohl gilt es aber in Erinnerung zu rufen: Die Qualität des Unterrichts ist abhängig von der Qualität der Lehrer. Dies ist die Substanz. Strukturreformen und Schüler-Lehrer-Relation sind Akzidens.

Die ökonomisch-kulturelle Lage Deutschlands zeichnet sich heute dadurch aus, daß der kulturelle Sektor in seinem Selbstverständnis äußerst progressiv ist. Und in der Tat gibt es hier einen enormen Wandel zu verzeichnen. Im industriellen Bereich hingegen zeigt sich ein starker Hang zum Konservativismus, der ein zu großes Maß an Unflexibilität erzeugt und bis zur Stagnation führt. Notwendig wäre genau das Umgekehrte: eine technisch-organisatorische Innovationsfreude und eine Rekonstruktion der europäischen Kultur im Sinne einer Bildungsrenaissance, die den Menschen befähigt, die wissenschaftlich-technischen und industriellen Wandlungen auszuhalten, so daß das Ganze des Gemeinwesens stabil bleibt.

Gut 30 Prozent der Studenten, so ermittelte eine Studie des Hannoveraner Hochschul-Informations-Systems im Jahre 1995, brechen ihr Studium ohne Abschluß ab; 1975 waren es nur halb so viele. Berücksichtigt man die tatsächlichen Zahlen, ist die Bilanz noch schlimmer: Im Wintersemester 1974/75 verließen rund 14 000 Studenten die Universität, heute sind es 60 000, also viermal so viele. Fast jeder dritte Abiturient erwarb mit dem Abitur also nicht die „Allgemeine Hochschulreife".

Gut 30 Prozent der Studenten brechen heute ihr Studium vorzeitig ab. Deshalb, so argumentieren manche, weil viele Studenten, um ihr Studium finanzieren zu können, nebenher arbeiten müssen. Daß Nebentätigkeiten die Studienzeit verlängern, ist unbestritten, daß sie zum Abbruch führen, ist weniger plausibel. Die finanzielle Unterstützung der Studenten nach dem „Basisförderungsgesetz" ist nicht üppig. Die ehemalige Förderung nach dem „Honnefer Modell" war noch geringer und weniger breit gestreut. Und lange Zeit war der „Werkstudent", derjenige, der neben seinem Studium her auch seinen Lebensunterhalt verdienen mußte, der Regelfall.

Gut 30 Prozent der Studenten brechen heute ihr Studium vorzeitig ab. Deshalb, so argumentieren andere, weil die Universität praxisferne Studiengänge vorschreibt und die meisten Professoren unfähig sind, die Studenten zu motivieren. Unbestritten ist, daß der Schwerpunkt der Universität die theoretische Ausbildung ist, und unbestritten werden Wissenschaftler nicht wegen ihrer pädagogischen und didaktischen Fähigkeiten habilitiert.

In der oben genannten Studie werden als Gründe für den Studienabbruch genannt: Die meisten Abbrecher fühlten eine zu große, unüberwindbare Distanz zu den Inhalten und Zielen ihres Studiums. Jeder Dritte fühle sich den Anforderungen des Studiums nicht gewachsen. Zwei Drittel der Abbrecher litten unter der Überfüllung und der Anonymität der Hochschule, an der fehlenden Betreuung und an didaktischen Mängeln in der Ausbildung.

Die Grundlage der akademischen Ausbildung ist die Einheit von Lehre und Forschung. Diese schließt zum einen Erkenntnisgewinn ein („Erkenntniszusammenhang") und zum anderen die Begründung der Erkenntnis. Der „Begründungszusammenhang" stellt dabei die Verbindung der Forschung mit der Lehre her, denn die wissenschaftliche Lehre unterstellt, daß Geltungs- und Gültigkeitsansprüche wissenschaftlicher Theorien mittels Vernunftgründen einsichtig gemacht und folglich gelernt werden können. Jeder ist prinzipiell erkenntnis- und einsichtsfähig, wenn er seine Vernunft gebraucht. 1620 verfaßte Francis Bacon sein „Novum organum scientiarum", René Descartes 1637 seinen „Discours de la méthode, pour bien conduire la raison et chercher la vérité dans les sciences", Methoden, um den Geist anzuleiten, die wissenschaftliche Wahrheit zu finden. Posthum erschienen dann noch seine „Regulae ad directionem ingenii" und „Inquisitio veritatis per lumen naturale", Regeln zur Leitung des Geistes und Erforschung der Wahrheit durch das natürliche Licht (die menschliche Vernunft). Die Vernunft ist autonom geworden und kommt ohne das „lumen supranaturale“ aus, die übernatürliche göttliche Vernunft. Erkenntnis und Einsicht bedürfen keiner göttlichen Offenbarung mehr, vielmehr des methodisch kontrollierten und vernünftig gesteuerten Vorgehens. Der Mensch ist aus eigener Vernunftkraft wahrheitsfähig.

Die akademische Einheit von Forschung und Lehre setzt den Studenten voraus, dessen Vernunft so weit entwickelt ist, daß er die Forschungsinhalte im begründenden Vortrag begreifen kann. Eine spezifische Methodenlehre, wie die Vernunft entwickelt und Inhalte vermittelt werden können, ist deshalb für die Universität unnötig. Akademische Lehre ist die wissenschaftliche Begründung von Entdeckungszusammenhängen.

Über Jahrtausende war Wissenschaft ein Privileg weniger. Motivationsprobleme stellten sich nicht. Der Student mußte entsprechend nicht motiviert werden, sondern motiviert sein, genauer: er war motiviert. Ein Student (zur Erinnerung: „studere“ heißt, sich eifrig bemühen um), der von seinen akademischen Lehrern die eigene Motivation einklagt, ist an der Universität fehl am Platz. Die Weckung des Interesses an der Wissenschaft und Kultur sowie die methodische Schulung der Vernunfttätigkeit war ein klassisches Aufgabenfeld des Gymnasiums. Als „Wissenschaftspropädeutik“ hat es sich bis heute gehalten.

Mit großem Medieneinsatz hat sich in jüngster Zeit auch in Deutschland das „Ranking“ durchgesetzt. Daß Studenten über ihre Arbeits- und Studienbedingungen urteilen, ist sinnvoll und notwendig. Daß sie über die Qualität der Lehre urteilen, ist doppelt unsinnig. Zum einen nämlich ist die fachliche Qualität von Professoren anhand ihrer Publikationen besser zu beurteilen, und zum anderen ist die Beurteilung der didaktischen Qualität, als eine Kategorienverwechslung, irrelevant. Die Qualität einer Universität bemißt sich an der Qualität der fachwissenschaftlichen Forschung, die an ihr geleistet wird.

„Ich denke, 85 Prozent eines Abiturjahrgangs sind einfach nicht in der Lage, universitär zu studieren. Bezogen auf einen Altersjahrgang sind nicht einmal 30 Prozent in der Lage, wirklich zu studieren; darunter vertehe ich nicht schnelle Ausbildung zum Arzt oder zum Anwalt, um dann Geld zu verdienen, sondern wissenschaftliche Ausbildung.“ So Prof. Dr. Gerhard Maeß, Rektor der Universität Rostock, in der „Zeit“ vom 17.9.1993. Nicht das mangelnde Geld ist das Problem der Schulen und Hochschulen, sondern die zu vielen ungeeigneten Schüler und Studenten. Nicht die Kapazitäten der Hochschulen müssen erweitert werden, vielmehr muß die Studierfähigkeit der Studenten gewährleistet sein. Nicht die Motivations- und Lehrfähigkeit der Lehrer und Professoren muß gesteigert werden, vielmehr muß Sorge getragen werden, daß nur lernwillige Jugendliche die Gymnasien und Universitäten besuchen und daß nur hochqualifizierte Professoren an den Universitäten lehren. Nicht die Curricula und Studienpläne müssen entrümpelt werden, sondern die Chefetagen der Bildungspolitik.

Das Problem des deutschen Bildungswesens ist kein quantitatives, sondern ein qualitatives, und es ist keines der Organisation, sondern der Bildung. Keine Strukturreform steigert die Ausbildungsqualität der Schulen und Hochschulen. Die Qualität der Schulen und Hochschulen ist einzig abhängig von der Qualität der Lehrer und Professoren. Natürlich gibt es Organisationsmodelle, die zeitaufwendiger sind und andere, die es weniger sind. Die vielen Konferenzen an Gesamtschulen rauben viel Zeit, die vielen Sitzungen in diversen Hochschulgremien ebenfalls. Sie machen aber den Unterricht, die Vorlesungen und Seminare weder besser noch schlechter. Natürlich bedarf der naturwissenschaftliche Unterricht und noch viel mehr die universitäre Forschung hoher Summen, um die wissenschaftlich notwendige Ausstattung bezahlen zu können, und insofern ist die Qualität hier auch von den fiskalischen Möglichkeiten abhängig. Aber die beste Ausstattung ist nur eine der Bedingungen ertragreicher Forschung; sie steigert nicht die Qualität des Ergebnisses.

IV. WIE ES WIRD: DIE AUFGABEN VON MORGEN

1. Die Problemlage

Eine ganze Reihe von Problemen der Zukunft sind schon heute vorhanden oder deuten sich wenigstens schon an, so daß ihre Benennung nicht auf Spekulation angewiesen ist. Jedenfalls bedarf es keiner hellseherischer Gaben, um die Probleme der Zukunft zu benennen. Die Probleme, mit denen die Gegenwart konfrontiert ist, sind so zahlreich und so verschlungen, daß sie allenfalls auf dem Papier systematisierbar sind, nicht aber in der Wirklichkeit. Und die meisten dieser Probleme sind so umfassend, daß sie weder kurzfristig noch mittelfristig, sondern allenfalls langfristig lösbar sind.

a) Globale Entwicklungen

Da sind zunächst die globalen Probleme. Sie sind deshalb global, weil sie nicht innerhalb der überkommenen nationalstaatlichen Grenzen lösbar sind. Es handelt sich allesamt um Probleme eines gewaltigen, weltweiten Umbruchs: ein demographischer Umbruch, ein politischer Umbruch, ein technologischer Umbruch, ein ökonomischer Umbruch, ein ökologischer Umbruch und ein kultureller Umbruch[41].

Die Weltbevölkerung hat inzwischen fast die 6-Milliarden-Grenze erreicht. Die Prognosen für die nächsten 30 Jahre liegen zwischen 7,6 Milliarden und 9,4 Milliarden. Bei diesen Zahlen ist eine extreme Ungleichgewichtigkeit zu beobachten: Während nämlich die Bevölkerung in den wohlhabenden Ländern stagniert oder sogar abnimmt, vermehrt sich die Bevölkerung gerade in den ärmsten Ländern der Welt. Paul Kennedy spricht von einem „Wettlauf zwischen Demographie und Technologie"[42]. Selbst wenn es möglich sein sollte, Nahrung für so viele Menschen zu produzieren, werden genau die Länder, die sie brauchen, nicht das Geld haben, sie auch zu bezahlen. Zudem wird es kaum gelingen, eine solche Infrastruktur und solche politischen Verhältnisse in den armen Ländern zu schaffen, die notwendig sind, um die Nahrung, sollte sie technisch und finanziell produzierbar sein, auch verteilen zu können.

Die politische Nachkriegsordnung der beiden Supermächte USA und UdSSR ist nach dem Zusammenbruch des Sozialismus endgültig vorbei, eine politische Neuordnung formiert sich. Drei Kandidaten bewerben sich um politische und ökonomische Hegemonie: der amerikanische Kontinent, Europa (wobei noch nicht einmal geklärt ist, wer politisch dazugehören soll) und Ostasien (wobei vor allem die Rolle Chinas noch völlig unklar ist).

Handelskriege sind nicht auszuschließen. Schon heute gibt es, trotz des GATT-Abkommens, Konflikte zwischen den Positionen des freien Handels einerseits und andererseits dem Interventionismus von Subventionen bis hin zu Schutzzöllen. Daneben gibt es die Länder sozialen Elends und der politischen Machtlosigkeit (die einige Länder mit Nuklearwaffen und chemischen Kampfstoffen kompensieren wollen): die afrikanischen Staaten, Zentralamerika, Indien, der Nahe und der Mittlere Osten und andere: mit sinkendem Einkommen, wachsender Bevölkerung, Bildungsdefiziten und extrem hoher Arbeitslosigkeit. Es fehlt an Waren, Energie, Infrastruktur und natürlich Geld. Eine globale Gefahr erwächst aus dem vagabundierenden Zerstörungspotential der ehemaligen UdSSR, vor allem angesichts der zunehmenden Destabilisierung Rußlands. Nach dem Fall des Sozialismus fällt auch Rußland, wie alle anderen Staaten des ehemaligen „Ostblocks", in ein kulturelles, ökonomisches und moralisches Nichts. Das einzige, was kompensatorisch Stabilität gibt, scheint die ethnische Identität zu sein, die, gekoppelt mit nationalstaatlichem Denken, zu größten politischen Verwerfungen führen könnte.

Aus dem politischen und ökonomischen Ungleichgewicht der Welt resultieren gewaltige Migrationsströme. Diese verursachen eine große Unruhe in den Ländern, in die sie einfließen. Die Spannungen werden steigen, sowohl zwischen den Immigranten und der aufnehmenden Bevölkerung als auch zwischen den Immigranten selbst. Die „interkulturelle Erziehung" wird dagegen wenig ausrichten können. Der Appell an Vernunft und Solidarität reicht nicht aus. Die Tolerierung, gar die Integration von Immigranten wird nur dann gelingen, wenn Sinn, Ziel und Zweck der Immigration auch für die aufnehmende Bevölkerung geklärt und glaubwürdig vermittelt wird und wenn es gelingen sollte, die ethnischen, politischen und kulturellen Konflikte zwischen den Immigranten zu lösen.

Besonders gefährlich wird es, wenn illegal zugereiste Flüchtlinge aufgrund der Illegalität weder ins soziale Netz noch in die Gast-Kultur noch in den Arbeits- und Wohnungsmarkt eingebunden werden können. Die Schwarzarbeit und die Verbrechensrate werden steigen, in den großen Städten bilden sich Slums. Vorauszusehen sind dann sozialpsychologische Spannungen, die sich bis zu Aufständen und Revolten entwickeln können. Mit großer Wahrscheinlichkeit wird sich eine kriminelle Untergrundgesellschaft bilden, die irgendwann auch mit der wirtschaftlichen, politischen und juristischen Oberwelt verbunden sein wird. Es läßt sich von einer zu erwartenden „Amerikanisierung“ und „Italienisierung“ Europas sprechen.

Zu beobachten ist eine gegenläufige Bewegung: Auf der einen Seite versuchen Staaten, sich in größeren Einheiten zusammenzuschließen, wie die Europäische Gemeinschaft. Auf der anderen Seite versuchen ethnische Gruppierungen aus größeren staatlichen Verbänden auszubrechen. Sei es in Irland, im ehemaligen Jugoslawien, in Belgien, in Italien, in England, Korsika, der Türkei – ganz zu schweigen von den vielen Ethnien im ehemaligen Gebiet der UdSSR und den ungelösten ethnischen Problemen in Afrika und Asien; dasselbe wird in absehbarer Zeit in China geschehen. Möglicherweise wird gar eine neue Kleinstaaterei neben den großen Imperien entstehen. Beide Tendenzen stehen in einem brisanten Spannungsverhältnis, denn sie realisieren sich oft in ein und demselben Staat, der einerseits der EU beitreten will oder sogar ihr schon angehört und andererseits intern mit Separatistenbestrebungen zu kämpfen hat. Die Globalisierungstendenz ist ökonomisch motiviert (wenn auch der eine oder andere Politiker politische Ziele anstreben mag), die Regionalisierungstendenz ist traditional-ethnisch oder religiös motiviert, weshalb ein mittelfristiger oder gar kurzfristiger Ausgleich eher unwahrscheinlich ist.

Nach dem Auseinanderbrechen der ideologisch gerechtfertigten Nachkriegsordnung sind in naher Zukunft postideologische Machtkämpfe zu erwarten: ökonomische, ethnische und religiöse Konflikte, Selbstbestimmungskämpfe und Minderheitenkonflikte. Schon heute wird von manchen Schiiten und Sunniten der „Dschihad“ gegen die Ungläubigen ausgerufen. Noch nicht einmal die Wiederholung des Konflikts zwischen dem christlich-atheistischen Okzident und dem islamischen Orient ist mehr auszuschließen, wenn auch in ganz anderen Dimensionen. Wie können regionale kriegerische Konflikte verhindert werden, wenn die USA aus finanziellen oder politischen Gründen ihre militärische Präsenz aufgeben? Daß die UNO-Blauhelme bewaffnete ethnische, religiöse und weltanschauliche Konflikte werden verhindern können, ist, nach den Erfahrungen der letzten Jahre, eher unwahrscheinlich.

Der technologische Umbruch zeigt sich an den wissenschaftlich-technischen Fertigkeiten und Geräten, die entwickelt wurden, um die Kommunikation zu beschleunigen, die Fertigung zu maschinisieren und das Genom zu beeinflussen: Hightech, Robotik, Highchem und Biotech.

Zu Recht wurde bemerkt, daß in der Moderne, nachdem im 18. und 19. Jahrhundert die Organe durch Maschinen erweitert wurden, nun der Geist durch den Computer erweitert wird. Dadurch werden die klassischen Gebiete des wissenschaftlichen Nachdenkens um eine Dimension erweitert. Das eine Gebiet ist das der Natur. Das zweite Gebiet ist dies der Kultur. Schließlich drittens die vom Menschen produzierten virtuellen Welten.

Die neuen Kommunikationsmittel machen prinzipiell alle Informationen prinzipiell überall zugänglich und speicherbar. Keine gewachsene Kultur kann sich auf Dauer von der Medienkultur abschotten. Für die nicht-europäisch geprägten Länder hat dies zum Ergebnis, daß ihre überkommenen Kulturen in einer Geschwindigkeit aufgelöst werden, die es nicht zuläßt, daß, parallel zur Zerstörung, zugleich neue, stabile Kulturen entstehen. Damit aber ist die Sozialintegration in diesen Ländern auf absehbare Zeit erheblich erschwert, wenn nicht verunmöglicht. Doch auch in den hochtechnisierten Ländern wird sich wegen der neuen Medien die Kultursituation verändern. Die Lesekultur wird zunehmend von einer Bildkultur verdrängt. Allerdings werden Jugendliche, die dennoch gelernt haben, mit der Schrift umzugehen, künftig Vorteile auch auf dem Arbeitsmarkt besitzen, weil eben nicht die gesamte Tradition in Bilder umsetzbar ist. Kaum ein Beruf wird künftig nicht computerunterstützt sein. Zunehmen wird die Telearbeit, das heißt das Arbeiten am Terminal zu Hause. Die Medienkultur wird auch Auswirkungen auf die Politik haben, die schon heute beobachtbar sind: zum einen nämlich die Auflösung der politischen Argumentation in die ästhetische Inszenierung, so daß sich Schein und Wirklichkeit wechselseitig durchdringen. Zum anderen die Übernahme von politischer Macht durch die Medien, die dazu keinerlei Legitimation haben und schwer kontrollierbar sind.

Manche sagen gar eine künftige Aufspaltung der Gesellschaft in ein neues Schichtenmodell voraus, an dessen Spitze die Info-Manager stehen, gefolgt von Entwicklungstechnikern neuer Hard- und Software und Robotern und schließlich einer unbeschäftigten Bevölkerungsmehrheit und einer Hilfsbevölkerung, die solche Tätigkeiten verrichtet, die nur schwer zu automatisieren sind.

In der Tat wird der industrielle Einsatz von Fertigungsautomaten auf dem Fertigungssektor eine riesige Zahl von Arbeitsplätzen überflüssig machen. Die neu entstehenden Arbeitsplätze, nämlich um solche Automaten zu erfinden und zu warten, werden den Verlust nicht annähernd ausgleichen können. Und ob es möglich sein wird, den Dienstleistungsbereich so auszudehnen, daß hier die neuen Arbeitsplätze entstehen, ist heute noch nicht abzusehen. Jedenfalls wird es zumindest eine Übergangszeit mit hohen Arbeitslosenzahlen geben.

Die Biotechnologie wirft Fragen des menschlichen Selbstverständnisses auf, die noch nicht einmal im Ansatz beantwortet werden können, so daß die Spätmoderne in diesem Bereich handelt, ohne irgendwelche Prinzipien zu haben, gemäß denen dieses Handeln gerechtfertigt werden könnte. Es sind Fragen, die sich im wesentlichen daraus ergeben, daß der Mensch nicht nur die äußere Natur verändern kann (was er schon immer gemacht hat), sondern daß er die innere Natur (klassisch gesprochen: die „natura naturans") verändern kann. Der gezielte Eingriff ins menschliche Erbgut in der Absicht, Gene auszutauschen, ist nur noch eine Frage der Zeit. Es bedarf keiner langwieriger Zuchtprozesse durch Kreuzungen mehr, um erwünschte biologische Systeme zu produzieren. Die Präzision der Biotech-Generierung ist wesentlich höher und die Variationsbreite der Biotech-Züchtungen ist wesentlich größer, weil die Gene der unterschiedlichsten Lebewesen kombiniert werden können. Die Biotechnologie arbeitet schneller, genauer und wirkungsvoller.

Die neue Ökonomie hat ihre Basis nicht mehr in den klassischen Industriezweigen der Schwerindustrie und der Chemie. Entscheidend für den wirtschaftlichen Erfolg sind heute Informationstechniken, Gentechnik, Halbleiter- und Computerproduktion. Dieser technologische Umbruch ist eng verbunden mit dem ökonomischen, weil die Resultate der neuen Forschungen sehr rasch kommerzialisiert werden; vielfach spielt sich die Forschung in diesem Bereich von vornherein in Labors der Industrie ab und in Projekten, bei denen Universität und Industrie kooperieren. Das beginnt mit der Chipsindustrie und endet bei Patenten für entschlüsselte Genabschnitte und Hormone.

Da die neue Forschung sehr kostenintensiv ist, fördert dies den ohnehin schon vorhandenen Trend des Zusammenschlusses von Industrieunternehmen bis hin zu multinationalen Konzernen. Durch die neuen Kommunikationsmittel ist es auch möglich geworden, daß Börsengeschäfte weltweit getätigt werden können. Die Währungsgeschäfte betragen täglich ungefähr eine Billion Dollar, das sind knapp vier mal so viel wie der Bundeshaushalt der Bundesrepublik im Jahre 1992 (allerdings „nur" noch ungefähr das Doppelte des Haushaltes von 1994). Wie Paul Kennedy schreibt, hat dies zur Folge, daß die nationale Politik die Kontrolle selbst über die eigene ökonomische Zukunft verliert, weil die Großkonzerne ihre Produktionsstätten rund um den Globus auf- und abbauen können, wie es gerade aus der Sicht des Konzerns kostengünstiger ist[43]. Die Menschen drohen die Kontrolle über ihr eigenes Geschick zu verlieren.

Je mehr Menschen versorgt werden müssen, desto größer ist die Ausbeutung der natürlichen Ressourcen wie Wasser, Erde und Holz und desto größer ist auch die Menge des anfallenden Mülls. Hätten die heute schon lebenden Menschen alle den Lebensstandard der westlichen Welt, mit Kühlschränken, Autos und entsprechendem Energieverbrauch, wäre der Ökokollaps wohl schon eingetreten. Schon der bisherige Umgang der reichen und armen Staaten mit der Ressource Umwelt scheint nach der Auffassung vieler auf einen Zusammenbruch des Ökosystems hinauszulaufen. Die Wissenschaft ist sich indessen noch nicht sicher, weil die Zusammenhänge der Natur zu komplex sind, als daß sie mit den heutigen Simulationsberechnungen am Computer zureichend erfaßt werden könnten. Doch wer auch immer Recht haben mag: Jedenfalls muß heute und morgen damit gerechnet werden, daß die Lebensbedingungen sich rapide verschlechtern, gar umkippen könnten. Der mögliche Ökokollaps ist eine Konstante gegenwärtiger und künftiger Lebensplanung geworden. Unstrittig dürfte sein, daß der ungebremste Konsum nicht wird weitergehen können. Einschränkungen sind notwendig und technisch-ökonomische Maßnahmen, welche die Waren schaffen, die einerseits die Menschen benötigen und mittels derer andererseits so viel finanzielle Mittel erwirtschaftet werden können, daß ein wirksamer Umweltschutz finanzierbar ist. Dieser muß auf der einen Seite Altschäden reparieren – und dazu bedarf es großer Summen und neuer Technologien – und auf der anderen Seite neue Umweltbelastungen und den Ressourcenverbrauch möglichst gering halten. Langfristig gilt es, eine Wirtschaft und Industrie zu erfinden, die weder das ökonomische noch das ökologische System ruinieren.

Sollen Probleme gelöst werden, müssen zwei Voraussetzungen erfüllt sein: Zum einen muß es faktische Lösungsmöglichkeiten geben in Form von Techniken, Geräten, Methoden, Geld, und zum andern müssen die Menschen den Willen haben, die Probleme überhaupt lösen zu wollen. Selbst also wenn es faktisch möglich wäre, all die eben aufgelisteten Probleme zu lösen, wäre noch nichts gewonnen, wenn nicht eine überwältigende Mehrheit an deren Lösung auch interessiert wäre. Nun wird wohl kaum einer daran interessiert sein, diese Probleme nicht zu lösen. Ganz anders aber sieht es aus, wenn es um die Art und Weise geht, wie die Probleme zu lösen sind und wer sie lösen soll. Nicht das „Daß“ ist umstritten, um so mehr jedoch das „Wie“ und „Wer“. Mit anderen Worten: Konflikte gibt es um die Lösungswege, weil hier die globalen Interessen mit regionalen, öffentliche mit privaten Zielen kollidieren können.

Nun haben sich alle Kulturen Institutionen der friedlichen Konfliktregelung geschaffen, nämlich Verhaltenscodices und Rechtssysteme, die in den einzelnen Staaten allerdings sehr unterschiedlich ausgeprägt sind. All diese Institutionen der friedlichen Konfliktregelung beruhen auf ihrer Anerkennung. Und ihre Anerkennung hat zur Voraussetzung, daß die obersten Prinzipien, gemäß denen diese Institutionen Recht sprechen und dadurch Alltag ermöglichen, von denen akzeptiert werden, die ihnen unterworfen sind. Die Aufkündigung des Rechtsverhältnisses ist Revolution.

Die westlichen liberalen Demokratien zeichnen sich nun dadurch aus, daß sie eine enorme Pluralisierung der Lebensformen innerhalb einer staatlichen Einheit ermöglichen. Von der Wissenschaft bis zur Esoterik, von linken bis rechten politischen Positionen, vom Christentum bis zu Psychosekten. Derart unterschiedliche Lebenswelten in einem Staat sind problemlos, wenn die Subsysteme in ihren obersten Prinzipien noch übereinstimmen. In den Vereinigten Staaten spricht man vom „Verfassungspatriotismus", was besagen will, daß die unterschiedlichsten Ethnien und Lebensformen ihre gemeinsame Basis in der Verfassung haben. In den USA gibt es Anzeichen dafür, daß dieser Konsens schwindet, daß die Pluralisierung der Lebensformen zur Auflösung gemeinsamer oberster Prinzipien des Denkens und Handelns führt. Ähnliche Entwicklungen sind auch in den anderen liberalen Demokratien erkennbar. Damit wird es schon innerhalb der traditionellen Staaten immer schwieriger, den Willen einer Nation auf ein gemeinsames Konzept zur Lösung der regionalen und globalen Probleme zu einigen. Noch schwieriger ist dies beim Versuch, transnationale Lösungsstrategien zu erarbeiten. Dem stehen nicht nur nationale Interessen entgegen, sondern auch unterschiedliche Lebensformen und ganz andere oberste Prinzipien des Denkens und Handelns.

Menschliche Gemeinschaften benötigen, wenn sie nicht auseinanderfallen wollen, gemeinsame oberste Prinzipien des Denkens und Handelns. Leben in einem Staat nun Menschen zusammen, die unterschiedliche oberste Prinzipien ihres Denkens und Handelns haben, dann ist eine friedliche Lösung von Konflikten nicht möglich, sie können nur gewaltsam ausgetragen werden. Ein Kulturkollaps produziert Gewalt. Dasselbe gilt im größeren Maßstab von Staaten. Sie können ihre unterschiedlichen Interessen nur gewaltfrei austragen, wenn sie gemeinsame oberste Denk- und Handlungsprinzipien akzeptieren. Wie schwierig es ist, solche obersten Prinzipien zu finden, zeigt der Versuch, die Menschenrechte weltweit durchzusetzen, und zeigen die vergeblichen UNO-Einsätze der jüngsten Zeit: im ehemaligen Jugoslawien, in Somalia, Ruanda. Sie scheiterten alle an den unterschiedlichen obersten Denk-und Handlungsmaximen der UNO-Mitglieder.

Die Problemlage also, in welche die heutigen Jugendlichen hineinwachsen und für die sie erzogen werden müssen, ist auf zwei Ebenen angesiedelt: zum einen das Anwachsen von demographischen, politischen, technologischen, ökonomischen und ökologischen Problemen globaler Art in der Realsphäre und zum anderen ein schwindender Konsens in der Denksphäre bezüglich der obersten Prinzipien der Konfliktbewältigung innerhalb der liberalen Demokratien und im transnationalen Bereich.

b) Deutsche Sonderprobleme

Neben diesen globalen Problemen, dem Kulturkollaps und dem transnationalen Dissens gibt es auch noch regionale Probleme. Damit sind solche gemeint, die zwar in allen liberalen Demokratien auftreten, deren Bewältigung jedoch noch, wenigstens zum Teil, in der Hand der einzelnen Staaten liegt.

Nach der Vereinigung, dem Abzug der Alliierten und dem Karlsruher Urteil zum Bundeswehreinsatz von 1994 hat Deutschland nach der ökonomischen und kulturellen auch die volle politische und militärische Souveränität erreicht: Deutschland ist nun uneingeschränkt für sich verantwortlich, so daß die eigentliche politische Bewährungsprobe erst beginnt. Die Idylle der internationalen Schutzzone BRD ist vorbei. Als souveräne politische Nation erweitern sich die Aufgaben: Der Staat ist aus dem Rahmen eines Dienstleistungsbetriebes zur Verteilung von Chancen und Gütern herausgetreten. Deutschland muß sich an die Normalität der staatlichen Souveränität gewöhnen, als ein mittlerer Staat in Europa, der durch seine Bevölkerung und wirtschaftliche Stärke und seine Geschichte in Europa und der Welt besondere Aufmerksamkeit auf sich lenkt, weil Deutschland, ob es will oder nicht, beträchtlichen Einfluß ausübt. Deshalb ist es im Interesse Europas und der ganzen Welt dringend, daß Deutschland nach der Vereinigung sein politisches Selbstverständnis artikuliert. Dann erst kann es ein berechenbarer politischer Faktor werden, anstatt weltweite Besorgnis zu erregen.

Deutschland durchlebt die Vereinigungskrise. Sie ist nicht nur ein ökonomisches Problem, vielmehr auch ein mentales, das sich sowohl auf die Innenpolitik bezieht als auch auf die Außenpolitik. Die staatliche Souveränität muß geistig verarbeitet werden. Die Bürger der alten Bundesrepublik und die Bürger der ehemaligen DDR müssen beide erkennen, daß sie nicht länger durch die Mauer geschützt sind: weder voreinander noch weltpolitisch. Die Vereinigung erzwingt eine Veränderung des Selbst- und Weltverständnisses sowohl der West- als auch der Ostdeutschen. Diese Bewußtseinsveränderung fällt in eine Zeit, in der zugleich große Realprobleme gelöst werden müssen, die ausgelöst wurden vom abnehmenden Wohlstand, dem Zusammenbruch des Ostblocks, dem Nord-Süd- und West-Ost-Gefälle, dem Zusammenwachsen Europas, der ungünstigen Alterspyramide, den ungleichen Lebensbedingungen in den alten und neuen Bundesländern. Die soziale Marktwirtschaft wird Abstriche machen: Es wird Einschränkungen geben in den Sozialleistungen inclusive der Krankheitsvorsorge und vielleicht sogar im Rentensystem. Die Rezession und die Schuldenpolitik produzieren eine neue Armut bis hin zur Obdachlosigkeit in Deutschland. Die Sozialordnung droht aus den Fugen zu geraten. Die Kriminalität hält sich auf hohem Niveau, die Verbrechen werden im Trend immer gewalttätiger, und die organisierte Kriminalität hat schon jetzt erschreckende Ausmaße angenommen. Der Drogenkonsum nimmt zu.

Neben dieser sozialen steckt Deutschland auch noch in einer ökonomischen und technologischen Krise, die sich wechselseitig bedingen und steigern. Von 1970 bis 1980 erhöhte Deutschland seine Patentanmeldungen von 9934 auf 14387 (ein Wachstum von 45 Prozent) und belegte hinter den USA und vor Japan den zweiten Rang. Ab 1980 stagnierten die Anmeldungen. Japan überholte Deutschland und lag 1990 mit 21400 Patentanmeldungen hinter den USA mit 27488 Patenten (gegenüber 14421 deutschen Patenten) an zweiter Stelle. In der Mikroelektronik erwarb Japan zwischen 1987 und 1992 12688 Patente, Deutschland 218.

Das Abrutschen der deutschen Industrie auf dem Hochtechnologiemarkt zwischen 1980 und 1989 ist eindeutig. Gemessen am Weltexport verringerte sich der Anteil in der Mikroelektronik von 8,4 Prozent auf 5,8 Prozent (dennoch belegte Deutschland gleichbleibend Platz fünf), bei den Computern von 11,5 Prozent auf 6,9 Prozent (und verschlechterte sich von Platz zwei auf Platz vier), in der Telekommunikationsausrüstung von 16,7 Prozent auf 9,5 Prozent (Verschlechterung von Platz eins auf Platz zwei), bei den Werkzeugmaschinen und der Robotik von 25,8 Prozent auf 20,8 Prozent (und fiel damit vom ersten auf den zweiten Platz), in der Medizin und Biotechnik von 16,7 Prozent auf 15,6 Prozent (hielt allerdings den ersten Platz), bei den organischen Chemikalien von 19,1 Prozent auf 17 Prozent (konnte allerdings auch hier den ersten Platz behaupten). Nur bei den wissenschaftlichen und Präzisionsgeräten steigerte sich der Anteil leicht von 18,1 Prozent auf 18,5 Prozent (so daß der Platz zwei gehalten werden konnte), und in der Luft- und Raumfahrt gibt es eine Steigerung von 9,1 Prozent auf 12,5 Prozent (und damit ein Hochklettern vom dritten auf den zweiten Platz)[44].

In den neunziger Jahren begann der Export von forschungsintensiven Gütern weiter zu sinken. Der bundesrepublikanische Forschungsminister stellt fest, daß die deutschen Unternehmen „zu wenig auf neuen, wachstumsstarken Zukunftsmärkten präsent“ sind. Wo es um die Entwicklung neuer Technologien wie Biomedizin, Software, Halbleiter, Fertigungsverfahren neuer Werkstoffe, Biotechnologie, High-Tech und High-Chem geht, spielt Deutschland nur eine untergeordnete Rolle. Große Defizite gibt es in der Umsetzung von den wenigen technischen Innovationen und ihrer serienreifen Fertigung in den Markt. So die bekannten Beispiele Videorecorder, Compact Disc, Quarzuhr, Faxtechnologie, Reaktortechnik. Die Stärke der deutschen Industrie sind immer noch die klassischen Felder des 19. Jahrhunderts.

Noch läßt sich nicht von einem ökonomischen Niedergang sprechen, doch hat Deutschland als Wirtschaftsmacht eindeutig eingebüßt, und es wird schwer werden, den technologischen Rückstand aufzuholen. Damit wird es zugleich äußerst schwierig werden, den Lebensstandard zu halten, die ökologischen Probleme anzugehen, die Probleme des Geburtenrückgangs zu bewältigen, die Probleme der Immigration zu lösen und die West-Ost-Integration, um nur ein paar zu nennen.

Die Gefahr ist gegeben, daß Deutschland in die ökonomische Abhängigkeit anderer Staaten gerät und damit zugleich politisch abhängig wird. Nun mag man erwägen, ob solche Abhängigkeit, eingedenk der deutschen Vergangenheit, nicht sogar vorteilhaft wäre. Sieht man sich indessen die Politik mancher Staaten an, zum Beispiel beim Golfkrieg, im ehemaligen Jugoslawien, in Somalia, und bedenkt man die Sozialgesetzgebung oder die Umweltbestimmungen oder die Regelungen in der Gentechnik in manchen Ländern, und erwägt man, welche Gesetze in Brüssel für die Europäische Union durchgesetzt werden und mit welcher parlamentarischen Legitimation dies geschieht, dann scheint es, gleichgültig auf welcher politischen Seite man steht, doch nicht so eindeutig erstrebenswert, sich Deutschland als politisch abhängig zu wünschen.

Da rasche Lösungen für die anstehenden sozio-ökonomischen Probleme nicht zu finden sind, wird die Politikverdrossenheit zunehmen, und politische Extremgruppen werden größeren Zulauf haben, aber auch deshalb, weil die demokratischen Parteien die Politik vereinnahmt haben und der Parteienimperialismus die Demokratie erwürgt.

Die eigentliche deutsche Krise indessen ist eine kulturelle Krise. Das Nachkriegsdeutschland hat bis auf ganz wenige Ausnahmen weder in den Wissenschaften noch in den Künsten Außerordentliches geleistet, das weltweite Bedeutung und Bestand hätte. Der belgische Germanistikprofessor Robert Leroy von der Universität Lüttich schreibt („Die Zeit" v. 23.7.1993): „(...) wir haben Deutsch gelernt in einer Zeit, da Deutschland arm war – zerstört und zerrissen, verhaßt und verwünscht (...). Bei Hölderlin und Heine, bei Kafka, Büchner und Brecht wollten wir die Faszination finden. Dazu mußten wir so rasch und vor allem so gut wie möglich Deutsch lernen." Welche Gegenwartsautoren strahlen eine vergleichbare Faszination aus? Abgedankt hat das Deutsche als Kultur- und Wissenschaftssprache. Wer heute Deutsch lernt, der will eher von der Kaufkraft der Mark profitieren. Die sinkende Zahl deutscher Patente, die wenigen Nobelpreise für deutsche Wissenschaftler, die international bescheidene Präsenz der deutschen Wissenschaft, die fehlenden deutschen wissenschaftlichen Publikationsorgane von internationalem Rang, die wenigen Übersetzungen deutscher Bücher in fremde Sprachen – der kulturelle Abstieg offenbart die Kulturkrise.

Welche deutsche Universität hat den Rang von Harvard? Heidelberg dient international allenfalls noch als Kulisse in Dracula-Filmen. Der enorme Geldaufwand bei den Inszenierungen der Oper- und Schauspielhäuser deutscher Großstädte zeigt, daß Kultur keine Sache der finanziellen Mittel ist. Gestört ist in Deutschland die kulturelle Atmosphäre. Die Gespräche auf dem Campus drehen sich mehr um Altersversorgung, Politik und Job denn um Wissenschaft und Kultur. Künstler streiten sich mit der Stadtverwaltung um die Zur-Verfügung-Stellung von Ausstellungsräumen. Die Verbandsfunktionäre deutscher Schriftsteller halten ihre Kongresse ab, um Gewerkschaftsfragen zu diskutieren und darüber, wer wohl Mitglied sein darf und wer nicht. Fragen nach der Gleichstellung von Frauen in der Kunst werden ausführlicher debattiert und erregen die Gemüter mehr als ein neues Buch. Die Zahl der Solidaritätsadressen und öffentlichen Aufrufe hat die Zahl der Veröffentlichungen eigener Werke weit überstiegen.

Der Niedergang der deutschen Wissenschaft und Kultur begann nicht erst mit der Vereinigung. Er ist älter und rührt wesentlich aus der Zeit des Dritten Reichs; der Aderlaß an hochqualifizierten Professoren aus rassistischen und ideologischen Gründen und die Ausrichtung der Schulen an körperlicher Ertüchtigung statt an Bildung. Und es ist der Bundesrepublik nach 1945 nicht gelungen, an die Zeit des ausgehenden neunzehnten und des Beginns des zwanzigsten Jahrhunderts anzuknüpfen, nicht einmal an das quantenphysikalische Forschungsniveau während der Naziherrschaft – obwohl die letzten vierzig Jahre eine Zeit des finanziellen Wachstums waren. Mit der Vereinigung wurde es nicht besser. Im internationalen Maßstab ist die wissenschaftliche Hinterlassenschaft der ehemaligen DDR irrelevant, und im engeren kulturellen Bereich sieht es nicht besser aus. Im Zuge der „Abwicklung“ wurden und werden nun alte Institute aufgelöst und neue gegründet, werden vakante Stellen an den Universitäten neu besetzt. Und da trifft es sich günstig, daß es im Westen einen großen Überhang habilitierter, arbeitsloser Wissenschaftler gibt. Konrad Schily, Präsident der Privatuniversität Witten/Herdecke, zitierte in einem „Zeit“-Gespräch („Die Zeit“ vom 17. 9. 1993) einen ungenannten Universitätsprofessor mit den Worten: „Ein Kollege (...) hat mir vor einigen Monaten in der berühmten Vier-Augen-Öffentlichkeit gesagt: Siebzig Prozent aller Hochschullehrer und auch siebzig Prozent aller Universitätsstudenten sind eigentlich Fachhochschulleute. Sie stellen nur höhere Ansprüche an den Verdienst.“

2. *Der Taumel der Moderne*[45]

Sokrates verärgerte seine Athener Mitbürger bekanntlich mit seinen penetranten Fragen nach dem Wesen von Dingen und Sachverhalten und der Bedeutung von Begriffen. Schließlich verurteilten sie ihn zum Tode mit der Begründung, daß er neue Götter eingeführt und die Jugend zu diesen neuen Göttern verführt habe. Sokrates verteidigte sich mit dem Hinweis auf das Delphische Orakel, das ihm beschieden habe, der weiseste Bürger Athens zu sein. Ihm sei er nur gefolgt, wenn er die Bürger Athens in Gespräche verwickelte, und damit sei seine Frömmigkeit hinlänglich erwiesen. In seiner Bescheidenheit nämlich habe er dem Spruch der Götter nicht glauben können, so daß er sich nur vergewissern wollte, ob der Delphische Spruch zu Recht erfolgte oder nicht. Die Bürger Athens indessen durchschauten den sophistischen Argumentationstrick: Die Bescheidenheit des Sokrates ist in Wahrheit eine Überhebung des Sokrates über die Götter, denn er maßt sich an, aus eigener Kraft heraus entscheiden zu können, ob die Götter wahr sprechen oder nicht. Und die Kraft, auf die er sich beruft, ist sein „Daimon", und dieser ist die Vernunft. Insofern hat Sokrates tatsächlich neue Götter eingeführt: An die Stelle des Mythos trat die menschliche Vernunft.

Indessen konnte der Tod des Sokrates den Aufstieg des neuen Gottes Vernunft nicht verhindern. Es begann die große Zeit der griechischen Philosophie. Noch im Hellenismus und in der mittelalterlichen Scholastik war die Kraft der Vernunft nicht gebrochen, und sie erlebte in der Aufklärung ihren bisherigen Höhepunkt.

In der Tradition des Uraufklärers Sokrates stehend, hat die europäische Moderne seit der Renaissance bis hin zur Aufklärung den Anspruch erhoben, gemäß einer Vernunft zu denken, die zeit- und kulturinvariant und in diesem Sinne „autonom" ist, so daß die Urteile, die aufgrund vernünftiger Überlegungen gefällt werden, universellen Geltungsanspruch erheben können. Von Schelling über Schopenhauer, Marx und Nietzsche bis hin zu Wittgenstein und Heidegger und Freud haben unterschiedliche Denker jedoch gezeigt, daß die Vernunft nicht so autonom ist, wie sie beansprucht: tatsächlich nämlich wurzle sie in einem Urchaos, sei Ausdruck des Willens, der ökonomischen Verhältnisse, der Sprache, des Es – mit anderen Worten: Der Geltungsanspruch vernünftiger Argumente könne nicht universell sein, weil eben die Vernunft nicht autonom sei, vielmehr ein Derivat anderer Bestimmungsgrößen. Und in der Tat: eine Vernunft, die sich absolut setzt, produziert das Grauen. Deshalb, weil sich ein Bedingtes zum Unbedingten entgrenzt und dadurch die Stellung usurpiert, die einst Gott vorbehalten war. Dieser Akt der Autonomieerklärung gilt in der Genesis als die Ursünde des Menschen. Die Vernunft muß sich selbst begrenzen. Seriöse Kritik ist immer auch und zuerst, das war Immanuel Kants aufklärerisches Programm, Selbstkritik.

Die Autonomie der Vernunft ist Illusion. Das, was als vernünftig gilt, ist abhängig von der gelebten Praxis derer, die behaupten, vernünftig zu sein. Und so ist es für die CDU vernünftig, den „großen Lauschangriff" zu gestatten, was jedoch der Vernunft der F.D.P. widerstreitet. Mit anderen Worten: Die Gegenwart ist auseinandergefallen in eine Unzahl an Subsystemen eigener Vernünftigkeit, die isoliert nebeneinander stehen. Jedes System gehorcht nur seinen eigenen Regeln, jedes System spricht nur seine eigene Sprache. Und – nun kommt das Entscheidende: Die Spielregeln und Sprachspiele der Einzelsysteme sind nicht übertragbar. In den Bestsellertiteln wird dieses Phänomen so ausgedrückt: „Du kannst mich einfach nicht verstehen!" Etwas abstrakter formuliert heißt das: Es gibt keinen Metadiskurs mehr, kraft dessen sich die Einzeldiskurse noch vereinheitlichen ließen: die Wirklichkeit gibt es nicht mehr – es gibt nur noch die unterschiedlichsten Wirklichkeiten, und diese sind – in der Computersprache ausgedrückt – inkompatibel. Dieser Tatbestand kennzeichnet das große intellektuelle Defizit unserer Zeit, bedingt den Subjektivierungsprozeß der Moderne und macht die systemische oder strukturelle Dummheit der Gegenwart aus: Es gibt kein globales Erklärungsmodell mehr des Seins, und keine globalen obersten Prinzipien des Denkens und Handelns. Deshalb kann die Gegenwart, es sei denn um den Preis des Dogmatismus und der subjektiven Beliebigkeit, gar nichts mehr erklären und müßte eigentlich alles hinnehmen, selbst die Greuel auf dem Balkan. Alles könnte auch ganz anders sein – und es fiele nicht einmal auf.

Nach dem Fall der Götter und dem Tod Gottes maßte sich die autonome Vernunft an, die Welt aus eigener Kraft verstehen und gemäß vernünftiger Prinzipien gestalten zu können. Der europäische Mensch wollte es besser machen als Gott. Die zweite Schöpfungsgeschichte begann. Heute wissen wir, daß dieses Projekt der Moderne gescheitert ist. Der Mensch hat es nicht besser gemacht als Gott. Die Vernunft hat uns auf der einen Seite in einen Strudel des Fortschritts gerissen, uns aber auf der anderen Seite genau die Probleme beschert, die uns heute bedrängen.

Der Grund für das Vernunftdebakel ist nicht die diagnostizierte „Dialektik der Aufklärung". Max Horkheimer und Theodor W.

Adorno und mit ihnen die gesamte „Kritische Theorie“ verkannten die Selbstbewegung der autonomen Vernunft und verkannten die selbstzerstörerische Wirkung einer universalisierten Kritik. Es gibt keine „helfende Hand bestimmter Negation“, Kritik rettet nicht.

Die Kritik ist der Motor der Moderne. In ihr liegt der Grund der Ambivalenz der aufklärerischen Vernunft beschlossen. Kritische Aufklärung nämlich ist total oder gar nicht. Sie kann nicht an einem beliebigen Punkt abgebrochen werden. Aufklärerische Kritik kann sich nicht selbst begrenzen. Deshalb kann sich die Aufklärung nicht über sich selbst aufklären: sie ist der Strudel, in den sie selbst versinkt. So bleibt die Aufklärung unaufgeklärt; sie kann nur untergehen.

Die autonome Vernunft der Aufklärung akzeptiert nur, was ihrer Kritik standhält. So kritisierte sie den Machtanspruch des Adels hinweg und den Wahrheitsanspruch des Klerus. Schließlich blieb sie allein übrig. So mußte aus der Logik der aufklärerischen Vernunft heraus der Zeitpunkt kommen, an dem sie sich zum eigenen Objekt machte, an dem sie sich selbst kritisierte. In einem reflexiven Akt kehrte sie sich gegen sich selbst. Kritik und Selbstkritik. Dies ist der Abgrund des Strudels, aus dem sie sich nicht befreien kann.

Immanuel Kant verwandte für diesen Zustand der selbstkritischen Vernunft die Metapher des Gerichtshofes. Das Besondere dieses Gerichtshofes ist, daß die Vernunft zugleich Angeklagte, Klägerin und Richterin ist. Ein solcher Prozeß indessen läßt sich nicht führen, er platzt. Heute leben wir in der Situation nach dem geplatzten Prozeß der Selbstanklage der Vernunft.

Die Dreifaltigkeit der aufklärerischen Vernunft, Autonomie, Kritik und Reflexivität, hat sie in den Selbstmord getrieben.

Spektakulär brach der Ostblock zusammen. Als Gestalt der Aufklärung ist sein politischer Zerfall das Resultat der sich selbst verzehrenden autonomen Vernunft. Da aber auch der Westen eine Gestalt der autonomen Vernunft ist, ist er ebenso vom Verfall bedroht. Der westliche Kulturkollaps vollzieht sich indessen anders als im Osten. Er äußert sich einerseits in einer grundsätzlichen Beliebigkeit des Denkens und Handelns, in dem, was man „Pluralismus“ nennt, andererseits wird er aber nicht so intensiv empfunden, weil er kompensiert wird mit Irrationalismen – vom Konsumrausch und der Freizeitwelt bis hin zum Okkultismus – und im Fundamentalismus – von religiösen Sektenbewegungen bis zum politischen Extremismus.

Die Vernunft hat sich selbst hinwegkritisiert, und mit ihr hat sich die Moderne den Boden unter den eigenen Füßen weggezogen. Die Moderne hat keinen Grund mehr, vielmehr steht sie vor einem

Abgrund, in den sie zu stürzen droht: Dies ist der Taumel der Moderne.

Mit dem Zusammenbruch der autonomen Vernunft aber gerät die ganze Welt ins Wanken, denn die aufklärerische Vernunft ist der erfolgreichste Exportartikel aller Zeiten.

Nicht aber die Welt geht unter, vielmehr erleben wir das Ende der Epoche der Aufklärung. Damit sind wir heute in eine ähnliche Situation geraten wie die Antike nach dem Zusammenbruch des Mythos und dem Ende der großen Systeme Platons und Aristoteles', die den Mythos – seinen Verlust, den wir Sokrates danken, kompensierend – beerbten. Wir richten uns einen neuen Hellenismus ein. Die Moderne geht über in die Spätmoderne und die entpuppt sich als Neohellenismus.

In dieser Welt werden die heutigen Jugendlichen leben müssen: In einer Welt, die keine globalen obersten Legitimationsinstanzen hat und ihre Normen und ihr Tun und ihr Denken allenfalls noch regional und pragmatisch-dezisionistisch rechtfertigen kann. In einer Welt, die sich selbst nicht begründen kann, die sich weder verstehen noch interpretieren kann.

Die neuzeitliche autonome Vernunft steht zur Disposition. Neue Rechtfertigungsinstanzen des Denkens und Handelns werden versucht durchzusetzen: von der Natur über die Frau bis hin zu Kommunikation, Fundamentalismus und Esoterik[46]. Jedenfalls gibt es in der westlichen Welt kein von allen gleichermaßen akzeptiertes oberstes Rechtfertigungsprinzip mehr des Denkens und Handelns. Dieser Wertepluralismus erschwert die Lösung der anstehenden Probleme ungemein, verunmöglicht sie sogar zum Teil. Wenn dann noch Probleme anstehen, die globaler Art sind – und das sind fast alle entscheidenden Probleme heute -, dann verschärft sich die Situation: Der westliche Wertepluralismus trifft auf Glaubensgewißheiten anderer Kulturen und so werden, selbst wenn es möglich wäre, technisch-organisatorische Lösungen zu finden und zu finanzieren, diese Lösungen nicht realisiert, solange es nicht gelingt, den mentalen Konsens herzustellen, aufgrund dessen die technisch-organisatorischen Lösungsvorschläge akzeptabel sind. Und dies ist außerordentlich schwierig, wenn nicht zum Scheitern verurteilt, sofern die unterschiedlichen obersten Prinzipien des Denkens und Handelns derer konfligieren, welche die Lösungsmöglichkeiten in Praxis umsetzen müßten.

3. *Legitimationsprobleme im Neohellenismus*

Was tun in den Zeiten der zusammenbrechenden Vernunft, also heute? Woher können die obersten Prinzipien des Denkens und Handelns in der sich auflösenden Aufklärungskultur genommen werden?

Für eine religiöse Kultur gibt der Gott die transsubjektiven Maßstäbe vor, denn der Gott ist das Absolute, das vom Bedingten Losgelöste, das Un-Bedingte, ist die dem Menschen unverfügbare Instanz jenseits der menschlichen Subjektivität und somit Garant für menschliche Gerechtigkeit. Indessen gibt das christliche Programm der Spätmoderne keine konsensfähige Basis mehr des Denkens, Fühlens und Handelns. Im Weltmaßstab gesehen ist das Christentum ein auslaufendes Modell der Erklärung der Welt und der Rechtfertigung des Handelns. Was dem einzelnen noch gelingen mag, trägt gesamtgesellschaftlich nicht mehr und schon gar nicht global. Fundamentalistische Programme anderer Provenienz sind nun zwar weltweit auf dem Vormarsch, doch kann es ihnen nur gewaltsam gelingen, zur Basis des Denkens und Handelns im spätmodernen Europa zu werden. Die Spätmoderne muß sich einrichten in einer Welt ohne Transzendenz.

Eine Kultur, die sich von keinem Jenseits getragen weiß und ihre obersten Prinzipien des Denkens und Handelns verloren hat, bedarf eines Ersatzes für das Absolute, will sie nicht in die Zufälligkeit von Interessen und Macht geraten, will sie ihre Geltungs- und Gültigkeitsansprüche noch rechtfertigen und sich selbst begründen. Die von Gott verlassene Welt bedarf des säkularen Ersatzes. Doch den kann es nicht geben, weil die Welt bedingt ist und aus dem Bedingten sich kein Unbedingtes ergeben kann. Die Welt ohne Jenseits und ohne Absolutes ist eine Welt ohne Verheißung. Der Fernsehapparat gibt keinen Trost, das Finanzamt kennt keine Gnade, und der Rausch am Ballermann 8 in Arenal auf Mallorca heilt weder die Wunden des Lebens, noch erlöst er vom Übel der Welt.

Im lebensweltlichen Alltag der Schwundstufe der Aufklärung vermehren sich die Subsysteme, ohne daß es bislang einem gelungen wäre, sein Prinzip universell zu machen. Die Prinzipien aller Subsysteme blieben bislang regional. In dieser Situation haben Niklas Luhmann und Jürgen Habermas über mögliche Modelle der Konsensbildung nachgedacht.

Im Zustand der ungegründeten Kultur des Neohellenismus leben die Subsysteme unverstanden nebeneinander. In der Luhmannschen Terminologie ist die moderne Gesellschaft ein Verbund von selbstbezüglichen („reflexiven“) und sich selbst reproduzierenden („autopoietischen“) Subsystemen, die ihre eigene Umwelt konstituieren, indem sie deren Komplexität reduzieren. Die systemischen Regeln sind Komplexitätsreduzierungsmechanismen von selbstbezüglichen Systemen in der Absicht der Selbststabilisierung. Die Einzelsysteme nehmen die Außenwelt nur aus ihrer Perspektive wahr und behandeln sie entsprechend gleichgültig: So sieht die Justiz die Umwelt aus der Perspektive des Rechts, die Ökonomie aus der Perspektive der Wirtschaft etc.

Luhmann beschreibt nun, im Gegensatz zu Habermas, die soziale Welt nur noch gemäß den eigenen Kategorien solcher Systeme, in dem nicht länger die Individuen agieren, vielmehr agiert das System als Ganzes, und die Individuen sind ihm unterworfen. Wie Ameisenhaufen legitimationsfrei existieren, so auch soziale Systeme. In der selbstbezüglichen Interesselosigkeit am anderen bedarf es deshalb auch gar keiner „Brücken der Verständigung“[47] zwischen den Systemen und den Individuen mehr. Das Habermassche Problem, wie die Reflexivität der Subsysteme überwunden werden kann, nämlich kraft Verständigung einer „deliberativen Politik“, stellt sich genausowenig wie die Legitimationsfrage. Die Frage nach der Gültigkeit ist umstandslos ersetzt durch die faktische Geltung. Es sei denn, die selbstbezügliche Reduktion der Komplexität durch ein autopoietisches System wird gestört. Dann beugt sich das Subsystem der liberalen Demokratie dem Recht oder gegebenenfalls der Gewalt. Und diese ist nötig, sofern der politische Zerfall einer Kultur, die in solche Subsysteme aufgelöst ist, aufgehalten werden soll.

Mit der Etablierung der Vernunft hat sich die inhaltliche Gebundenheit der obersten Legitimationsinstanz, wie sie in archaisch-mythisch-religiösen Kulturen vorhanden war, aufgelöst. Für Hobbes schon wird die Grundlage der Moderne ein Verfahren, nämlich der „Gesellschaftsvertrag“. An die Stelle also der transsubjektiven, inhaltlichen Instanz tritt ein transsubjektives, formales Verfahren. Die Rechtmäßigkeit des Verfahrens garantiert die Gültigkeit des Ergebnisses. Auf diese Denkfigur greifen sowohl Niklas Luhmann als auch Jürgen Habermas zurück.

Weder für Luhmann noch für Habermas ist es länger nötig, in der Spätmoderne oberste Prinzipien des Denkens und Handelns zu etablieren. Letztlich plädieren beide dafür, die Prinzipienfragen zugunsten von Verfahrensfragen aufzugeben. Während für Luhmann jedoch eine Unzahl an Verfahren im Sinne von systemischen Regeln denkbar ist, beharrt Habermas auf einem einzigen, nämlich dem Diskurs[48]. Das besagt: Eine Kulturgemeinschaft akzeptiert Geltungs- und Gültigkeitsansprüche nicht deshalb, weil sie mit einem obersten Prinzip vereinbar sind, vielmehr nur dann, wenn sie das Ergebnis eines von allen akzeptierten Verfahrens sind, wie etwa eine Wahl oder ein Diskurs.

Während Luhman „jenseits von Gut und Böse" nur die funktionalen Regeln und Mechanismen der Selbststabilisierung sozialer Systeme beschreibt, will Habermas die Moderne in einem Moralprinzip gründen, und da dies im Neohellenismus nicht als Setzung möglich ist, erklärt er den Diskurs zur moralischen Instanz: der herrschaftsfreie Dialog aller Betroffenen. Die Diskursmoral besagt, daß die Handlungsnormen gültig sind, „denen alle möglicherweise Betroffenen als Teilnehmer an rationalen Diskursen zustimmen könnten"[49]. Das heißt: Eigentlich sollten all diejenigen, welche in einer Handlungsgemeinschaft leben, sich gemeinsam darüber verständigen, gemäß welchen obersten Prinzipien sie zusammenleben wollen. Dies ist jedoch weder quantitativ noch zeitlich möglich. Der Diskurs muß aus praktischen Erwägungen von der zur Verfügung stehenden Zeit und von der Teilnehmerzahl her begrenzt werden. Damit scheint die Diskurstheorie gescheitert zu sein. Aber, fügt Habermas an, die zeitliche und quantitative Begrenzung in pragmatischer Hinsicht ist systematisch gesehen unschädlich. Der Diskurs nämlich soll „rational" erfolgen. Und dies besagt, daß jeder Diskursteilnehmer, da er in einem rationalen Diskurs von sich als Individuum mit seinen Interessen absieht, genau zum selben Resultat kommen muß wie jeder beliebige andere Diskursteilnehmer auch: Garantiert werden muß nur, daß der Diskurs weder unter Zeitdruck noch unter Interessensdruck steht und in diesem Sinne „herrschaftsfrei" vonstatten geht. Deshalb ist es gar nicht nötig, daß sich tatsächlich alle Betroffenen am Diskurs beteiligen. Es genügt, wenn einige wenige stellvertretend für alle gemäß der vorausgesetzten generellen Vernunft im Diskurs zum Konsens gelangen.

Damit aber formuliert Habermas einen klassischen Zirkel. Erst nämlich löst er die autonome Vernunft auf in Kommunikation, und dann bindet er Kommunikation zurück an die Vernunft, nun allerdings unter dem Stichwort „Kommunikative Vernunft".

Bei Habermas wird die Vernunft „vollständig prozeduralisiert"[50], und das heißt, ihrer tradierten Substanz entkleidet. Damit aber löst sie sich tatsächlich auf in ein Verfahren wie bei Luhmann, mit dem

Unterschied, daß Habermas für seine kommunikative Vernunft noch Moralität reklamiert, die Luhmann suspendiert hat. Und die Moral, an der Habermas festhält, beruht „auf der Grundlage anarchisch entfesselter kommunikativer Freiheiten (...). Im Taumel dieser Freiheit gibt es keine Fixpunkte mehr außer dem des demokratischen Verfahrens selber (...)“[51]. Die Vernunft springt in den Zirkel des kommunikativen Diskurses. In ihm fallen Verfahren und Gültigkeit zusammen. Das zeigt: Die Wahrheit Habermas' ist Luhmann, über die sich Habermas hinwegtäuscht, indem er das Verfahren, das bei Luhmann nur funktional ist, moralisiert. Tatsächlich ist die kommunikative Vernunft als die entfesselte die absolute, das heißt, die von der Tradition entbundene. Ihre Gültigkeit ist in ihrer Rationalität gegründet, also in sich selbst. Die Vernunft ist ihre eigene Rechtfertigungsinstanz. Der „zwanglose Zwang des besseren Argumentes“ garantiert nicht, wie Habermas hofft, für die Humanität der Gültigkeitsansprüche[52]. Weder das „Diskursprinzip“ noch das „Demokratieprinzip“ verhindern den Mißbrauch der Vernunft.

Habermas versucht zwar, dem Fehler der aufklärerischen Vernunft zu entkommen, nämlich sich absolut zum Maßstab aller Geltungs- und Gültigkeitsansprüche zu setzen, indem er Vernunft rückkoppelt an die kommunizierenden Subjekte. Doch da die Kommunikation, also das Verfahren der Verständigung über Geltungs- und Gültigkeitsansprüche, zugleich zum Kriterium der Geltung und Gültigkeit gemacht wird, ist mit dem Verfahren die Vernunft ineins verabsolutiert, nämlich als rationaler Diskurs. Damit ist Habermas so weit wie Luhmann, der die Wahrheit unretuschiert formuliert. Luhmann ist sozusagen der offenbare Habermas. Die kommunikative Vernunft ist nicht rückgebunden an Aufklärung und Humanität, deren Produkt sie ist, diese aber emanzipativ verlassen hat.

Also auch Habermas geht von einer zirkulären autonomen Vernunft aus, die zeit- und kulturinvariant ist und jedem Menschen gleichermaßen eignet. Diese Autonomie und Universalität indessen ist erschlichen. Die autonome Vernunft ist eine europäische Erfindung der Griechen und hat ihre heute noch gültige Ausprägung in der Aufklärung gefunden. Wer die Vernunft haben will, der kann sie nicht aus ihrer Tradition lösen. Das aber heißt, sie kann nicht, ohne mit sich selbst in Widerspruch zu geraten, sich zum Richter über diese Tradition aufwerfen. Tut sie es dennoch, dann gerät sie in die Zirkularität der sich selbst kritisierenden Vernunft. Wer die autonome Vernunft will, der muß ihre „Autonomie“ um Humanismus und Aufklärung einschränken. Die neuzeitliche Vernunft ist ein Moment der europäischen Tradition und ohne diese nicht zu haben. Deshalb scheitert der Versuch Habermas', eine aus der Tradition gelöste kommunikative Vernunft – sozusagen eine Vernunft im Nullkontext – zum Moralprinzip einer postkonventionalistischen Kultur zu erheben. Der Diskurs rettet nicht aus dem Zirkel der Selbstbezüglichkeit. Insofern ist Luhmann konsequent: Er beteiligt sich nicht mehr am erkenntnistheoretischen Begründungsproblem und nicht mehr an der moralischen Fundierung der Moderne, sondern begnügt sich mit der funktionalistischen Beschreibung des „Status quo".

Luhmann also interpretiert menschliche Gemeinschaften als Systeme, so daß die Unterschiede zwischen sozialen und anderen, unbelebten und belebten, zwischen menschlichen und tierischen Systemen verschwinden: Die Struktur aller Systeme, behauptet er, sei gleich; sie zeichne sich wesentlich aus durch Systemstabilisierung und Komplexitätsreduzierung gemäß Algorithmen: Menschliche Gemeinschaften funktionieren strukturell wie alle Systeme auch. Demgegenüber machte Habermas geltend, daß menschliche Gemeinschaften wegen der Bewußtheit, der Denk- und Sprachfähigkeit des Menschen und den damit einhergehenden Denk- und Handlungstraditionen sich anders stabilisieren als nicht-menschliche Systeme. Der entscheidende Algorithmus menschlicher Systeme sei das sprachliche, kommunikative Handeln: kraft dessen wird die Sozialintegration der Individuen in die Gemeinschaft, also die Systemstabilisierung, geleistet, indem nämlich Identität herausgebildet wird. Identitätsbildung ist der entscheidende Akt der Sozialintegration, der in der Luhmannschen Diktion der Algorithmus ist, der durch Komplexitätsreduzierung systemstabilisierend wirkt. Die kommunikative Leistung der Sprache zeigt sich bei Habermas strukturell identisch mit dem Luhmannschen Algorithmus sozialer Systeme. Dieser ist ein inhaltlich nicht näher bestimmtes Verfahren, nämlich der kommunikative (Sprech-) Akt. Dieser unterscheidet sich strukturell nicht von irgend einem beliebigen anderen Algorithmus zur Systemstabilisierung. Genau deshalb verspielt Habermas seine Einsicht des qualitativ anderen Stabilisierungsaktes sozialer Systeme im Vergleich zu anderen: beide sind inhaltlich nicht bestimmte Verfahren.

Festzuhalten ist jedoch am Unterschied zwischen Systemstabilisierung kraft formaler Verfahren und Systemstabilisierung kraft Identitätsbildung. Diese nämlich bedarf der Geschichte, der Tradition. Deshalb bedürfen identitätsbildende Systeme eines Selbst- und Weltverständnisses, das sich in der Auseinandersetzung mit der Tradition konstituiert. Die in und kraft Tradition gebildete Identität, die soziale Systeme stabilisiert, ermöglicht ihren Mitgliedern die soziale Integration.

Dies gilt auch noch für posttraditionale Gesellschaften, nur daß in diesen die Identität nicht im Sinne von Identifizierung übernommen wird, vielmehr eine Leistung jedes einzelnen Mitglieds einer Gesellschaft in der Auseinandersetzung mit der Tradition ist. Das Material also der Identität ist die Tradition, das Medium der Aneigung und Auseinandersetzung die Vernunft.

Auch der spätmoderne Neohellenismus entkommt der Vernunft nicht. Die autonome Vernunft der Aufklärung stürzt zwar gerade und löst sich dabei in unterschiedliche Vernünfte auf, doch nach wie vor ist sie nominell die oberste Instanz und das oberste Prinzip europäischer Welterklärung, europäischen Denkens und Handelns; jeder muß sich zur öffentlichen Rechtfertigung auf sie berufen, aber jeder versteht etwas anderes darunter. Doch so lange noch keine neue oberste Instanz zur Verfügung steht, bleibt nichts anderes, als sich im Provisorium zurechtzufinden. Soll der lebensweltliche Alltag nicht völlig aus den Fugen geraten, muß die fallende Vernunft noch gestärkt werden. Und da, wie gezeigt, auch die autonome Vernunft der Aufklärung tatsächlich eine historische Ausformung der Vernunft ist, muß, wer die autonome Vernunft stärken möchte, die aufklärerische Tradition Europas stärken. In den Zeiten des Umbruchs und der neuen Unübersichtlichkeit stabilisiert pragmatisch einzig das Bewährte. Je orientierungsloser die Gegenwart ist, je rascher sie sich wandelt, darauf hat wiederholt Hermann Lübbe verwiesen, als desto stabilisierender erweist sich das Klassische[53]. Je höher die Innovationsrate, desto überschäumender die Rezeption der Klassik, wie leicht am Erfolg der diversen Ausstellungen von Tut-ench-Amun bis zu den Staufern zu sehen ist. Klassik ist dabei kein Epochenbegriff, vielmehr ein systematischer. Klassik ist, temporär, das, was sich dem Veralten entzieht. Klassik ist innovationsresistent. Klassik ist, was den Fortschritt aushält. Die Klassik zeigt ihre Stärke in der Krise. Die Tradition hat Konjunktur, wenn sie abbricht.

Pädagogisch gesehen führt das zur Renaissance der Bildungstheorie. Zur Renaissance, nicht zur Konservierung. Zu stärken ist die europäische Kultur, damit die Probleme der Gegenwart wenn schon nicht gelöst, dann doch wenigstens ausgehalten werden können, ohne in Panik zu geraten oder ins Biedermeier.

V. WAS ZU TUN IST: BILDUNG FÜR MORGEN

1. Bildungsrenaissance

a) Identität und Geschichte

Die ökonomische und kulturelle Krise Deutschlands geht einher mit der neu erwachten Identitätskrise der Deutschen. Und nun ist es nicht zu verwundern, daß die Deutschen nach den Erfahrungen des Dritten Reichs und der DDR sehr sorgsam über ihr Selbstverständnis nachdenken. Und daß nach der Vereinigung noch intensiver darüber nachgedacht wird, ist eine historische und politische Notwendigkeit. Deshalb ist es um so verblüffender, daß eine öffentliche Debatte genau darüber bis auf wenige Ausnahmen ausgeblieben ist. Selbst (oder gerade?) die Intellektuellen zeigen sich in dieser Frage erstaunlich konfliktscheu. Auch sechs Jahre nach der „Wende“ traut sich kaum ein Feuilleton an diese Frage heran.

Indessen muß man die Frage schon stellen: Was denn hält die Bundesrepublik zusammen? Das Nationale, das Ethnische, die Verfassung, die Kultur?

Diese „deutsche“ Frage stellt sich im Horizont der Krise der Moderne, nämlich in ihrer Verfallsform der neohellenistischen Spätmoderne. Insofern ist die „deutsche Krise“ eine spezifische Konkretion einer allgemeinen Krise des Abendlandes. Sie ist wesentlich dadurch gekennzeichnet, daß die in der Aufklärung entwickelten und bis heute mit leichten Modifikationen geltenden obersten Prinzipien des Denkens und Handelns ihre Allgemeingültigkeit verlieren.

Dies ist die eigentliche Krise der Spätmoderne. Um sie zu überwinden, bedarf es eines Maßstabes, der der Zufälligkeit der Tages-, Partei- und Verbandspolitik nicht unterliegt, der die Kontingenz des Seins übersteigt. Woher kann ein solcher Maßstab kommen? Er darf nicht im Verdacht stehen, nur das subjektive Interesse derer zu befördern, die ihn propagieren. Dazu muß er übersubjektiv sein. Denn Verbindlichkeit, das heißt ausnahmslose Geltung von Aussagen und Forderungen, ist nur gewährleistet durch die Ausschaltung des Zufalls, der Macht und des Interesses – also der Bedingungen – dergestalt, daß die Geltungs- und Gültigkeitsansprüche zurückgeführt werden auf unbedingte Prinzipien.

Durch das eigene Gewicht nicht mehr gehalten, wird die europäische Kultur vom Wind verblasen. „Bedenk der Seele tausenderlei Straucheln; nicht nämlich haben aufrechte Charaktere so, wie sie in der Jugend zu Hoffnung auf ihre Person Anlaß gegeben hatten, sie auch bis ins Alter hinübergebracht, sondern verwandelt haben sie sich meist: entweder ist späte und desto häßlichere Genußsucht eingedrungen und hat begonnen, zu verunstalten ansehnliche Anfänge, oder der Garküchen und dem Bauch sind sie verfallen ganz und gar, und Inbegriff ihrer Sorgen ist geworden, was sie äßen, was sie tränken." (Seneca: Ad Marciam de consolatione, XXII, 2). Trotz Jugendarbeitslosigkeit sind heute das „outfit" und das „hair-styling", der neueste Schlager, die Automarke und der Urlaubsort die Hauptsorgen der meisten Jugendlichen. Die Fragen nach Vollwertkost und der politisch korrekten Sprache, selbst die Frage, ob Männer ihr Wasser sitzend oder stehend abschlagen sollen, sind zu metaphysischen Grundfragen aufgebläht.

Die Spätmoderne muß jedoch lernen, ohne oberste Prinzipien des Denkens und Handelns auszukommen, und das heißt ohne Letztbegründung. Der neohellenistische Bürger muß sich dazu bequemen, ohne das Absolute zu leben, ohne deshalb in die Barbarei zu verfallen. Europa muß lernen, in einer sakral und säkular entgotteten Welt zu leben. Dies war Friedrich Nietzsches Programm des Übermenschen vor nun einhundert Jahren. Europa muß von absoluten Lösungen Abstand nehmen – sowohl von der christlichen als auch der philosophischen Lösung – ohne in Beliebigkeit und Unverbindlichkeit zu verfallen.

Genau dies macht die gegenwärtige Identitätsnot aus. Sie entspringt dem Umstand, daß unsere Kultur sich weiterentwickelt hat, als Habermas diskutiert. Sie befindet sich im Übergang von einer traditions- und vernunftgesteuerten zu einer posttraditionalen und postvernunftgesteuerten. Und genau dies zweite Moment läßt Habermas außer acht. Das Selbstverständnis des europäisch-neuzeitlich geprägten Individuums bedarf der geschichtlichen Einbindung seiner selbst in die Vergangenheit. Genau dies aber ist von der Aufklärung unterbunden worden. Und noch gelingt es dem europäisch-neuzeitlich geprägten Menschen nicht, sich ohne geschichtlichen Hintergrund zu begreifen. Die Identitätsnot der Gegenwart ist also die des Menschen in einer Übergangszeit. Sie ist gekennzeichnet als eine Krise des Selbstverständnisses, genauer: als Abbruch der Kontinuität des Selbstbewußtseins. Der europäisch-neuzeitlich geprägte Mensch befindet sich, bildlich gesprochen, im Zustand des Erwachens und versucht vergeblich, seinen Traum zu rekonstruieren. Ergebnis ist ein äußerst beunruhigendes Gefühl, das durch gesteigerten Aktivismus oder Übertünchung durch die Unterhaltungsindustrie überwunden werden soll. Dem Subjekt der Spätmoderne ist gleichsam der Hippokampus wegoperiert worden, wodurch er seine Erinnerungsfähigkeit verlor; doch das Bedürfnis, sich zu erinnern, ist geblieben.

Identitätsnot besagt also, daß es dem Ich nicht mehr gelingt, sein eigenes gegenwärtiges und vergangenes Vorstellen, Denken und Handeln, geschweige denn das Sein und die Geschichte, als kontinuierlich zu begreifen, und daß es dem Ich nicht gelingt, die es umgebende Wirklichkeit als Produkt des eigenen Vorstellens, Denkens und Handelns zu begreifen. Damit zerfällt das Ich in unzusammenhängende Einzelaktionen, die allenfalls noch punktuell und im engsten Kreis in einen erkennbaren Wirkzusammenhang mit der Wirklichkeit gebracht werden können.

Da der Mensch ein historisches Wesen ist, bedarf seine Identität aber der Geschichte. Da der Mensch aus seiner Geschichte weder herausfallen noch sie ablegen kann, muß er sie zur Kenntnis nehmen, muß er sie sich aneignen, um sich in ihr verorten zu können.

Ich schlage vor, auf die europäische Tradition als Ersatz des Unbedingten zurückzugreifen: auf die kulturelle Substanz der Vergangenheit; die Geschichte also verstanden als der säkularisierte Gott. Der Gott, das ist dann die res gestae, und die Auslegung der Heiligen Schrift ist dann die historia rerum gestarum. Die Geschichte als die vielen vergangenen Geschichten ist das Unverfügbare wie der Gott. Indessen ist die Bibel auslegbar und desgleichen die Geschichte. In die Verfügbarkeit des Menschen ist die Interpretation gestellt, nicht die zu interpretierende Sache.

Für die Identitätsbildung entscheidend ist die Auslegung der Geschichte, und diese firmiert unter dem Titel „Geistesgeschichte" oder „Kulturgeschichte". Die Kultur wird damit das Kompensat des verlorenen Absoluten in dem Sinn, daß sie das Korrektiv beliebiger Subjektivismen bildet und dadurch die Chance eines menschlichen Menschen bietet. Deshalb nämlich, weil derjenige, der um die kulturelle Tradition Europas weiß, sich mit ihr auseinandergesetzt hat, die Kontingenz des Seins überwindet, nicht in seine Subjektivität einwurzelt, sondern sich ständig ins Transsubjektive der Kultur überschreitet, so daß er Abstand gewinnt: zu sich und der Gegenwart. Wie human wäre unser Leben, wenn wir unseren Geschmack vor den Werken eines Bach, unser Denken vor den Schriften Kants, unser Handeln vor dem Leben Albert Schweitzers verantworteten!

Es gibt eine Chance, in der transzendenten und transzendentalen Obdachlosigkeit human zu leben, wenn nämlich die Substanz der europäischen Kultur genutzt wird. Kultur ist angewiesen auf Tradition. Sie wächst in Jahrhunderten, bleibt aber nur lebendig, wenn sie, pleonastisch formuliert, gepflegt wird.

Martin Heidegger hat die hermeneutische Grundsituation des Menschen entdeckt: Verstehen ist eine anthropologische Grundkonstante des Menschen, die ihn einbindet in den hermeneutischen Zirkel von Vorverständnis und aktuellem Verständnis. Vor allem aktuellen Verstehen ist der Verstehenshorizont immer schon aus der erfahrenen Tradition aufgebaut und kann nicht überwunden werden und umgekehrt erfolgt jedes Verstehen der Tradition aus dem Erfahrungshorizont der Gegenwart. Hans-Georg Gadamer spricht vom Verstehen als einem Akt der „Horizontverschmelzung". Damit ist die Tradition der unhintergehbare Grund des Verstehens, dem selbst die Vernunft nicht entkommt. Die Gründung der Vernunft und des menschlichen Seins insgesamt in der Tradition ist gegeben durch die Unmöglichkeit, der Tradition, in der man steht, zu entkommen. Die Geltung der Tradition beruht also nicht auf ihrer moralischen oder erkenntnistheoretischen Gültigkeit, vielmehr, so muß tautologisch formuliert werden, einzig auf ihrer Faktizität. Da keiner die Tradition ablegen kann, muß, wer ihr nicht blind erliegen will, sie kennen und sich mit ihr auseinandersetzen. Der bedeutendste Einfluß auf die Reaktion der Menschen auf die gegenwärtigen Probleme, urteilt Paul Kennedy, liege „auf dem Gebiet der sozialen Haltung, des religiösen Glaubens und der Kultur.[54]"

Jeder Staat bedarf, um überleben zu können, der grundsätzlichen Übereinstimmung der Bürger mit ihm, und das heißt für die Demokratie: die Übereinstimmung der Bürger mit sich selbst. Nur dann, wenn sich die Bürger im Staat „anschauen" können, sich in ihm wiederfinden, zeigt er sich als legitim. Das Empfinden der Legitimität des Gemeinwesens muß dazu ergänzt werden durch die kulturelle Identität.

Was aber heißt „Identität"?

Die Konstanz des „Ich" beginnt mit der Warmblütigkeit. Die Möglichkeit des ersten, mausähnlichen Nagers, seine Körpertemperatur (im Gegensatz zu den Wechselblütern) unabhängig von der Außentemperatur konstant zu halten, eröffnete eine Kontinuitätserfahrung gegen wechselnde Außenzustände. So läßt sich sagen: Das Ich konstituiert sich gleichursprünglich als anderes von anderem. Strukturell gefaßt heißt das: Ich-Identität ist nicht die einfache Sich-Selbst-Gleichheit. Vielmehr ist das Ich genau das, was es als sein Wissen (um sich und anderes) konstituiert. Der reflexive Selbstbezug des Sich-Wissens fällt zusammen mit dem intentionalen Fremdbezug des Wissens um anderes. Bewußtsein ist immer auch Selbstbewußtsein und umgekehrt. Subjekt und Objekt konstituieren sich ineins als symmetrische Äquivalenzrelation: Das Ich differenziert sich in genau dem Maße aus, in dem es Wissen um anderes hat. Mit jedem Wissen um anderes generiert das Ich zugleich, wird komplexer.

Das Wissen um anderes und um sich selbst muß wenigstens in Teilen erinnert werden, soll Kontinuität aufgebaut werden, eine Kontinuität jedoch, die nicht an einem Punkt anhält und einfriert, sondern die stete Doppelung darstellt von Kontinuität und Diskontinuität. Um diesen Sachverhalt auszudrücken, sprach man von der „Genidentität". Das bedeutet: Identität bedarf der gewußten Geschichte, und die Konstituierung der generativen Identität des Menschen gelingt nur in steter retrospektiver Selbstvergewisserung, sie ist erinnernde Rekonstruktion.

Identität ist also nicht die Identifizierung des Subjekts mit angebotenen Geschichten oder Institutionen. Identität ist nichts Vorgegebenes, vielmehr eine Leistung, die jeder stets aufs Neue vollbringen muß: und zwar im Rückgriff auf die eigene Geschichte in ihrer Vernetzung mit der eigenen Kultur und deren Vernetzung mit der Weltgeschichte.

b) Kulturelle Identität

Nach der Fremdbefreiung von der Hitlerdiktatur ist die Selbstbefreiung von der sozialistischen Diktatur durch den erfolgreichen und unblutigen Aufstand des Volkes in das politische Selbstverständnis Deutschlands noch nicht eingegangen. Die Westdeutschen waren daran unbeteiligt, und viele Bürger der ehemaligen DDR begreifen den Aufstand bis heute noch nicht als den ihren. Die Deutschen aber müssen nach der Vereinigung in allen Bereichen für sich selbst sorgen. Nicht nur ökonomisch, sondern auch politisch und militärisch und kulturell. Um dies zu bewerkstelligen, muß festgestellt werden, ob es noch einen oder gegebenenfalls einen neuen Grundkonsens gibt.

Die Konstruktion des Staates als „Nation" ist insofern ein historisches Auslaufmodell, als die Probleme der Gegenwart prinzipiell globaler Art sind, so daß sie auf nationaler Ebene gar nicht gelöst werden können. Gleichwohl aber ist der Nationalstaat weltweit die einzige Institution, so betont Paul Kennedy, die politisch auch übernational so durchsetzungskräftig ist, daß von ihm überhaupt nur Lösungen erwartet werden können.

Nun ist es natürlich leichter, Engländer, Franzose oder Amerikaner zu sein als Deutscher. Durch die Geschichte belehrt, gibt es keine selbstverständliche nationale Identität der Deutschen. Und die Rede von einer „nationalen Identität" greift ohnehin zu kurz, wenn sie als Identifizierung verstanden wird. Gleichwohl ist auch die Nation ein Moment in der Geschichte des modernen Individuums.

Eine nationale Identität (nicht Identifizierung) der Deutschen muß die Brüche in der deutschen Geschichte in sich aufnehmen, muß sowohl die gigantischen Fehlentwicklungen und moralischen Katastrophen als auch die kulturellen Spitzenleistungen und die Banalitäten des lebensweltlichen Alltags aufnehmen. Eine solche Identität hebt die Unmittelbarkeit und Selbstverständlichkeit einer schlichten Identifizierung auf, sie ist reflexiv gebrochen und erlaubt dem Staatsbürger, die notwendige Distanz zu sich und seiner Nation zu gewinnen.

Eine solche nationale Identität ist wesentlich eine kulturelle Identität, die die soziale Integration und staatliche Loyalität erzeugt. Dabei ist unter „Kultur" das Ganze eines Lebenszusammenhangs zu verstehen, der in gemeinsamen obersten Prinzipien des Denkens, Empfindens und Handelns wurzelt, die zur Entscheidungs- und Rechtfertigungsentlastung der Lebenswelt beitragen.

„Kulturelle Identität" besagt nun die Gemeinsamkeit der obersten Prinzipien des Empfindens, Denkens und Handelns, die nicht kodifiziert sind. Als solche fällt sie weder mit Einzelgesetzen noch mit der Verfassung oder dem Grundgesetz zusammen. Die juridische Verfassung eines demokratischen Staates ist der Ausdruck kultureller Identität, einer grundlegenden Übereinstimmung, die in der Denk- und Realgeschichte gewachsen ist, so daß die Erfahrungen im Denken, Handeln und Empfinden von Generationen in die kulturelle Identität einfließen. Die kulturelle Identität geht demnach als unausgesprochener Konsens jeder demokratischen juridischen Staatsverfassung voraus. Kulturelle Identität ist die universalpragmatische Bedingung jedes kodifizierten demokratischen staatlichen Rechtsverhältnisses. Ihre Leistung ist Traditionsverstehen und Welterklärung, sie prägt eine menschliche Gemeinschaft als Lebensordnung und Daseinsdeutung.

Ohne Geschichte gibt es kein Leben, ohne Biographie keinen Menschen. Die Auseinandersetzung mit der Tradition konstituiert kulturelle Identität. Immerhin ist im Grundgesetz-Artikel 116 von der „Kulturgemeinschaft" die Rede. Und diese ist nur erreichbar in der Rückbesinnung auf die deutsche Kultur als Segment der europäischen, ohne die Schrecknisse der Realgeschichte auszublenden, das heißt, die kulturelle Identität wird ergänzt durch die politische Lebensform einer „historischen Schicksalsgemeinschaft".

Die uralten Fragen müssen ernster genommen werden, als dies in neuerer Zeit der Fall ist: Wer bin ich? Woher komme ich? Wohin gehe ich? Die Fragen sind zwar alt, doch werden sie immer in historischen Kontexten gestellt und beantwortet. Der Kontext im heutigen Europa ist die europäische Kultur. Sie ist seit den Tagen des Sokrates geprägt von der Aufklärung und den damit verbundenen Gütern: Rationalität, Wissenschaft, Universalismus, Kritik, Toleranz, Humanität, Demokratie.

Nun sind diese Ideen in den einzelnen Ländern und den unterschiedlichen Zeiten je auch anders realisiert und manchmal sogar verraten worden. Doch der Mißbrauch und die Verachtung der europäischen Kultur rechtfertigt nicht ihre Geringschätzung. Dies zu betonen ist vornehmlich in Deutschland geboten. Das deutsche Bildungswesen muß sich, historisch bedingt, mit der spezifisch deutschen Variante der europäischen Kultur auseinandersetzen – von Wolfram von Eschenbach bis Albert Einstein – im Wechselbezug mit den benachbarten europäischen und außereuropäischen Kulturen – von der Antike bis zum Morgenland.

Wer die Gegenwart verstehen möchte, der muß die Vergangenheit verstanden haben. Wer wollte die gegenwärtigen Probleme des geeinten Deutschland begreifen, der nicht die Geschichte des Sozialismus kennt? Und wer wollte den Sozialismus begreifen, der weder Hegel noch die Aufklärung kennt? Und wer wollte die Aufklärung begreifen, der weder Voltaire noch die Denker der Renaissance kennt? – Die Reihe läßt sich sowohl fortsetzen als auch anders gestalten. Es ist weniger so, daß die Realgeschichte den Verstehenshorizont der Geistesgeschichte bildet, vielmehr bildet umgekehrt die Geistesgeschichte den Verstehenshintergrund der Realgeschichte, jedenfalls in Europa. Daraus folgt, daß es ein Essential der Bildung einer europäischen kulturellen Identität sein muß, die Bürger mit der europäischen Geistesgeschichte vertraut zu machen. Dies ist notwendig in praktisch-politischer Hinsicht, nämlich um den Faden der Freiheitsentwicklung nicht abreißen zu lassen, und dies ist intellektuell notwendig, um nämlich das Begreifen der Gegenwart zu ermöglichen. Für das Problem der Bildung einer kulturellen Identität in einer sich kulturell pluralisierenden Gesellschaft bedeutet dies, daß sich der Bürger verstärkt der Real- und Geistesgeschichte zuwenden muß, um, in der Kenntnisnahme von und der Auseinandersetzung mit ihr, in der Lage zu sein, noch im Untergang der Moderne die großen Ziele der Aufklärungskultur zu verfolgen.

Das wohlverstandene Projekt der Moderne ist nicht vollendet, es ist ein offenes Projekt, das, gerade in den Zeiten seines Niedergangs, auf der einen Seite gegen die Entgrenzung der Freiheit in Beliebigkeit verteidigt werden muß und auf der anderen Seite gegen geschlossene Kulturen.

Deshalb ist eine Renaissance der Bildungstheorie unumgänglich: Sie bietet die Möglichkeit, die Jugendlichen mit der europäischen Tradition vertraut zu machen. Die Bildungsrenaissance ist eine Geistesrenaissance, die das Gehirn dem intellektuellen Druck des Geistesgeschichte aussetzt. Und es ist die Aufgabe der Schule und Universität, die verschüttete europäische kulturelle Identität herzustellen als die Einheit im Denken, Handeln und Empfinden. Nicht nur der Schüler, auch die Gesellschaft hat ein Recht darauf, daß die Jugendlichen gebildet werden.

Die kulturelle Identität gibt die Stabilität, die man braucht, um sich von fremden Kulturen nicht bedroht zu fühlen, sie gibt die Stabilität, um nicht neuen Dogmatismen und Fundamentalismen anheimzufallen. Sie gibt die Stabilität, die der einzige Garant für die „humanitas" ist. Sie gibt die Stabilität in wirtschaftlichen Krisenzeiten. Wenn, wie ein bonmot lautet, der Engländer in wirtschaftlichen Krisenzeiten angeln geht, der Deutsche aber zu den Nazis, dann ist das weniger das Resultat eines „Nationalcharakters" als der mangelnden kulturellen Identität. Im Nachkriegsdeutschland beruhte die Loyalität der Staatsbürger mit der Bundesrepublik auf dem ökonomischen Erfolg. In der Rezession droht sie deshalb sich aufzulösen. Mit der Wirtschaftskrise bricht das Selbst- und Weltverständnis der Deutschen zusammen, weil es über die Ökonomie hinaus keine kulturelle Grundlage hat. Im Sommer 1994, nach langjährigen Erfahrungen mit dem „real existierenden Sozialismus" und wesentlich kürzerer Erfahrung mit der real existierenden bundesrepublikanischen Demokratie, beschlossen Schüler, Eltern und Lehrer eines Gymnasiums im ehemaligen Ostsektor, das 2. Gymnasium im Berliner Bezirk Mitte, ihre Schule nach John Lennon zu benennen.

Ist die kulturelle Identität zerfallen, bleibt nur noch die ethnische Konstante übrig, die in Jugoslawien und einigen Staaten der GUS die Greuel einer enttraditionalisierten Kultur produzieren. Ihrer kulturellen Identität durch militärische Macht beraubt und in vierzig Jahren übergestülpter sozialistischer kultureller Identität verloren, fallen diese Völker nach dem Zusammenbruch der militärischen und politischen Macht zurück auf sich selbst, und viele finden hinter der zusammengebrochenen sozialistischen Kultur ihre eigene nicht wieder, und so bleibt ihnen nur noch ihre ethnische Identität, die jedoch, enttraditionalisiert, keinen positiven Inhalt mehr hat. So kann sie sich nur noch negativ, als ethnische Abgrenzung, stabilisieren, die bis zum Massenmord geht.

Zu vielen ehemaligen Bürgern der DDR scheint es ähnlich zu gehen: der deutschen kulturellen Identität beraubt und die sozialistische kulturelle Identität nie richtig übernommen, fallen sie nach dem Ende des „real existierenden Sozialismus" in die politische, moralische und kulturelle Leere, so daß sie versuchen, sich ethnisch-nationalistisch zu stabilisieren. Und in den alten Ländern der Bundesrepublik verfielen nach dem Kahlschlag der Pseudoaufklärung und in der betulichen Öde des pädagogischen Biedermeier ebenfalls zu viele Jugendliche auf eine diffuse nationale Konstante als Restorientierung.

Die kulturelle Identität hängt nur historisch zufällig mit einer ethnischen Identität zusammen. Wenn es gelänge, die deutsche kulturelle Identität zu stärken, dann vergrößerte sich damit zugleich der Toleranzbereich. Denn was sich heute als „Fremdenfeindlichkeit" artikuliert, kann verstanden werden als Reaktion auf die geschwächte kulturelle Identität. Es sind Abwehrschlachten des europäischen kulturellen Identitätsverfalls. In den „GATT"-Verhandlungen hat jüngst Frankreich diesen Verfall eingeklagt und die weitere Subventionierung des europäischen Films gegen die amerikanische Filmindustrie durchgesetzt. Gerade angesichts der Pluralisierung der Lebensverhältnisse muß die europäische Kultur gestärkt werden. Denn je stärker eine Kultur ist, desto problemloser kann sie abweichende Lebenszusammenhänge tolerieren, ohne ihnen zu erliegen. Und das zeigt, daß eine finanzielle Subventionierung europäischer Kultur nur das Eingeständnis ihrer Schwäche ist. Kulturelle Identität ist mit finanziellen Mitteln nicht erzwingbar. Kultur kann nicht subventioniert werden, wenn die Theater- und Opernintendanten dies auch nicht wahr haben wollen. Kultur ist keine Frage des Geldes. Und sie kann auch nicht durch Gesetze gerettet werden. Wenn das Englische in alle nationalen Sprachen eindringt und sowohl deren Vokabular erweitert oder ablöst und deren Struktur verändert, dann nutzt dagegen kein „Reinheitsgebot" für die Sprache, wie kürzlich in Frankreich erlassen, sondern nur die substantielle Stärkung der Kultur. Die kulturelle Identität läßt sich beschreiben als ein gemeinsames Selbst- und Weltverständnis, und dieses teilen die Europäer offensichtlich eher mit Steven Spielberg als mit Visconti.

Nun ist klar, daß es nicht „die" europäische Kultur gibt, es sei denn, man meint damit das Gesamt sämtlicher Lebensäußerungen seit vielleicht 2500 Jahren auf dem europäischen Kontinent. Damit wäre dann aber gar nichts mehr gesagt. Mit Hartmut von Hentig möchte ich deshalb sagen: Europa ist eine Idee, die zu rekonstruieren und fortzuschreiben ist[55].

Die europäische Kultur ist nicht pluralistisch gewesen, sondern universalistisch. Sie zeichnet sich dadurch aus, daß sie jedwede Geltungs-, Gültigkeits- und Machtansprüche virtualisiert und dem Gerichtsverfahren der Vernunft überstellt. Insofern ist sie „offen". „Offen" heißt aber nicht „pluralistisch" und schon gar nicht „beliebig". Die europäische Kultur ist Argumentationskultur auf der Grundlage der Vernünftigkeit des Menschen, die jeden Menschen zum prinzipiell Wahrheitsfähigen macht. – Im Gegensatz zu anderen Kulturen, in denen Wahrheit dem privilegierten Zugang einer sozialen Kaste vorbehalten ist.

Das zeigt, daß die neuerdings propagierte „interkulturelle Erziehung" ein Fehlweg ist, der die Probleme eher verschärft denn mildert oder gar löst. Statt ethnisch-kultureller Curricula für die Jugendlichen unterschiedlicher Herkunft zu entwerfen, gilt es, den Universalismus zu stärken. Jegliche Multikulturalität innerhalb eines Staates bedarf eines Fundamentes, das die unterschiedlichen Lebensformen trägt und die Differenzen friedlich auszutragen erlaubt. Die Grenze der Multikulturalität sind weniger die Belastbarkeit des Sozialsystems, des Arbeits- und Wohnungsmarktes als die Belastbarkeit der obersten Prinzipien des Empfindens, Denkens und Handelns. Diese nämlich bestimmen, was in der Realsphäre hingenommen, begrüßt, abgelehnt, gefordert oder bekämpft wird. Die entscheidenden Grenzen der Belastbarkeit sozialer Systeme sind mentaler Art.

Aufrechtzuerhalten ist die europäische, universalistische Kultur von Sokrates bis Einstein. Die Kriterien für die Aufnahme von Lehrinhalten in die schulischen und universitären Curricula dürfen weder solche formal-äußerlichen Merkmale wie Proporz oder ethnischer und anderer Minderheiten„schutz" sein, vielmehr die substantiell-inhaltlichen Kriterien, die sich Europa in vielen und verlustreichen Kämpfen erworben hat: Humanität, Aufklärung, Menschenrechte, Offenheit, Rationalität, Demokratie, Liberalität. Die Pflege außereuropäischer, insbesondere geschlossener Kulturen im Bildungswesen Deutschlands ist nicht schon deshalb gerechtfertigt, weil Menschen solcher Kulturen in Deutschland leben. Nicht gegen die Menschen, aber gegen fundamentalistische und dogmatische und undemokratische Kulturen muß sich die europäische Kultur zur Wehr setzen. Wenn der Kultusminister von Nordrhein-Westfalen, Hans Schwier, Anfang Februar 1995 es sich zum Verdienst anrechnet, einen Studiengang für Türkischlehrer eingerichtet zu haben, der Sprachwissenschaft, Literaturwissenschaft und Landeskunde umfaßt, damit künftig Schüler türkischer Herkunft ihre kulturelle Identität bewahren könnten und so Geborgenheit fänden, dann ist dies eine riskante Entscheidung, die nicht gerade die Integration befördert, sondern die Konflikte im Alltag vergrößern wird, weil damit eine kulturelle Identität gefördert wird, die nicht in der Tradition der europäischen Aufklärungskultur steht. Noch einen Schritt weitergehen möchten die Niederlanden: Diskutiert wird, ob ein christlicher Feiertag aufgegeben werden soll, um statt dessen einen islamischen Feiertag zum Abschluß des Ramadan einzuführen.

Wird die Aufklärung aufgegeben, dann gefährdet sich Europa selbst, und wenn die Humanität aufgegeben wird, gefährdet dies den Menschen. Die politische und geistige Kultur Europas darf nicht preisgegeben werden zugunsten von Einwanderungskulturen ohne Demokratie- und Menschenrechtstradition, ohne Aufklärungs- und Wissenschaftstradition. Eine solche Kulturkapitulation nennt Alain Finkelkraut „la défaite de la pensée". Jeder Staat hat das Recht, die Kriterien festzulegen, die erfüllt sein müssen, wenn ihm jemand als assoziierter und freier Rechtsgenosse beitreten darf, so Jürgen Habermas[56]. Das Recht der Staatsbürger auf Selbstbestimmung schließt das Recht auf Selbstbehauptung der eigenen Lebensform ein[57]. Wer etwa politischen Anspruch aufgrund geoffenbarter Glaubenswahrheiten einklagt, gar eine globale Umma (die islamische Glaubensgemeinschaft) errichten will, um die Krise der Menschheit zu überwinden, darf sich dazu nicht auf die aufklärerische Toleranz berufen. Solche Toleranz ist „repressiv", wie einst Herbert Marcuse sich ausdrückte, und darf nicht geduldet werden.

Das Bildungswesen in Deutschland muß diese universalistische europäische Argumentationskultur gegen ihre Auslieferung an einen Pluralismus der Beliebigkeit auf der einen Seite und gegen ihre Auslieferung an eine geschlossene Kultur andererseits verteidigen. Auch wenn das Projekt der Moderne gescheitert ist – insofern nämlich, als es der Philosophie nicht gelang, die Moderne vernünftig zu gründen – ist die Konkursmasse Europa die einzige, die wir überhaupt zur Verfügung haben. Die Tradition ist, im universalen hermeneutischen Lebenszusammenhang, unhintergehbar.

Wer die geistesgeschichtliche Tradition für obsolet erklärt, der gibt leichtfertig die Substanz europäischer Kultur preis und verführt die Bürger zur Produktion originalen Unsinns, wie er täglich in Talkshows und Podiumsdiskussionen von einer wild gewordenen Vernunft produziert wird, die den Sinn vom Unsinn deshalb nicht mehr unterscheiden kann, weil sie ihr Denken im Pathos der Selbständigkeit und Autonomie nicht zurückbindet an transsubjektive Prinzipien und die inhaltliche Substanz der Tradition. Die Spätmoderne droht im originalen Unsinn der Sponti-Sprüche und Werbespots zu versinken.

Den Schülern muß ein Reflexionsniveau vorgegeben werden, das über dem der Medien und Parteipolitiker liegt. Sie müssen lernen, daß es noch grundlegend andere Positionen und Argumentationen gibt als die öffentlich gehandelten. Und dazu bedürfen sie unabdingbar der Tradition. Rückbesinnung auf die Kräfte, die Europa kulturell, ökonomisch und technisch stark gemacht haben, tut Not. Das Ziel der schulischen Bildung muß sein, die Schüler zur kulturellen Identität im Geiste der Aufklärung und des Humanismus zu führen.

Bildung ist dabei zu verstehen als ein unabschließbarer, humanisierender Prozeß, der eine intellektuelle Biographie hervorbringt und die Einheit von verstandenem Wissen und begriffenem Können, von Einstellungen und Verhaltensweisen im Sinne einer Lebensform der Doppelung von Objekt- und Metaebene erzeugt.

Die europäische Kultur ist spätestens seit der Renaissance, dem Humanismus, der Reformation und der Aufklärung nichts, was als Fixum konserviert werden könnte. Sie muß stets aufs Neue rekonstruiert werden und ist deshalb immer auch eine Leistung der Vernunft, die sich mit ihrer eigenen Denk- und Handlungstradition auseinandersetzt.

Die notwendige Bildungsrenaissance ist also weit vom Konservativismus entfernt. Es gilt nicht, den Status quo festzuschreiben, noch weniger, das Rad der Geschichte zurückzudrehen, vielmehr plädiere ich für eine Erneuerung der Gegenwart aus dem Geist der europäischen Kultur.

c) Bildungselite

Um die Probleme der absehbaren Zukunft zu meistern, bedarf es sachlich-fachlicher und moralischer Qualitäten. Dabei spielen auch die Sekundärtugenden eine große Rolle: von Ausdauer und Belastbarkeit über Zuverlässigkeit und Pünktlichkeit bis zur Gewissenhaftigkeit und Genauigkeit.

Die Urteilskraft, das heißt die Fähigkeit, gegebene Einzelfälle als Elemente eines obersten Prinzips zu erkennen, unter das sie fallen oder gegebenenfalls zu Einzelfällen ein allgemeines Prinzip zu finden, ist sowohl für die fachliche als auch für die moralische Qualität ausschlaggebend; die Urteilskraft ist die Gelenkstelle zwischen Theorie und Praxis. Sie kann, so hat Immanuel Kant ausgeführt, nicht systematisch gelehrt und deshalb auch nicht theoretisch erworben werden, denn dazu bedürfte es der Anwendungsregeln von Prinzipien auf Fakten, und genau diese gibt es nicht. Deshalb kann die Urteilskraft nur im Gebrauch geübt werden, sie benötigt Erfahrung, Praxis.

Nur diejenigen sollen gesellschaftliche Entscheidungspositionen innehaben, welche die sachlichen, moralischen und menschlichen Qualitäten dazu besitzen. Nicht Herkunft, Finanzkraft, politische Macht und Beziehungen, sondern persönliche Fähigkeiten, Tugenden und Leistungen sollen die Auswahlkriterien sein. In diesem Sinne tragen Gymnasium und Universität zur Elitebildung bei. Menschen, die deren Anforderungen genügen, gehören zur Bildungselite.

Nun ist an der Einsicht Pichts festzuhalten, daß Bildungspolitik Sozialpolitik ist. In der Tat ist der soziale Status weitgehend vom Bildungsabschluß abhängig. Allerdings korrelieren weder der Grad des öffentlichen Einflusses noch die Höhe des Einkommens mit dem Bildungsabschluß. Handel, Gewerbe, Handwerksbetriebe, Sport, Unterhaltungsindustrie, Dienstleistungsgewerbe – sie alle kommen ohne akademische Ausbildung gut über die Runden; sowohl pekuniär als auch politisch, zumindest in der kommunalen Politik ist ihr Einfluß kaum zu unterschätzen. Etwas anders sieht es sicherlich in der Bundespolitik aus und in der Großindustrie, hier sind akademische Abschlüsse nach wie vor wichtige Voraussetzungen für Erfolg. Aber nur ein kleiner Prozentsatz an Akademikern ist in wirtschaftlichen und politischen Spitzenpositionen tätig. Die Bildungselite ist zumindest in Deutschland de facto keine Machtelite, Bildungseliten sind allenfalls potentielle Machteliten.

Die Bildungselite zeichnet sich dadurch aus, daß in ihr die fachlich-sachlichen und moralischen Qualitäten nicht auseinandertreten, vielmehr in ein und derselben Person zusammenfallen; als die Einheit von Wissen, Können, Einstellungen und Verhalten. Für die wenigen Menschen, die diese Bedingungen erfüllen, und deshalb in der Wissenschaft, der Industrie, der Jurisprudenz, der Verwaltung usf. Führungsrollen einnehmen sollen, ist es unabdingbar, daß sie auch fähig sind, mit Macht umzugehen, und bereit sind, persönliche Verantwortung zu übernehmen. Die Kenntnisse, die Fähigkeiten, das Wissen, das Können: sie alle müssen an Humanität gebunden werden, denn nicht jeder Fortschritt der Wissenschaft und Technik ist auch ein Fortschritt für die Menschheit.

Eine Auswahl von Menschen gemäß Qualitätsmerkmalen scheint unvereinbar mit dem Prinzip der Wahl gemäß Quantitätsmerkmalen, wie es sich in den liberalen Demokratien durchgesetzt hat. Der Widerspruch löst sich indessen auf, wenn die Auswahl sich auf die Bereiche der Wissenschaft, der Ökonomie, der Jurisprudenz, der Verwaltung, der Kultur etc. bezieht, während die Wahl einzig auf den politischen Bereich angewandt wird. Das läßt sich auch so ausdrücken: Alle wesentlichen Bereiche einer funktionierenden liberalen Demokratie benötigen Bildungseliten, damit die Politiker Interessenvertreter sein können, d.h. öffentliche Macht ausüben, die jedoch auch öffentlich kontrollierbar und durch die Möglichkeit der Abwahl zeitlich begrenzt ist.

Aus der Bildungselite rekrutieren sich die Machteliten in den Bereichen Jurisprudenz, Ökonomie, Militär, Wissenschaft, Verwaltung, Technik und Kultur. Die Interessensvertreter andererseits üben Macht aus im Bereich der Politik, wobei zu bemerken ist, daß die Politik immer mehr der anderen Gebiete vereinnahmt hat, so daß dort nicht mehr die Bildungselite herrscht, sondern Parteipolitiker bestimmen – besonders drastisch bemerkbar im deutschen Bildungswesen. In liberalen Demokratien ist der Politiker keinen qualitativen Kriterien unterworfen, sondern quantitativen, nämlich der formal rechtmäßigen Wahl. Daraus ergibt sich dann doch auch ein Qualitätsmerkmal von Politikern: Sie müssen fähig sein, innerparteiliche Mehrheiten auf sich zu vereinen, um in Parteifunktionen aufsteigen zu können, und sie müssen gesamtgesellschaftliche Mehrheiten für ihre Partei rekrutieren können. Das heißt also, daß außer diesen Fähigkeiten der Mehrheitsbildung weder fachliche noch moralische Qualitäten systemisch vom Politiker gefordert sind. Da aber genau diese für die Bewältigung der Gegenwart und Zukunft notwendig sind, steht es schlecht um eine Demokratie, in der die Kriterien für die innerparteiliche Funktionsübernahme und die gesamtgesellschaftliche Wahl unabhängig von fachlichen und moralischen Kriterien sind. Genau dies jedoch ist bedauerlicherweise der Zustand heute.

Wenn die Emanzipationsbewegung der Frauen heute durchgesetzt hat, daß bei Besetzungen von Schlüsselstellungen in der Politik und im Öffentlichen Dienst ein gewisser Prozentsatz von Frauen genommen werden muß, daß, im Zuge der „Gleichstellung" von Mann und Frau, bei gleicher Qualifikation die Frau zu bevorzugen ist (um den historischen Nachteil auszugleichen), dann geht sie zu Recht davon aus, daß die Führungspositionen zu selten von den tatsächlich Qualifizierten eingenommen werden und daß statt dessen außerqualifikatorische Kriterien wie persönliche Beziehungen, Lobby, Parteianhang, Versorgungsfall für altgediente Parteimitglieder usf. fatalerweise die Qualitätsmerkmale ersetzen. Aber anstatt diese schleichende Korruption anzugehen, verstärkt sie diese Machenschaften und ergänzt die Proporz- und Biedermänner nur durch die Quotenfrauen. Unqualifizierte Frauen, so das resignativ-zynische Argument, seien auch nicht schlechter als unqualifizierte Männer. Die Steigerung von der Vettern- zur Quotendemokratie rettet aber weder die Gerechtigkeit noch steigert sie die Qualität in den Führungsetagen. Jenseits von Partei, Geschlecht und Verband ist nach der Qualität zu fragen.

Die liberale Demokratie braucht beides, will sie sich nicht selbst zerstören: Bildungseliten und Machteliten. Und erstrebenswert ist dabei der Zusammenfall von Bildungs- und Machteliten und die Doppelung von qualitativen Kriterien und quantitativen Verfahren, um in liberalen Demokratien für eine begrenzte Zeit Macht ausüben zu dürfen. Und die liberale Demokratie braucht Bürger, die fähig und bereit sind, ihre Wahl von den fachlichen und moralischen Qualitäten der zu wählenden Kandidaten abhängig zu machen. Dazu muß nicht jeder Bürger das Abitur haben. Es ist eine unbewiesene Annahme, daß höhere Bildung politisch zur Demokratie führe. Und anmaßend ist die Unterstellung, daß das Abitur der Garant für demokratische Verhältnisse in Deutschland sei. Und gefährlich ist schließlich die Ansicht, daß die quantitative Steigerung der Abiturientenzahlen ohne gleichzeitige Beibehaltung der Qualität an erworbenen Kenntnissen, Fähigkeiten und Haltungen zur politisch-demokratischen Stabilität führe. Eher ist zu erwarten, daß qualitativ minder Ausgebildete, die dennoch in gesellschaftliche und industrielle Schlüsselpositionen gelangen (etwa aus Proporzgründen oder weil sie „Versorgungsfälle" sind, aus Gründen der Patronage oder der gegenseitigen Vorteilsnahme) die Demokratie destabilisieren. Eine solche Gesellschaft wird „von oben" destabilisiert, von den politisch-wirtschaftlichen Führungskräften, wie es im Moment in Deutschland zu beobachten ist. Wenn nicht die Bildungselite zum Machtfaktor auf der Entscheidungsebene wird, wenn Sachkompetenz und soziales Verhalten auseinanderfallen, gar die Sachkompetenz schwindet und statt dessen die „richtige Gesinnung", nachgewiesen durch Parteibuch, Verbandszugehörigkeit oder das richtige Vokabular, ausschlaggebend wird, dann zerstört sich die Republik „von oben". Der Untergang beginnt mit „Politikverdrossenheit", Extremismus, Randale.

Im gegenwärtigen Deutschland gibt es keine in der Öffentlichkeit präsente, gar das öffentliche Leben bestimmende, Oberschicht. Die Machtelite, die Geldelite und die Kulturelite sind auseinandergefallen, und eine Kulturelite ist praktisch inexistent. Sie hat sich aufgelöst in das neue „juste milieu“ der Schickeria und der Feuilletonschreiber. Das hat sein Gutes für die Politik, wenn Geld und Macht nicht in Personalunion bestehen. Für die Kultur ist es von Nachteil, wenn sie von der Geldelite nicht gestützt wird. Denn dann müssen sich die Künstler an die Politiker halten, um nach demokratischen Spielregeln Bauaufträge oder Intendanturen erteilt zu bekommen. Damit wird die Kultur nicht von einzelnen Kunstliebhabern gefördert – und wenn dies doch einmal geschieht, wie von Ludwig, wird es öffentlich geschmäht, weil man die Kultur und die Demokratie ineins in Gefahr sieht –, vielmehr wird die öffentliche Kultur politisch verwaltet. Und so stimmen dann Parlamentarier darüber ab, ob der Berliner Reichstag von Christo verpackt werden darf oder nicht.

Die Bildungseliten sind heute weitgehend von der Macht abgekoppelt; in der Politik fehlen sie völlig; ihr Bereich sind allenfalls das Feuilleton und einige wenige Zeitschriften. Und wenn diese Inseln öffentlich wirksam werden, dann nicht über die Entscheidungskompetenz, sondern nur über die Deutungskompetenz der Bildungselite, so daß die Bildungselite dann zur Machtelite wird, wenn sie Deutungselite geworden ist, das heißt die Vergangenhheit, Gegenwart und Zukunft interpretiert, erklärt, auf den Begriff bringt und so Orientierung in der Mannigfaltigkeit und Unübersichtlichkeit der Ereignisse schafft. Die intellektuelle Kultur in Deutschland allerdings ist weitgehend von der Parteipolitik vereinnahmt, so daß Deutungen überhaupt nur dann eine Chance haben, wenigstens zur Kenntnis genommen zu werden, wenn sie in das eine oder andere politische Konzept passen. Entsprechend treten Intellektuelle in Deutschland allenfalls für irgendwelche Parteien, etwa im Wahlkampf, ein oder sprechen sich gegen irgendwelche Parteien aus, aber eine parteipolitisch unabhängige Bildungselite, die außerhalb der Parteipolitik ihre eigenen Themen findet und bearbeitet und dadurch kulturell führend wird, ist so gut wie inexistent. Macht nun doch einmal der eine oder andere der etablierten Intellektuellen den Versuch, außerhalb der eingefahrenen politischen Bahnen zu denken, und findet er aufgrund seiner Bekanntheit auch ein entsprechends Publikationsorgan, ist die Empörung groß und der Bann wird ausgesprochen; vor allem, wenn es sich um Intellektuelle handelt, die aus der „linken Szene“ kommen, aber angesichts des Golfkriegs und der Schlächtereien auf dem Balkan zu anderen Positionen kommen, als aufgrund ihrer intellektuellen Biographie von ihnen erwartet wird.

Zurecht spricht Wolfgang Engler von der „Politisierung“, der „Sexualisierung/Feminisierung“, der „Moralisierung“, der „Relativierung" und der „Personalisierung" der Diskurse in Deutschland: „Progressiv", „reaktionär", „links", „rechts", „frauenfeindlich", „menschenverachtend", „zynisch", „betroffen" – das sind einige der Kriterien der neuen „political correctness". Aus der Sicht des ehemaligen DDR-Bürgers sieht Wolfgang Engler das Problem darin: „Die Ordnung des westlichen Diskurses entsteht durch ein Zusammenspiel von Polarisierungen, das sehr viel lautloser, informeller, dezentralisierter funktioniert als im Osten: durch lose miteinander verbundene Diskurstechniken, die den öffentlichen Austausch ebenso unauffällig wie wirksam begrenzen, selbst entmutigen, mitunter so sehr, daß man unwillkürlich an einen Dirigenten denkt."[58] Deutschland ermangelt einer öffentlich wirksamen Bildungselite.

Platon forderte bekanntlich, daß die Philosophen die politische Macht in der Polis übernehmen sollen. Um Philosoph zu werden, bedarf es einer langen Erfahrung und eines langen Bildungsgangs. Bis zu seinem fünfzigsten Lebensjahr nämlich muß ein künftiger Philosoph in der Polis staatsbürgerliche Funktionen übernommen haben und die Wissenschaften, insbesondere die Mathematik, gründlich studiert haben. Dann erst darf er Philosoph werden, das heißt einer, der die Funktionalität des Wissens und Könnens überschreitet in die reine Anschauung des Wesens der Dinge. Die „Ideenschau", das heißt die nicht nutzenorientierte Betrachtung des Seins, ist die eigentliche Aufgabe des Philosophen. Aber, fordert Platon, der Philosoph darf in dieser Betrachtung nicht verharren, vielmehr muß er die Ideenschau verlassen und sich um die Belange der Polis kümmern, und seine Hauptaufgabe ist es, in der Polis für Gerechtigkeit zu sorgen. Nicht also die Nützlichkeitsorientierung ist die eigentliche Qualität des Staatsführers, sondern sein Wissen um das Sein, ein Wissen jedoch, das die Erfahrung und das Funktionswissen hinter sich gebracht hat.

Für Platon soll also derjenige die politische Führung übernehmen, der den lebensweltlichen Alltag verlassen und sich um das Wesen des Seins gekümmert hat, dessen Ziel Erkenntnis und nicht Praxis ist. Denn wer in Praxis verstrickt ist, der verliert den Überblick und ist gefangen in Interessensmelangen. Deshalb scheidet gerade derjenige, dessen Ziel Praxis ist, aus dem Kreis der Kandidaten aus. Die Distanz zu sich, zur Gegenwart und zu anderen, die Desinteressiertheit der Politiker an der Politik ist die Bedingung staatlicher Gerechtigkeit.

Angesichts der schleichenden Korruption in der Politik zeigt sich Platons These der Kontemplation geradezu als notwendiger Akt der politischen Hygiene. Die Praxis braucht gerade diejenigen, welche sich ihr entziehen, die nicht funktional denken, sondern den „fremden Blick“ des Desinteressierten haben.

Wenn die Mauern der Schule tatsächlich geschleift wären, wenn die Schule entgrenzt und das Wissen nutzenorientiert wäre, wenn Leben und Lernen unmittelbar zusammenfielen – was, wenn dieses Programm erfolgreich wäre? Entgegen der Hoffnung wäre Senecas Forderung nicht eingelöst. Denn dann würde in der Schule nicht für das Leben gelernt, gelernt würde vielmehr im Leben, wie zu leben sei, das aber heißt: Das Lernen wäre begrenzt vom Leben. Nur das könnte gelernt werden, was alltags-nützlich, was verwertbar ist. Nun gibt es keine prinzipiellen Einwände gegen das Lernen von Nützlichem. Wenn aber nur nutzenorientiert gelernt und gedacht wird, überlebt keine Kultur. Ein solches Lernen wäre im restringierenden Sinne konservativ, stabilisierte genau das, was ist, und destabilisierte genau dadurch die Zukunft des Systems. Ein Denken, das von vornherein durch Praxis begrenzt ist, hat sich um sich selbst gebracht: um die theoretische Neugier, um das Denken der Freiheit, Schönheit, Moral, um Spiralnebel, Neutrinos, Elektronenbeschleuniger. Ein Denken, das darauf verzichtet, ist inhuman. Zwar ist alles Elitäre von solcher Schule abgestreift, aber mit dem Elitären auch das Humane. Humanität ist die Fähigkeit, Abstand zu nehmen: von sich und von anderen und von anderem, denn nur so ist Freiheit gewinnbar. Nur wer sich von den Zwängen des Alltags befreit hat, darf deshalb Politiker werden, so Platon. Der Auftrag der Schule ist, die Schüler etwas zu lehren, was sie im Leben nicht lernen können.

Das Denken muß den Alltag und die Nützlichkeit überwinden, muß das Leben hinter sich lassen, um dann, als das andere des Lebens, sich diesem wieder zuwenden zu können: aus der Distanz. So läßt sich sagen, daß für Platon der gute Staatsführer derjenige ist, der auf zwei Ebenen zugleich lebt: auf der Objektebene der Nützlichkeit im lebensweltlichen Alltag und auf der Metaebene der nützlichkeitsfreien Erkenntnis. Dies läßt sich so deuten: Wer öffentliche Macht ausübt und Verantwortung in einem Gemeinwesen auch für andere, für die Gegenwart und Zukunft übernimmt, der muß fähig sein, auf Distanz zu gehen: zu sich, zu seiner Zeit, zu anderen. Machteliten dürfen nicht eingebunden sein in Interessen, sie dürfen nicht abhängig sein von Nützlichkeitserwägungen. Bildungseliten sind frei, und Machteliten sollten frei sein. Bildungseliten, so läßt sich sagen, zeichnen sich dadurch aus, daß sie auf der Objekt- und Metaebene zugleich denken und leben können, und die Machteliten sollten dies ebenfalls können, soll Demokratie gelingen und Kultur blühen.

Das zeigt: die Bildungs- und (zeitbegrenzte) Machtelite, die die Welt benötigt, um Konzepte entwickeln zu können, die eine Chance eröffnen, mit den anstehenden Problemen fertig zu werden, kann nicht groß genug sein. Je größer die Bildungselite, desto besser. Die bildungsorientierte Schule ist nicht deshalb „elitär“, weil sie so sein will, weil sie sich machtelitär gegen die anderen abschottet, sondern weil ihr Angebot an alle nur von den wenigsten angenommen wird. Um so dringlicher ist es, Bildungseliten zu fördern, denn nur so kann es gelingen, ihre Zahl zu vergrößern.

Benötigt werden gute Schulen für alle und Eliteschulen für die Besten. An die Bildungselite werden höhere Ansprüche gestellt: an ihr Wissen, an ihr Können, an ihre Einstellungen und an ihr Verhalten, und sie müssen bereit sein, persönliche Verantwortung zu übernehmen: vor der Vergangenheit, der Gegenwart und der Zukunft, sie müssen fähig sein, auf der Objekt- und Metaebene gleichzeitig zu leben: dies ist der Gebildete, den die Spätmoderne dringend braucht, sollen die anstehenden Probleme anders als mit Gewalt gelöst werden.

Und das Ziel des Gymnasiums ist es, dazu beizutragen, die Bildungselite zu erziehen. Es muß dem Gymnasium gelingen, die wissenschaftlich-theoretische und die sittlich-praktische Bildung zu vereinen. Das Gymnasium muß den Schülern Freude an der intellektuellen Aneignung der Wirklichkeit machen, Freude am Denken, Erkennen, Forschen, an der Erkenntnis und am Wissen.

Und der Schüler muß zum moralischen Subjekt gebildet werden. Dies ist der engere Erziehungsauftrag der Schule, den sie auch gegenüber volljährigen Schülern zu erfüllen hat. Der Abiturient muß gelernt haben, mit offenen Fragen zu leben, er muß es aushalten können, ohne Antworten ein verantwortetes Leben zu leben und Entscheidungen zu treffen. In diesem Sinne läßt sich vom „experimentellen Leben“ sprechen, für das das Gymnasium seine Schüler vorbereiten muß.

2. Erneuerung des Bildungswesens

a) Der pädagogische Ansatz

Drei grundsätzliche pädagogische Ansätze lassen sich unterscheiden: der anthropologische, der funktionalistisch-utopische und der bildungstheoretisch-realistische Ansatz.

Der anthropologische Ansatz wird hauptsächlich in Schulen in privater Trägerschaft vertreten, so etwa in der Waldorfschule und der Montessori-Schule. Unterstellt wird, daß jedes Kind ontogenetisch einem phylogenetisch festgelegten Entwicklungsplan folge, daß jedes Kind dieselben Reifungsstadien durchlaufe, und die Aufgabe des Lehrers ist es, es darin zu unterstützen, damit es sich entfalten kann. Unabhängig also von kulturellen, gesellschaftlichen und sonstigen Zeitbedingungen werden zeit- und kulturinvariante, gattungsspezifische Entwicklungsstadien behauptet. Diese sind mehr oder weniger intuitiv gesetzt, so bei Montessori und Steiner, oder aber empirisch entwickelt worden, so bei Piaget und Kohlberg.

In den öffentlichen Schulen herrscht seit dem Sieg der Lernzieltheorie ein funktionalistischer Ansatz. Die Schüler sollen befähigt werden, in der Gesellschaft bestimmte Aufgaben erfüllen zu können. Im Zuge der Gesellschaftskritik entwickelte sich aus diesem Ansatz ein utopischer Ansatz dergestalt, daß die Erziehung der Jugendlichen nicht mehr auf die bestehende Gesellschaft funktionalisiert wurde, sondern auf eine erst zu erstellende. Der funktionalistische Ansatz entwickelte sich zum utopischen.

Ein vermittelnder Ansatz zwischen Anthropologie, Funktionalismus und Utopie ist der bildungstheoretisch-realistische. Er geht davon aus, daß der Mensch einerseits nicht beschreibbar ist in der Ausklammerung von kulturell-gesellschaftlichen Bedingungen, so daß die Anthropologie in einer Kultur- bzw. Gesellschaftstheorie situiert werden muß. Der Mensch ist nicht zeit- und kulturinvariant bestimmbar. Im Sinne des humanen Lebens ist es indessen andererseits verboten, den Menschen auf die Gegenwart oder einen utopischen Entwurf zu funktionalisieren. Das Eigenrecht des Individuums muß gegen seine Funktionalisierung auf gesellschaftliche Interessen und eine erwünschte Zukunft gestärkt werden, ohne der Subjektivierung zu verfallen. Deshalb ist es notwendig, die Erziehung an mehrere Momente zu binden: an die Vergangenheit, die Gegenwart und die Zukunft. Der dringend notwendige Neuansatz der Pädagogik muß das anthropologisch und gegenwärtig Mögliche mit dem künftig Erforderlichen in der Verantwortung vor der Vergangenheit, der Gegenwart und der Zukunft in Übereinstimmung bringen und Sorge tragen, daß ein solches Konzept dann im Rahmen des finanziell Machbaren praktisch durchgesetzt wird. Diesen Ansatz nenne ich den bildungstheoretisch-realistischen.

Dies nun ist die Lage: Die meisten der künftigen Probleme sind zwar schon heute im Groben benennbar, aber sie sind dermaßen vielschichtig und verwickelt, daß es aus heutiger Sicht nicht so aussieht, als könnten sie mittel- oder gar kurzfristig gelöst werden. Erschwerend kommt hinzu, daß selbst dann, wenn konkrete Problemlösungsvorschläge vorlägen, die gute Aussicht auf Erfolg hätten, dies allein noch nicht ausreichte, die Probleme tatsächlich zu lösen, weil es zur Lösung staatsimmanenter und staatsüberschreitender Probleme zusätzlich eine nationale und transnationale Verständigung darüber geben müßte, welche Mittel multinational und multikulturell verträglich sind. Von der Lösung beider Bereiche, des „konkreten" Praxis- und des „kulturellen" Verständigungsbereichs, ist man heute weit entfernt.

Auf diese Welt im Umbruch müssen die Jugendlichen von heute vorbereitet werden. Da die Zukunft jedoch außerordentlich vielschichtig ist und eine genaue Vorhersage unmöglich, läßt sich die künftige Welt nicht in säuberlich geschiedene und inhaltlich detaillierte Problemsegmente aufteilen; seriös möglich sind lediglich Trendangaben. Somit lassen sich aber weder operationalisierte Fertigkeiten noch Fähigkeiten, noch Wissensstände angeben, welche auf diese Segmente in dem Sinne passen, daß jemand, der jene beherrschte, die Problemfelder erfolgreich würde bewältigen können.

Was bleibt nun dem Bildungssystem und der elterlichen Erziehung, wenn die Zukunft nur trendmäßig zu erfassen ist? Es bietet sich die Konsequenz an, aus der Not eine Tugend zu machen: Die Jugendlichen müssen fähig und bereit sein, mit ungelösten Problemen zu leben. Sie müssen lernen, mit der Frage zu leben, mit einer Situation zurechtzukommen, die offen ist, sie müssen lernen, in einer Übergangszeit der Destabilisierung zu leben, den transformen Zustand aushalten zu können, ohne in Orientierungsnot zu geraten und deshalb, kompensatorisch, sich Scheinordnungen despotischer Art aufzubauen und ohne abzugleiten in die Gemeingefährlichkeit von Gewalt und Kriminalität. Sie müssen leben zwischen dem Relativismus der Beliebigkeit und dem Dogmatismus und Fundamentalismus der neuen Heilsgewißheiten. Sie müssen lernen, in einer Welt, in der alles zur Disposition gestellt ist, Haltung zu bewahren. Die Erziehung darf keine Zufallsprodukte der sich auflösenden Moderne erzeugen, vielmehr Menschen, die, obgleich im Umbruch stehend, dennoch auf Distanz zu ihm gehen können, die auf Distanz zu sich selbst gehen können, die in der Lage sind, auf der Objektebene des Lebensvollzugs und der Metaebene der Reflexion zugleich zu leben, die nicht in der Kontingenz ihres Seins und im Strudel der Ereignisse untergehen; die in der Lage sind, den Untergang als Übergang zu sehen, die Auflösung als Neuanfang. Wenn alles zur Disposition steht, dann sind alle Optionen offen.

Weil die Zukunft problembeladen, aber im Detail unbestimmbar ist, muß die Schule die Jugendlichen auf diese Offenheit vorbereiten. Die Zukunft ist der Erziehungshorizont, und der Horizont ist das, was sich, selbst wenn man sich ihm stetig nähert, zugleich ständig entzieht. Die Zukunft ist uneinholbar. Trivialerweise indessen muß die Erziehung die Jugendlichen mit Einstellungen, Haltungen, Sachwissen, mit methodischen Fähigkeiten und mit moralischer Kompetenz ausstatten. Schule und Universität leisten ihren spezifischen Beitrag wesentlich zum Wissen und den Fähigkeiten. Äußerst bescheiden hingegen ist ihr Einfluß auf die Einstellungen und Haltungen, hier sind die Prägungen durch das Elternhaus und das soziale Umfeld ausschlaggebend.

Gleichwohl kann und muß die Schule den Jugendlichen Qualifikationen in der Gegenwart für die vermutete Zukunft vermitteln – sofern akzeptiert ist, daß der Erziehungsauftrag über die Gegenwart hinausreicht und daß es zumindest nicht Sinn des Unterrichts ist, die Schüler im „Hier und Jetzt" glücklich zu machen.

Ein Trend, der die Schule unmittelbar treffen wird und den die Bildungspolitiker und Pädagogen bisher kaum wahrgenommen und zum Teil absichtlich beiseite geschoben und an der gesellschaftlichen Wirklichkeit vorbei gar zu verhindern gesucht haben, ist die Revolutionierung der Welt durch elektronische Medien. Was die Entwicklung – man mag von ihr halten, was man will – erzwingt, wollen durchsetzungskräftige Pädagogen und Bildungspolitiker aus der Schule verbannen. Der Lauf der Zeit ist aber nicht dadurch zu verhindern, daß die Zeiger der Uhr zurückgestellt werden. Auch die Bildungstheoretiker und Bildungspolitiker sollten zur Kenntnis nehmen, daß wir in einer „veränderten Welt" (Walter Schulz) leben. Denn nicht die Kultusminister bestraft das Leben, wenn sie zu spät kommen, sondern die Schüler: Deutschland, wieder einmal (diesmal etwas modifiziert) „Die verspätete Nation" (Helmuth Plessner)?

Mit dem Computer ist eine vierte Kulturtechnik entstanden neben dem klassischen Lesen, Schreiben und Rechnen. Nun diskutieren Pädagogen nach wie vor über Gefahren, Sinn und Zweck des Computers in der Schule. Argumentiert wird mediendidaktisch und medienpädagogisch. Didaktisch: für welchen Lernprozeß lassen sich Computer nutzbringend und mit welchen Nebeneffekten einsetzen, pädagogisch: Wie soll man als moralisches Wesen mit den neuen (elektronischen) Medien umgehen, ohne daß man selbst und die Gesellschaft Schaden nehmen? Die Diskussion hat etwas Gespenstisches, wenn man sich klarmacht, in welchem Maße der Computer tatsächlich schon außerhalb der Schule eingesetzt wird und selbstverständlich wie die Schreibmaschine genutzt wird. Und nun kommen die Einwände: Der Computer sei eben qualitativ grundsätzlich von allen tradierten Medien unterschieden. Selbst wenn dies so wäre, ist dies problemlos, weil der Computer die traditionellen Medien nicht ablöst, sondern ergänzt. Das Schreiben, Lesen, Rechnen, Denken, Informationsbeschaffen wird durch ein Programm und seine Nutzung ja nicht abgeschafft, sondern erleichtert und beschleunigt. Der Computer ist ein dienendes Instrument wie alle anderen Instrumente auch (was nicht ausschließt, daß einzelne sich in das Instrument als solches verlieben). Und in diesem Sinne der instrumentellen Nutzung ist die Computerbedienung zur neuen Kulturtechnik geworden und muß deshalb auch Unterrichtsgegenstand sein. Eine Kulturtechnik jedoch, die sich im Gegensatz zu den traditionellen dadurch unterscheidet, daß das Instrument sich stetig wandelt. Während die Schrift und die Grammatik, die Zahlen und Verknüpfungsregeln im wesentlichen gleich bleiben (wenn auch ab und an eine neue Mathematik entwickelt wird), ist zwar die Computerhardware einigermaßen invariant, doch die Programme werden ständig verbessert und werden für immer neue Problembereiche geschrieben. Darauf müssen Jugendliche vorbereitet werden: auf den Umgang mit einem sich stets wandelnden Medium. Das heißt, daß die Grundschule den Schüler mit der technischen Handhabung von Computern und Programmen vertraut machen muß und der Art und Weise, wie diese rechnen, d.h. was sie leisten und eben nicht leisten. Computerunterricht hat also kein spezifisches neues Gebiet, nämlich den Computer, sondern übt in die Arbeit mit der hardware und einem dynamischen Medium ein. Im Gymnasium dann kann die Einsicht in Leistung und Defiziten von Computern (Stichwort „Digitalisierung der Wirklichkeit“) und Programmen vertieft werden. Er ist nutzbar in der Oberstufe zur Darstellung mathematischer Probleme, und sinnvoll ist eine Einführung in die Entwicklung von Algorithmen. Am wichtigsten indessen ist die Arbeit mit dem Computer zur Entwicklung von virtuellen Welten.

Das humanistische Gymnasium verstand sich aus dem Geist der Kulturwissenschaften, und es hat lange gedauert, bis das naturwissenschaftliche Gymnasium akzeptiert war. Damit waren Natur und Kultur zu gleichrangigen Gebieten der Bildung geworden. Was heute für morgen in den Bildungskanon integriert werden muß, sind die künstlichen Welten, die vom Menschen im Computer generiert werden und die vom Computer selbst generiert werden.

b) Konzentration, Fundamentalisierung und Intensivierung

Der Ansatz von Picht muß umgekehrt werden. Auszugehen ist nicht von einer (noch dazu fiktiven) Menge von wirtschaftlich erforderlichen Abiturienten, um dann die Ausbildungskapazitäten entsprechend zu gestalten und gegebenenfalls Schüler völlig unabhängig von ihrer Eignung zu rekrutieren, um das Plansoll zu erfüllen, vielmehr muß der Ausgangspunkt der Bildungspolitik die tatsächlich vorhandene Begabungsreserve sein. Bildung ist kein Problem von Angebot und Nachfrage, sondern von geistigen Ressourcen. Die Schulen haben die Aufgabe, diese festzustellen. Dann erst kann überlegt werden, was mit diesen Begabungen schulisch, wissenschaftlich, wirtschaftlich, kulturell und politisch machbar ist. Diese Fragen beantworten die Schulen, Hochschulen, die Industrie und der lebensweltliche Alltag.

Qualität ist nicht quantifizierbar. Notwendig ist nicht der weitere Ausbau des Bildungswesens, vielmehr seine Konsolidierung. Statt Expansion: Intensivierung, statt Ausdifferenzierung: Konzentration.

Es ist ein verhängnisvoller Fehlweg, wenn die Schule, wie das berühmte deutsche Nachrichtenmagazin Ende August 1994 titelte, den Anspruch erhöbe, den Schülern „Spaß machen" zu wollen. Die „light & easy-Welle" verkennt zutiefst den Auftrag der Schule und die Verantwortung, die sie für die Jugendlichen hat. Bildung ist kein Konsumgut, zum leichten Verzehr bestimmt; sie ist eine Anstrengung, vielleicht vergleichbar mit der Freude und Befriedigung, die der eine oder andere beim Bergsteigen empfinden mag. Der Schüler muß Achtung vor dem haben, was er erlernt, und dazu muß er dieses überhaupt wahrnehmen. Unterricht ist keine Werbeveranstaltung, die die Zielgruppe in den Strudel der Reizüberflutung reißt, hinter dem der

Gegenstand vergleichgültigt ist und die Adressaten dann grinsend und flachsend in die Zerstreuung untergehen. Statt Dissoziation durch Außenreize Konzentration auf den Gegenstand. Schule, die Zeitvertreib ist, stiehlt den Jugendlichen Leben.

Die geforderte Konzentration ist nicht nur, sozusagen auf der Subjektseite, eine psycho- und lernhygienische Notwendigkeit, sondern auch, sozusagen auf der Objektseite, eine Besinnung auf das Wesentliche dessen, was erlernt werden soll. Solche Konzentration kann dadurch geleistet werden, daß man sich Gedanken um das basale Wissen der europäischen Kultur macht. Die Konzentration muß also auf eine Fundamentalisierung des Wissens und Könnens hinauslaufen, das im Schulbereich erlernt werden muß. Die Traditionsbestände müssen reduziert werden auf das, was an Wissen und Können die Voraussetzung für einen Beruf oder ein Studium ist. Die Aufgabe des Gymnasiums ist es dabei, eine solide Wissensgrundlage und eine sichere methodische Grundlage für die Universität zu schaffen. Unsinnig ist es, wenn das Gymnasium den Versuch machte, in der Oberstufe schon Proseminare durchzuführen. Das Gymnasium hat propädeutische Aufgaben, soll vorbereiten und soll ein „geistiges Klima“ erzeugen, nicht die Universität imitieren, weder in den Inhalten noch in der Organisation. Abgeschafft werden muß deshalb die Überdifferenzierung im Kursbetrieb. Gelänge solche Selbstbescheidung, die zugleich eine Intensivierung des Lernens ermöglichte, dann wäre damit zugleich, statt das Lernen und damit den Geist der Jugendlichen zu diffundieren, Übersicht geschaffen und Orientierung hergestellt.

Orientieren heißt, den Ort zu suchen, an dem die Sonne aufgeht, den Orient, den Osten. Von diesem Fixpunkt aus ist es dann möglich, die übrigen Himmelsgegenden zu bestimmen. Dadurch kann man sich „verorten“. Man kennt die Richtungen, und insofern findet man sich zurecht. Orientierung gibt die Richtungen an, sie sagt, wo man sich befindet, nicht aber, welchen Weg man einschlagen soll. Und in diesem Sinne ist Orientierung keine Handlungsanweisung, die sozusagen teleologisch sagt, was man zu tun hat und wie dies zu bewerkstelligen sei, sondern Denkorientierung, die Übersicht schafft und die Optionen offenlegt. Orientierung ist die Voraussetzung des Handelns, nicht dessen Ziel; im Osten geht die Sonne auf, nicht unter. Orientierung sagt, wo man steht, nicht, wohin man gehen soll. Schule, die Orientierung gibt, macht den Schüler fähig, einen Weg zu finden, gehen muß er ihn schon alleine.

Die große Wahlmöglichkeit der Schüler in der gymnasialen Oberstufe hat eine Engführung der schulischen Bildung zur Folge, bewirkt also genau das, was man durch die differenzierte gymnasiale Oberstufe vermeiden wollte, nämlich eine frühe Spezialisierung, die man dem dreigliedrigen Schulsystem vorwarf und weshalb man, um sie zu verhindern, die Gesamtschule einrichtete. Denn die allgemeine Studierfähigkeit erwirbt heute tatsächlich kein Abiturient mehr; sie steht nur noch auf dem Zeugnis; eine Berechtigung, die nicht einlösbar ist. Es ist dringend erforderlich zu verhindern, daß Schüler der gymnasialen Oberstufe essentielle Fächer abwählen dürfen (und statt dessen zum Beispiel Sport zum Leistungsfach machen).

Heute kann kein Schulleiter den Eltern, die ihr Kind an seinem Gymnasium anmelden, garantieren, daß es zum Beispiel Physik oder Latein in der Oberstufe wird belegen können. Es ist ganz davon abhängig, wie viele Schüler dann ein bestimmtes Fach wählen werden. Sind es zu wenig, kommt der entsprechende Kurs halt nicht zustande. Ein starker Trend zur Abwahl der Fremdsprachen ist zu beobachten, so daß einzig Englisch als Fremdsprache in der gymnasialen Oberstufe übrigbleibt. Das macht deutlich, weshalb die Eingangsbedingungen der Abiturienten für ihr Studium immer mehr auseinanderklaffen. Die einen haben einen Leistungskurs absolviert und haben unnötig viel Spezialwissen, die anderen hatten nur den Grundkurs gewählt, so daß ihr Wissen etwas dünn ist, die dritten schließlich haben das Fach ganz abgewählt und sind bar jeglicher Kenntnisse.

Differenzierung der Lerngegenstände und Lernbereiche macht nur Sinn, wenn eine hinlänglich solide Basis an Wissen und Können vorhanden ist, die dann ausdifferenziert werden kann. Differenzierung ohne Basis ist Dissoziation und erzeugt Halbwissen. Gewaltig eingeschränkt muß deshalb die Wahlmöglichkeit der Schüler werden, und sie muß wesentlich später einsetzen.

Im Sinne des soliden Lernens muß auch die Möglichkeit abgeschafft werden, daß Schüler nach freier Wahl einen Kurs als nur „mündliches" Fach belegen können, also keine Klausuren schreiben müssen oder als „schriftliches" Fach, in dem dann Klausuren zu schreiben sind, mit dem Ergebnis, daß in ein und demselben Kurs einige Schüler Klausuren schreiben und andere nicht. Wenig sinnvoll ist auch die Festschreibung der Gleichwertigkeit von mündlichen und schriftlichen Schülerleistungen.

Das Einschulungsalter in Deutschland beträgt sechs Jahre. Ein starker Trend ist bei Eltern zu beobachten, den Eintritt in die Schule hinauszuzögern, was durch Ausnahmeregelungen recht einfach ist. Man will dem Kind noch etwas „Freiheit" und „Spielzeit" lassen, und schließlich habe ein älteres Kind sozusagen einen Evolutionsvorteil gegenüber jüngeren Kindern der Klasse. Was aber spricht dagegen, die Kinder, wie zum Beispiel in England, schon mit fünf Jahren in die Schule zu schicken?

Es gibt in Deutschland ein groteskes Mißverhältnis von Ausbildungszeit, Arbeitszeit und Lebenszeit. Dringend erforderlich ist eine Senkung der Erstausbildungszeit und der massive Ausbau der Fortbildung. Schüler, die volljährig sind, müssen spätestens dann auch ihre Erstausbildung hinter sich gebracht haben. Und die geforderte Fortbildung ist dabei nicht verstanden als Volkshochschulkurs oder als Einführung in ein neues Computerprogramm, sondern als eine Art „Runderneuerung", deren zeitlicher und inhaltlicher Modus sich an der Innovationsrate des jeweils ausgeübten Berufes bemißt.

Deutschland muß Humankapital bilden und ausbilden, und die jungen Menschen müssen eine echte Chance im Beruf haben, in der Gesellschaft und in der Kultur. Statt dessen werden viel zu viele aus der Ausbildung in die Arbeitslosigkeit entlassen. Zum Ausgleich muß dann die Produktivität derer erhöht werden, die Arbeit haben. Deren Gehälter werden dann ebenfalls erhöht, und denen, die draußen bleiben, wird die Sozialhilfe gekürzt.

Bei entsprechenden Noten können Schüler in Nordrhein-Westfalen beantragen, eine Klasse zu überspringen. Nach dem Ende der Klasse zehn nutzen zwischen zehn und zwanzig Prozent der Schüler diese Möglichkeit, wechseln dann aber nicht sofort von der Klasse zehn in die Jahrgangsstufe zwölf, sondern nutzen die Zeit, um ein oder wenigstens ein halbes Jahr ins Ausland, bevorzugt in die USA, zu reisen, um nach der Rückkehr, in der Aussparung der gesamten Jahrgangsstufe elf oder wenigstens des ersten Halbjahres der Klasse elf (11/I), dann sofort in der Jahrgangsstufe 12/I bzw. 11/II weiterzumachen. Nun ist dies eine höchst erfreuliche Entwicklung, die der Provinzialisierung der deutschen Bildung und Kultur gegensteuert. Zugleich aber zeigt sie auch auf einen Fehler im System: Geht man davon aus, daß nicht zehn bis zwanzig Prozent aller Schüler hochbegabt sind, dann sind diejenigen, die das elfte Schuljahr überspringen, entweder zu gut bewertet, oder aber erweist sich die Jahrgangsstufe elf als überflüssig. Der Qualität der Ausbildung eines beachtlichen Teils der Schüler schadet offensichtlich ein versäumtes Jahr nicht. Daraus läßt sich schließen, daß derselbe schulische Lernerfolg in kürzerer Zeit erreichbar ist. Man könnte demnach entweder tatsächlich ein Jahr streichen oder aber, wenn die Zeit beibehalten wird, quantitativ und qualitativ mehr erreichen.

In jüngster Zeit setzen sich auch einige Bildungspolitiker in der Öffentlichkeit für eine Reform der reformierten gymnasialen Oberstufe ein. Wer nun aber meint, daß nun endlich auch einige Bildungspolitiker begriffen haben, daß die gymnasiale Oberstufe substantiell eine Fehlkonstruktion ist, sieht sich getäuscht. Über die Voraussetzungen, die zur Reform geführt haben, wird gar nicht diskutiert. Und keiner macht sich die Mühe, die Voraussetzungen zu analysieren, die heute gegeben sind und deshalb berücksichtigt werden müssen, soll eine seriöse neue Reform eingeleitet werden. Statt dessen gibt es eine Unzahl an zufälligen Meinungsäußerungen und Absichtserklärungen. Eine sorgfältige Bestandsaufnahme fehlte, ebenso der Versuch, die Zukunftsbedingungen zu bestimmen. Und völlig vermieden werden Begründungen. Eine Bildungsdebatte findet nicht statt.

Es geht bei der politisch gewollten Reform der Reform gar nicht um Bildung, sondern um Geld. So erklärte Joachim Neuser, der Sprecher des NRW-Kultusministeriums, Ende 1994 für die SPD: „Die gymnasiale Oberstufe soll wirtschaftlicher und überschaubarer werden." Andere versprechen sich etwas von der Rückkehr zum Klassenverband, so der CDU-Generalsekretär Reul. Was er sich verspricht? Reul hat errechnet, daß durch die Rückkehr zum Klassenverband in der gymnasialen Oberstufe bis zu 4300 Stellen erwirtschaftet werden könnten. Einige Monate später beziffert er die freiwerdenden Stellen nur noch, aber immerhin, mit 3000. Postwendend spricht sich dann die regierende SPD gegen den Klassenverband aus. Kultusminister Schwier läßt Ende Januar 1995 verlauten: „Eine solche Rückkehr in die Vergangenheit wird es mit mir nicht geben." Da will natürlich auch die FDP nicht nachstehen und läßt von ihrem Generalsekretär Reichel erklären, daß durch den Klassenverband die Studierfähigkeit in Frage gestellt sei. Wieso, das wird nicht so ganz klar.

Bekennt nun ein Bildungspolitiker öffentlich zu deutlich, daß es bei der geplanten Bildungsreform entscheidend ums Geld geht, dann bekommt er ob solches Freimuts von allen Seiten Ärger, selbst von der eigenen Partei. So erging es dem bildungs- und forschungspolitischen Sprecher der SPD-Bundestagsfraktion, Glotz, nachdem der vor der Presse erklärte, daß die Probleme der Hochschule „in der Zukunft ohne dieses Instrument (nämlich die Wiedereinführung von Studiengebühren) nicht zu lösen sind." Die Sprecherin der SPD-geführten Länder in der Kultusministerkonferenz warf ihrem Genossen „Falschgelddiskussion" vor.

Neben dem finanziellen Hintergrund des derzeitigen Reformeifers gibt es indessen auch noch eine Kritik am jetzigen Schulsystem, die weniger von Politikern als von der Industrie und der Universität geäußert wird, und die ist die mangelnde Studierfähigkeit der Abiturienten. Wie nicht anders zu erwarten, wird diese Kritik je nach politischem Lager von Politikern begrüßt oder abgelehnt, diskutiert wird sie nicht.

c) Das Bildungsfundament und die drei Welten

Die Schüler können zwar in der Oberstufe zwei Fremdsprachen abwählen, aber gleichwohl haben jüngst die Kultusminister von Hamburg und Nordrhein-Westfalen verfügt, daß schon ab dem dritten Grundschuljahr die Schüler in einer Fremdsprache unterrichtet werden müssen, die sich jede Schule aussuchen kann: Spanisch, Englisch, Türkisch, Japanisch ... Wie es sich gehört, natürlich „spielerisch" und „ohne Pauken" und schon gar ohne Grammatik und Rechtschreibung, einfach nur so durch Hören und Sprechen und vor allem Singen. Im entsprechenden Erlaß des Kultusministeriums von Nordrhein-Westfalen heißt es, der Unterricht solle die fremde Sprache „in spielerischer Form einbeziehen". Und weiter: „Im Mittelpunkt der pädagogischen Bemühungen um die Verwirklichung der Ziele von Begegnung mit Sprachen steht das Kind in seiner individuellen Beziehung zu Sprache und Kultur und nicht der lehrgangsmäßige, nach linguistischer Progression organisierte Erwerb fremdsprachlicher Kompetenzen." Im Klartext: Die Schüler sollen die fremde Sprache gar nicht erlernen, vielmehr in eine „individuelle Beziehung" zu ihr treten. Was das heißen soll, wird nicht erläutert. Gleichwohl indessen sollen „alle Kinder" durch solchen Unterricht „befähigt werden, ihre sprachlichen Fähigkeiten differenzierter anzuwenden".

Da nun die meisten Grundschullehrer auf dem Gymnasium Englisch gelernt haben, wird in der Regel Englisch gewählt. Mehr als diese Englischkenntnisse aus der eigenen Schulzeit stehen den Grundschullehrern aber nicht zur Verfügung. Die unterrichtenden Lehrer haben also weder eine wissenschaftliche noch eine fachdidaktische Ausbildung im Fach Englisch. So wird der Dilettantismus von Amts wegen betrieben und mit gutem Gewissen. Denn, so die Begründung des Unsinns, je jünger die Kinder seien, desto leichter falle ihnen das Erlernen fremder Sprachen und: beim Erlernen einer Fremdsprache sei die Chancengleichheit zwischen deutschen und ausländischen Schülern besser gewährleistet, weil beim Erlernen einer Sprache, die für beide fremd sei, die deutschen Schüler keinen Vorteil hätten, und schließlich sei das Ganze ein Beitrag zur „interkulturellen Erziehung“, und überhaupt müsse Europa zusammenwachsen. Sancta simplicitas. Da gelingt es den Grundschullehrern aus den unterschiedlichsten Gründen nicht mehr, ihren Schülern die grundlegenden Kulturtechniken Lesen, Schreiben und Rechnen vollständig beizubringen, da sollen sie Umwelterziehung, Verkehrserziehung, Medienerziehung und Gesundheitserziehung leisten, Ernährungsberatung und Drogenberatung durchführen, die Kinder zu sinnvoller Freizeitgestaltung und gewaltfreier Kommunikation anleiten, ihnen Umgangsformen und Tischmanieren beibringen, die Schüler vor Suchtgefahr behüten, die Integration von ausländischen Kindern und deren Eltern bewältigen, Behinderte eingliedern – und nun sollen sie den Grundschulkindern auch noch in zwei Stunden pro Woche Englisch beibringen. Die Gymnasiallehrer jedenfalls müssen dann viel Zeit darauf verwenden, den so beschulten Schülern die verkehrte Aussprache und Syntax aus den Köpfen zu vertreiben. Und da die Kinder heute auch Schwierigkeiten mit ihrem Geschmack haben und etwa Saures von Salzigem nicht mehr unterscheiden könnten, führte Hartmut Holzapfel, Kultusminister in Hessen, geschwind auch noch den Geschmacksunterricht an der Grundschule ein.

Der Name „Grundschule“ ist gut gewählt, soll doch hier der Grund gelegt werden für die nachfolgende Ausbildung an den weiterführenden Schulen: von der Hauptschule bis zum Gymnasium. Und das heißt, Erlernen der Grundfertigkeiten und eine erste Einführung in grundlegende Wissensgebiete der europäischen Kultur.

Da sind zunächst die drei „Kulturtechniken“ Lesen, Schreiben und Rechnen, die erweitert werden müssen um die Fähigkeit, sich in der Sprache mündlich und schriftlich ausdrücken zu können, denn diese Fähigkeit kommt im Zuge des Konsums von Comics und Popmusik, des exzessiven Fernsehens und der Computerspiele immer mehr abhanden.

Neben dem Schreiben und Lesen ist in jüngster Zeit die Bedienung des Computers zur grundlegenden Kulturtechnik geworden. Deshalb hat man das Fach „Informatik“ eingeführt, allerdings nicht an der Grundschule. Hier indessen hat es seinen Platz. Wenig sinnvoll ist es dabei, die Schüler im Programmieren auszubilden oder ihnen die unterschiedlichsten Programmiersprachen beizubringen (dies kann dann auf der Fachoberschule erfolgen), unabdingbar allerdings ist es, ihnen, vergleichbar dem Lesen, Schreiben und Rechnen, den anwendungsorientierten Umgang mit den neuen Medien beizubringen (im Sinne der Handhabung elektronischer Medien), damit sie mit ihnen so problemlos umgehen, wie sie es mit den traditionellen Kulturtechniken sollten.

Nun hat sich die europäische Kultur intensiv mit der Erkenntnis der Natur auseinandergesetzt, und die Geschichte spielte im europäischen Selbstverständnis eine bedeutsame Rolle. Deshalb ist es sinnvoll, die Jugendlichen behutsam auf das Wissen um die belebte und unbelebte Natur und um die menschliche Kultur und Geschichte vorzubereiten und Interesse an diesen Gegenständen zu wecken. Da die europäische Kultur eine offene und dynamische ist, muß auch die Innovationsfreude bei Kindern gefördert werden und die Lust, etwas darzustellen. Die kognitiven Fähigkeiten müssen ergänzt werden durch die gestalterischen.

Daraus ergibt sich folgende Gliederung des europäischen Bildungsfundamentes:

I Können
  1. Lesen
  2. Schreiben
  3. Rechnen
  4. Reden
  5. HaElM (Handhabung elektronischer Medien)

II Wissen
  1. Naturkunde
  2. Erdkunde
  3. Geschichte

III Gestalten
  1. Kunst
  2. Musik
  3. Sport

Auf dieser Basis können die weiterführenden Schulen dann aufbauen. Für diese ist eine Spezialisierung einzelner Schulen auf bestimmte Schulabschlüsse notwendig, einmal von den Qualifikationen der Lehrer her, die sich auf einen bestimmten Bildungsgang fachlich, pädagogisch und didaktisch spezialisieren können, und zum andern unter fiskalischen Gesichtspunkten, weil dann nicht jede weiterführende Schule die Fachräume, die entsprechenden Geräte und Materialien und schließlich die Fachlehrer für alle überhaupt möglichen Fächer haben muß, mit dem Ergebnis, daß in manchen Kursen der gymnasialen Oberstufe nur vier, fünf Schüler sitzen. Der Nachteil, daß durch die Ausdifferenzierung der Schulformen sich die Kinder recht frühzeitig für einen Abschluß entscheiden müssen, muß dadurch aufgefangen werden, daß die Durchlässigkeit zwischen den Schulformen erhöht wird, daß es also organisatorisch erleichtert wird, einen Schulwechsel vorzunehmen, wenn sich herausstellen sollte, daß ein Kind in eine Schulform eingeschult wurde, die seiner Leistungsbereitschaft und -fähigkeit nicht entspricht.

Deutschland besitzt ein einzigartiges Berufsausbildungssystem, um das es andere Länder beneiden, die es auch gerne bei sich einführen würden, nämlich das duale System der Gleichzeitigkeit der Berufsausbildung im Betrieb und in der Berufsschule. Diese Berufsqualifizierung ist erfolgreich, weil die betriebliche und schulische Ausbildung eng zusammenarbeiten, so daß Theorie und Praxis, berufsbezogene und allgemeinbildende Anteile sich gegenseitig ergänzen. Darüber hinaus ist dies Qualifizierungssystem für den Staat äußerst kostengünstig, weil die Kosten der betrieblichen Ausbildung von der Industrie und dem Handwerk getragen werden.

Um den pädagogischen und fachlichen Dilettantismus nicht zu fördern, muß, entgegen dem „Strukturplan“, die Trennung zwischen „Berufsbildung“ und „Allgemeinbildung“ dringend aufrechterhalten werden. Gerade die Berufsschulen sind sehr leistungsstark und tragen entscheidend zur industriellen Standortsicherung Deutschlands bei, weil eben der Ausbildungsstand der Auszubildenden in Gewerbe, Handel und Industrie hoch ist.

Gleichwohl fordern heute Handwerkskammer, der Deutsche Industrie- und Handelstag und einige Bildungspolitiker, die Trennung von allgemeinbildender und berufsbildender Schule aufzuheben. In einem unverständlichen Prestigedenken meinen manche, die Berufsbildung müsse gegenüber der Allgemeinbildung etwas nachholen, und fordern Satisfaktion dadurch, daß der Hochschulzugang kein Privileg des Gymnasiums sein dürfe. Und so wird die „Gleichwertigkeit von allgemeiner und beruflicher Bildung“ gefordert. Welchen sachlichen Sinn die formale Gleichschaltung beider Ausbildungssysteme haben soll, bleibt im dunklen. Und so wird bei den beiden großen Schulsystemen der Fehler wiederholt, der zum Zusammenbruch der gymnasialen Oberstufe führte: nämlich das sachlich Unterschiedene als „gleichwertig“ zu deklarieren, und somit, entgegen der Erklärung, die Unterschiede eskamotiert sind.

Während die deutsche Berufsschule recht leistungsstark ist, sieht es mit dem Gymnasium wesentlich minder aus und mit dem kulturellen Standort Deutschland einigermaßen erbärmlich. Es gibt keine Theorie des Gymnasiums mehr, und es gibt keine Theorie der Bildung mehr. Die Reform der gymnasialen Oberstufe sieht den gesellschaftlichen und pädagogischen Fortschritt gerade in der Entdifferenzierung und kulturellen Gleichwertigkeit aller Fächer und Wissensgebiete. Dies ist der Grund, weshalb im Prinzip jedes Fach und jedes Wissensgebiet ein legitimes Recht haben, in den Unterrichtskanon der gymnasialen Oberstufe aufgenommen zu werden. Da dies aus zeitlichen Gründen jedoch nicht möglich ist, mußte, da eine systematisch-begründende Auswahl systemisch verhindert war, eine dezistionistische vorgenommen werden. Die Interessenvertreter waren am Zuge, der Kampf und Handel zwischen den Kultusministern und den jeweiligen Parteien und Interessenvertretern begann.

Welche Fächer ins gymnasiale Curriculum aufgenommen wurden, ist also nicht in der Sache begründet, vielmehr abhängig von der Lobby; es herrscht der schiere Dezisionismus: Niederländisch, aber nicht Japanisch, Rechtskunde, aber nicht Medizin, Psychologie, aber nicht Kunstgeschichte, Erziehungswissenschaft, aber nicht Betriebswirtschaftslehre, Sozialwissenschaften, aber nicht Astronomie, Politik, aber nicht Ethnologie, Sexualkunde, aber nicht Kulturkunde, Technik, aber nicht Ökologie, Arbeitslehre, Hauswirtschaftswissenschaft, Textilgestaltung etc.

Ein Hoffnungsschimmer auf Besserung ergibt sich aus der „Bonner Erklärung“ der Kultusministerkonferenz vom Januar 1995, in der sich die Kultusminister der Länder darauf geeinigt haben, daß wenigstens drei Fächer bis zum Abitur durchgängig gelehrt und geprüft werden sollen, nämlich Deutsch, Mathematik und eine Fremdsprache. Ob dieser Beschluß allerdings in allen Ländern auch in Praxis umgesetzt wird, bleibt abzuwarten. Inzwischen sieht die Wirklichkeit noch anders aus:

Das Gymnasium bietet im Moment ungefähr dreißig verschiedene Fächer an. Sofern ein einzelnes Gymnasium aufgrund von Lehrer- und Raummangel dazu nicht in der Lage sein sollte, besteht in Nordrhein-Westfalen die Verpflichtung, mit umliegenden Gymnasien zu kooperieren. Das heißt: Einem Schüler, an dessen Schule zum Beispiel Spanisch nicht als Kurs angeboten wird, muß die Möglichkeit gegeben werden, diesen Kurs an einem benachbarten Gymnasium zu besuchen. Und wenn ein solcher Kurs auch am Nachbargymnasium nicht abgeboten wird, dann stehen in größeren Kommunen sogenannte „Zentralkurse“, z.B. für Spanisch, an einer der städtischen Schulen zur Verfügung. Welche organisatorischen Komplikationen das mit sich bringt, läßt sich erahnen: für die Erstellung des Stundenplans für Lehrer und Schüler, für die Terminierung von Kursfahrten, Exkursionen und anderen schulinternen Veranstaltungen usf. Kosten für die Kommunen entstehen für den Transport der Schüler von der einen zur anderen Schule.

Die „Indidvidualisierung“ des Lernens, das „persönliche Curriculum“, führte zu einer Willkür der Fächerkombinationen, wodurch die Studierfähigkeit nicht mehr gewährleistet ist, geschweige denn, daß so noch die gleichen Eingangsbedingungen für alle Studenten geschaffen werden könnten. Eine Rückbesinnung auf die Grundlagen der europäischen Kultur bietet sich als Ausweg an. Denn die Zukunft kann nicht bei Null beginnen, sondern muß trivialerweise aus dem vorhandenen Bestand weiterentwickelt werden. Die Rückversicherung ist also keine Stagnation, geschweige denn eine „Restauration“ oder dergleichen, vielmehr ist sie die Bedingung gelingender Zukunftsbewältigung.

Die europäische Kultur also muß die Schwerpunkte der zu unterrichtenden Fächer vorgeben. Weil sie ihre Verbindlichkeit aus der europäischen Kulturtradition gewinnen, können sie nicht ins Belieben der Schüler gestellt werden. Und selbstverständlich auch nicht in das Belieben von Politikern und Lobbyisten. Damit entfällt auch die Debatte über den Status des Abiturs: Denn wenn die jetzige willkürliche Spezialisierung abgeschafft ist und solche Fächer verbindlich sind, die die Grundlagen der europäischen Kultur ausmachen, dann gewinnt das Abitur auch sein ursprüngliches Ziel wieder, nämlich „Allgemeinbildung“, verstanden jetzt als Grundlagenbildung.

Nun gibt es Überlegungen, die traditionellen Fächer ganz aufzulösen und den Unterricht gemäß Problemzusammenhängen zu strukturieren. Aus der Sicht der unterschiedlichen Fächer wäre dies dann ein „fächerübergreifender Unterricht“. Die Bundesvorsitzende der „Arbeitsgemeinschaft für Bildung“ in der SPD, Brigitte Speth, plädiert für „Profile“, zwischen denen die Schüler sollen wählen können und in denen fächerübergreifende Projekte durchgeführt werden könnten. Die Unterrichtsform müsse der Vielseitigkeit der zu behandelnden Probleme entsprechen, meint sie unter Mißachtung der Tatsache, daß die Hauptmethode der Wissenschaft Reduzierung von Komplexität ist. Unterrichten ist wesentlich vereinfachen und erklären. Der Lernvorgang sollte nicht auch noch durch Unterrichtsmethoden verkompliziert werden.

Nun spricht selbstverständlich alles dafür, daß die Jugendlichen lernen, daß es kaum möglich ist, Probleme auf ein einziges Fachgebiet einzugrenzen, und selbst die traditionellen Fächer lösen sich ja in der Tat am Rande immer mehr auf: So gibt es zahlreiche Überschneidungen zwischen Biologie, Chemie und Physik und Mathematik, zwischen Geschichte und Geographie, zwischen Kunst und Musik und Literatur usw. Daß die Probleme verwoben sind, daß im Grunde alles mit allem zusammmenhängt, ist ja nicht erst eine Entdeckung der letzten Jahre, vielmehr eine alte Binsenweisheit. Und genau deshalb, weil die Probleme in einem äußerst komplizierten Beziehungsgeflecht angesiedelt sind, hat es sich als günstig erwiesen, sie nicht „ganzheitlich“ anzugehen, sondern sie in erkenntnistheoretischer Absicht in Einzelbereiche zu zerlegen. Aus heuristischen Gründen empfiehlt sich ein einseitig-systematischer Zugriff, so daß das Problemknäuel wie an einem Faden langsam aufgedröselt werden kann. So unterschiedliche Denker wie Martin Heidegger und Wolfgang Stegmüller beschrieben diese Vorgehensweise (sowohl für die Geistes- als auch für die Naturwissenschaften) als hermeneutischen Prozeß, in dem das Verstehen an einem beliebigen Punkt ansetzt, um dann festzustellen, daß das Einzelne nicht ohne den Zusammenhang mit dem Ganzen verstanden werden kann, das Ganze jedoch auch nicht ohne das Verstehen des Einzelnen zu begreifen ist. Diesen Zirkel nannte Heidegger den hermeneutischen: Er ist nämlich kein logischer, unauflöslicher Widerspruch, sondern läßt sich auflösen, vergleichbar dem Verstehen eines Buchs, dessen Sinn sich in der langsamen Lektüre ergibt. Das Ganze ist nicht zu verstehen, ohne in chronologischer Lektüre die Einzelsätze verstanden zu haben, doch die Einzelsätze sind erst dann völlig verständlich, wenn das Buch zu Ende gelesen ist, wenn das Ganze verstanden ist. Der hermeneutische Zirkel ist die Struktur von Verstehensprozessen, er stellt das Gewebe von Besonderem und Allgemeinem, von einzelnem und Ganzem dar. Ein „ganzheitlicher“ Zugriff, der das Ganze auf einmal erfassen will, kann nicht gelingen, sondern erzeugt nur Verwirrung. Es sei denn, es wird vorausgesetzt, daß Lernen und Begreifen auch durch Erleuchtung möglich wäre. Wird diese Voraussetzung nicht gemacht, ist es angebracht, sich beim Lernen und Verstehen der hermeneutischen Methode zu bedienen, und es erübrigen sich die Versuche, das gymnasiale Curriculum, statt fachspezifisch, problemorientiert zu organisieren; die traditionellen Fächer können getrost beibehalten werden. Allerdings ist es dringend notwendig, daß die Schüler begreifen, daß jedes Fach nur ein Zugriff zum Problem ist. Sie müssen um die Grenzen des Wissens wissen. Die Aufgabe des Lehrers ist es, den Schülern die Zusammenhänge seines Faches mit den anderen Fächern zu verdeutlichen, damit das „Ganze“ im Kopf des Jugendlichen entsteht. Notwendig ist es deshalb, daß die Fachlehrer in der Lage sind, ihr Spezialwissen in den Zusammenhang mit anderern Wissensgebieten zu bringen, daß die Schüler mit den Fakten eines Wissensgebietes zugleich deren real- und geistesgeschichtlichen und systematischen Hintergrund miterfassen. Das zeigt erneut, wie notwendig die umfassende Fachkenntnis der Fachlehrer ist. Eine Auflösung der Fächer ist dazu nicht erforderlich, sie birgt nur die Gefahr, in Diffusion zu versinken. Sinnvoll indessen ist die Zusammenarbeit der Lehrer der einzelnen Fächer. Jeder Fachlehrer muß wissen, welche Gegenstände gerade in den anderen Fächern unterrichtet werden. Dann kann der Unterricht im einen Fach den Unterricht in einem anderen Fach so ergänzen, daß die Zusammenhänge tatsächlich im Kopf der Schüler entstehen. Notwendig wäre es deshalb, daß gewährleistet ist, daß alle Schüler auch in denselben Fächern unterrichtet werden, und daß die Lehrpläne in den einzelnen Fächern auch inhaltliche und nicht nur methodische Festlegungen träfen.

Als in Nordrhein-Westfalen die heute gültigen Curricula entwickelt wurden, erschien es dem Kultusminister nicht erforderlich, dafür zu sorgen, daß die Autoren der Richtlinien der einzelnen Fächer sich manchmal trafen, um zu wissen, welche Inhalte die Fachkollegen der anderen Fächer für eine Jahrgangsstufe verbindlich machen wollten. So wurden Richtlinien für die Klassen 11 bis 13 von allen Fachkommission entwickelt ohne Kenntnis dessen, was die anderen Fächer für Richtlinien erließen. Und heute beklagt sich der kultusministerielle Nachfolger, daß es zu wenig fachübergreifenden Unterricht gebe. Er kommt auch nicht auf die Idee, daß es dazu unerläßlich ist, daß sich zum Beispiel der Biologielehrer darauf verlassen können muß, daß alle Schüler seiner Klasse denselben Ausbildungsstand in Chemie haben. Genau dies ist aber durch die Konstruktion der gymnasialen Oberstufe systematisch verhindert.

Werden die traditionellen Fächer beibehalten, dann tut allerdings Konzentration Not. Der Trend der prinzipiell unendlichen Ausdifferenzierung des Fächerangebots an den öffentlichen Schulen muß gestoppt werden. Im Angebot müssen weniger Fächer sein, die dafür intensiver unterrichtet werden können. Statt Expansion also Konzentrierung, Intensivierung und Reduzierung. Die Konzentrierung des Fächerangebots muß die grundlegenden Fächer umfassen. Wenn Bildungspolitiker jüngst dafür plädierten, die Autonomie der Schulen auch inhaltlich festzuschreiben in dem Sinne, daß auch verbindliche Curricula aufgegeben werden, so daß jede Schule ihr eigenes Curriculum erstellen kann, dann wird hier in einem Maße auf die Kräfte des freien Marktes vertraut, der industrielle Bedingungen mit denen der Bildung verwechselt. Nach der Kapitulation der Bildung soll sozusagen im Treuhandverfahren die Konkursmasse ausverkauft werden.

Wer „studierfähig“ sein soll, der muß nicht nur „Sprachkompetenz in der deutschen Sprache besitzen, Kommunikationsfähigkeit in Englisch und das Verständnis elementarer mathematischer Funktionen sowie der Wahrscheinlichkeitsrechnung“. Es reichen auch nicht „systemisches, ökologisches, divergentes und vernetztes Denken, Kreativität und methodische Flexibilität, soziale Kompetenzen wie Kommunikation und Kooperation, Teamgeist und Überzeugungskraft“. – Die Debatte um die „Schlüsselqualifikationen“ führt gänzlich in die Irre. Notwendig ist ein Selbst- und Weltverständnis, das geschult ist an den Höchstleistungen der europäischen Kultur, notwendig sind Jugendliche, bei denen Wissen, Können und Verhalten nicht auseinanderfallen, sondern eine Einheit bilden, die denkende, wissende, könnende und moralische Subjekte sind.

Gerade weil die Pluralisierung der Lebenswelt zunimmt, ist es notwendig, daß die Jugendlichen einen einheitlichen Bildungsgrund erhalten, nämlich um den Fortschritt der beschleunigten Lebenswelt auszuhalten. Dies heißt für die Praxis des Gymnasiums: Notwendig ist ein verbindlicher Kanon von Fächern, und zwar von solchen Fächern, welche die europäische Kultur geprägt haben und weiterhin prägen. Ein solcher Fächerkanon repräsentiert in der Tat nicht, wie kürzlich Ludwig Huber, der wissenschaftliche Leiter des Oberstufenkollegs an der Universität Bielefeld, kritisiert hat, „das Gemeingut unserer Gesellschaft“ („Die Zeit“ vom 30. Juni 1995). Recht hat er. Aber dies ist auch gar nicht der Sinn dieses Fächerkanons. Nicht um Gesellschaft geht es, nicht um „Schlüsselqualifikationen“ geht es, vielmehr geht es um Bildung, um Kultur und um Orientierung. Der Begriff der „Gesellschaft“ muß im Bildungsbereich endlich ersetzt werden durch den Begriff der Kultur. Aus Lernzielen und Qualifikationen muß endlich Bildung werden. Kultur verstanden als das Ganze eines Lebenszusammenhangs, der auf nicht-kodifizierten, obersten Prinzipien des Denkens, Handelns und Empfindens ruht, der sich ausdrückt in Kunst, Wissenschaft, Politik und Geschichte und sich realisiert als eine Lebensform. Bildung ist dann die bewußte und reflektierte Aneignung von und Auseinandersetzung mit Kultur, die Identität stiftet und Orientierung schafft. Statt dessen will Ludwig Huber das Lernen von drei anderen Bezugspunkten abhängig machen: vom Bildungsbedürfnis der Jugendlichen, von den Anforderungen des künftigen Berufs bzw. Studiums und vom Kriterium der Wissenschaftspropädeutik. Dies bedeutete dann die Subjektivierung und gleichzeitige Funktionalisierung des Lernens. Und vielleicht können dadurch tatsächlich Schlüsselqualifikationen erreicht werden – studierfähig und human wird man indessen nicht durch operationalisierte Qualifikationen, sondern allein dadurch, daß man sich bildet, und zwar in der Aneignung von und der Auseinandersetzung mit den überkommenen Problemstellungen und -lösungen der europäischen Kultur. Die Subjektivierung und Funktionalisierung des Lernens macht nur den Anschein, die Jugendlichen zu berücksichtigen; in Wahrheit läßt man sie allein und interpretiert die Vernachlässigung um in Selbständigkeit. Wahre Selbständigkeit muß errungen werden. Wer sich der Tradition nicht stellt, der hat die Gegenwart und die Zukunft verloren.

Welche Fächer bilden nun den Grundstock der europäischen Kultur?

Karl R. Popper hat eine „Drei-Welten-Theorie" aufgestellt. Die physikalische Welt nennt er die „Welt 1". Darüber hinaus setzt er eine „Welt 2" der psychischen Zustände an und schließlich eine „Welt 3", nämlich die Gesamtheit der Erzeugnisse des menschlichen Geistes. Alle Welten, behauptet nun Popper, seien selbständige Entitäten und führten ein Eigenleben. Noch nicht einmal die „Gegenstände der Welt 3, ihre Eigenschaften und Beziehungen" ließen sich „auf Gegenstände der Welt 2 reduzieren. Sie können auch nicht auf Hirnzustände oder Dispositionen reduziert werden."[59] Die „Welt 3" also emanzipiert sich sozusagen von ihren Ursprüngen: nämlich von ihrer Produktion als Bewußtseinszustände der „Welt 2" bezüglich der „Welt 1". Die „Welt 3" ist sozusagen die Ablagerung der Behauptungen, die über die „Welt 1" oder aber über die „Welt 2" und innerhalb der „Welt 3" gemacht werden. Mit seinem „Drei-Welten-Modell" hat Popper den Anspruch, die Gesamtheit des Seins erfaßt zu haben.

Ich schließe mich diesem Modell an und ziehe daraus Konsequenzen für ein gymnasiales Curriculum. Dieses muß so konstruiert sein, daß es das Spektrum aller drei Welten umfaßt. Etwas modifiziert besagt dies: „Welt 1" ist die bewußtseinsunabhängige empirische Welt der Erfahrung, die Natur. „Welt 2" ist die geistige Welt der Bewußtseinsinhalte, die Kultur. „Welt 3" ist die künstliche Welt menschlicher Kreativität, die sich gegenüber ihrem Produzenten verselbständigt: die virtuellen Welten der Kunst, der Mathematik, der Algorithmen, der künstlichen Intelligenz und die computergenerierten Welten.

Die Konstituierung der europäischen Identität bedarf der Kenntnis und Auseinandersetzung mit der „Welt 1", also der Naturwissenschaften, der „Welt 2", der Sprachen, der Geschichte und der Philosophie, und der „Welt 3", der Künste, der Mathematik und der computergenerierten Welten.

Diese drei Welten bilden den Grundraster eines Curriculums, das den Anspruch hat, die Gesamtheit des Seins in seinen Grundzügen zu erfassen. Gemäß diesem Raster lassen sich dann aus dem Bestand der europäischen Tradition wissenschaftliche Disziplinen bzw. Schulfächer benennen, die den einzelnen Welten zuzuordnen sind.

Die „Welt 1" ist seit der griechischen Antike das bevorzugte Forschungsobjekt europäischen Denkens gewesen. Es begann mit den Kosmologien und Kosmogonien der Vorsokratiker und steht heute vor der Aufgabe einer „Großen Vereinheitlichten Theorie", in der die Relativitätstheorie mit der Quantenphysik zusammengedacht ist, genauer, in der die schwache Kernkraft zusammengeführt werden soll mit der starken Kernkraft. Spätestens seit der Neuzeit haben die Naturwissenschaften das Weltverständnis Europas beherrscht: Physik, als die Naturwissenschaft schlechthin, Chemie, Biologie und Geographie.

Das Selbstverständnis des Menschen drückt sich in den verschiedenen Sprachen aus. Sie ist die Grundlage und das Medium jeglicher Kultur, bestimmt das Denken strukturell und inhaltlich und damit auch den Zugang zu allen drei Welten. Damit bilden die Sprachen die „Welt 2" der Bewußtseinsinhalte.

Für Europa war die verbale Sprache dominierend und daneben die Sprachen der bildenden Kunst und der Musik. Ein neuer Trend, ausgelöst durch die elektronischen Medien, verdrängt gerade die Wortsprache durch die Bildsprache im Fernsehen, Film, Computer, in den Comicstrips, Zeichentrickfilmen und der Werbung, eine Entwicklung, die in den USA vorgezeichnet ist. Zum Begreifen des europäischen Selbst- und Weltverständnisses müssen jedoch die Wortsprachen gekannt sein; deshalb müssen das Deutsche und zwei bis drei Fremdsprachen ins gymnasiale Curriculum aufgenommen werden. Weil sich das Englische faktisch als Universalsprache durchgesetzt hat, muß es zum Pflichtfach gemacht werden. Daneben müssen die bedeutendsten europäischen Kultursprachen als Zweit- oder als Drittsprache angeboten werden: Griechisch, Lateinisch, Französisch, Spanisch und Italienisch. Sinnvoll ist eine Erweiterung des Angebots der Drittsprachen um Japanisch, Russisch und Chinesisch.

Vergleichbar der Mathematik hat die Philosophie das europäische Selbst- und Weltverständnis grundlegend bestimmt. Nach dem historischen Ausscheiden des Mythos in der Antike und des Christentums im Mittelalter als kulturelles Fundament hat beidesmal die Philosophie die Aufgabe übernommen, die Lebenswelt und die Wissenschaften zu gründen. Deshalb ist die kulturelle Tradition Europas in ihrer Substanz von der Philosophie geprägt. Als Denkmethode prägte sie die europäische Kultur im Sinne einer Argumentationskultur auf der Grundlage der Vernünftigkeit des Menschen, die jeden Menschen zum prinzipiell Wahrheitsfähigen macht. – Im Gegensatz zu anderen Kulturen, in denen die Wahrheit dem privilegierten Zugang einer kulturellen Kaste vorbehalten ist.

Die Inhalte, welche die Philosophie thematisierte, treffen sich, bei allen Unterschieden, darin, daß sie um eine vernünftige Grundlage des Seins, des Denkens und Handelns ringen. Mit anderen Worten: Die großen Fragen der Philosophie, mit deren Thematisierung sie die europäische Kultur prägte, sind die Versuche, die obersten Prinzipien des Seins, des Denkens und des Handelns zu ergründen. Das zeigt: Die europäische Tradition ist ohne die Philosophie als Denkmethode und als Thematisierung dieser Inhalte gar nicht begreifbar. Und weil die Denkmethode von den Denkinhalten nicht getrennt werden kann, deshalb muß die Philosophiegeschichte ein unverzichtbarer Bestandteil eines gymnasialen Curriculums sein.

Da die kulturelle Tradition ihre Korrespondenz in der Realgeschichte hat, ist es unumgänglich, auch diese ins Curriculum aufzunehmen, nicht zuletzt auch deshalb, weil dadurch auch die Auseinandersetzung der europäischen Kultur mit den anderen Kulturen und der mühevolle Gang bis zur liberalen Demokratie deutlich wird.

Seit den Tagen eines Pythagoras und Platon ist die Mathematik, wahrscheinlich von Ägypten übernommen, die grundlegende europäische Wissenschaft überhaupt geworden (was dann von Descartes und Leibniz zur „mathesis universalis", zur formalen Grundlagenwissenschaft modifiziert wurde). Mathematik ist die traditionelle Basis der „Welt 3", der künstlichen Welten, die vom Menschen produziert werden, ohne daß ihnen ein semantischer Bezug eignet. Dies gilt ebenso für die Bildenden Künste und die Musik. Seit der moderne Computer erfunden wurde, lassen sich künstliche Welten indessen auch anders und nach beliebigen Algorithmen generieren, nämlich elektronisch. Deshalb muß die elektronische Generierung von Welten in ein zukunftsorientiertes Curriculum aufgenommen werden.

In diesem 3-Welten-Raster fehlen zwei klassische Fächer: Sport und Religion.

Für eine bemerkbare körperliche Gesundheitsförderung, so der Konsens in der Sportmedizin, ist eine körperliche Langzeitbelastung notwendig, die in drei Wochenstunden Sportunterricht nicht erreicht werden kann. Wer also den Sportunterricht über das Argument der

„Volksgesundheit“ legitimieren möchte, der muß für eine drastische Erhöhung des Unterrichtsvolumens im Fach Sport eintreten. Allein schon aus Zeitgründen ist dies unrealistisch. Und es ist auch sachlich gar nicht erforderlich. Denn in jeder Stadt gibt es Turn- und Sportvereine, so daß jeder, der will, Sport treiben kann. So erweist es sich als wenig plausibel, daß in den Schulen überhaupt Sportunterricht stattfindet.

Sobald die Jugendlichen „religionsmündig“ geworden sind (nämlich mit 14 Jahren), meldet sich ein Großteil „aus Gewissensgründen“ vom Religionsunterricht ab. Der Schwund ist dermaßen hoch, daß die Kirchen, in der Hoffnung, dadurch Schüler im Religionsunterricht halten zu können, durchgesetzt haben, daß die Religionsabmelder statt in Religion dann in einem Ersatzfach unterrichtet werden müssen. Gäbe es keine religiöse Zwangsbeschulung, wäre der Religionsunterricht schon lange mangels Schülern in Konkurs gegangen. Daß der Glaube durch Religionsunterricht befördert wird, glaubt wohl noch nicht einmal ein Religionslehrer. Da nun auch in jeder Stadt Kirchengemeinden sind, so daß jeder, der will, seinen Glauben pflegen kann, ist es wenig plausibel, daß in den Schulen Religionsunterricht stattfindet. Ungeklärt ist die Frage, wie es sich legitimieren läßt, daß der Staat den Religionsunterricht garantiert. Nun ist allerdings das Christentum sowohl als Denksystem als auch als Institution für Europa so prägend gewesen, daß es notwendig Unterrichtsgegenstand sein muß. Solcher Unterricht ist allerdings keine Glaubensschulung und kann deshalb von anderen Fächern mitübernommen werden. Im Geschichtsunterricht geschieht dies zwangsläufig, so daß die realgeschichtliche Komponente damit ihren Ort hat, und die geistesgeschichtliche Komponente kann vom Philosophieunterricht übernommen werden. Der traditionelle Religionsunterricht jedenfalls ist kein notwendiges Fach im Curriculum.

Damit läßt sich eine neue Fächer-Systematik erstellen. Physik, Chemie, Biologie und Erdkunde gehören zur „Welt 1“, der Natur. Die Sprachen, Philosophie und Geschichte sind die Gebiete der Kultur und des Geistes, d.h. der „Welt 2“. Schließlich gibt es noch die künstlichen Welten, die „Welt 3“, die Mathematik, Informatik (im Sinne der elektronischen Generierung künstlicher Welten), die Bildende Kunst und Musik umfaßt.

Daraus ergibt sich ein sozusagen curriculares Orbis-Modell im Rahmen der europäischen Tradition, das die kulturelle Identität konstituiert.

Welt 1: Natur
1. Physik
2. Chemie
3. Biologie
4. Erdkunde

Welt 2: Kultur
1. Deutsch
2. Erste Fremdsprache
3. Zweite bis dritte Fremdsprache
4. Philosophie
5. Geschichte

Welt 3: Künstliche Welten
1. Mathematik
2. EGKW
(Elektronische Generierung künstlicher Welten)
3. Bildende Kunst
4. Musik

Da es nun aber unterschiedliche Begabungen, die sich grob gemäß geisteswissenschaftlichen Fähigkeiten und mathematisch-naturwissenschaftlichen Fähigkeiten scheiden lassen, gibt, ist es sinnvoll, gemäß diesen beiden Bereichen Differenzierungen zuzulassen, wenn dies nicht zu früh geschieht. Sinnvoll erweist sie sich für die Oberstufe. Dazu bedarf es dann keiner zwei institutionell und räumlich getrennter Gymnasien.

Ab der Klasse 5 des Gymnasiums müssen in allen Fächern Computer so selbstverständlich genutzt werden wie das Lesen, Schreiben und Rechnen. Spätestens ab der Mittelstufe erübrigt sich dann ein eigenständiges Fach „HaElM“.

In allen Fächern, auch in den Nebenfächern, müssen die Schüler sowohl schriftliche als auch mündliche Leistungen erbringen. Der Unterschied zwischen Haupt- und Nebenfächern besteht nur in der Stundenzahl und der Gewichtung für die Versetzung.

Durch die Reduzierung und Konzentrierung der Fächer und der damit verbundenen Intensivierung des Unterrichts ist es möglich, die Schuljahre des Gymnasiums mit einem Bildungsgewinn auf zwölf Jahre zu verkürzen.

Ein gymnasiales Curriculum, dessen vorrangiges Ziel die Studierfähigkeit ist, könnte folgendermaßen aussehen:

Klasse 5 und 6:

Hauptfächer:	*Nebenfächer:*
Mathematik (5 Std.)	Geschichte (3 Std.)
Deutsch (5 Std.)	Biologie (3 Std.)
1. Fremdsprache (5 Std.):	Geographie (3 Std.)
Englisch oder Französisch	Musik (2 Std.)
	Kunst (2 Std.)
	HaElM (2 Std.)

Klasse 7 und 8:

Hauptfächer:	*Nebenfächer:*
Mathematik (5 Std.)	Geschichte (3 Std.)
Deutsch (5 Std.)	Biologie (2 Std.)
1. Fremdsprache (5 Std.)	Geographie (2 Std.)
2. Fremdsprache (5 Std.):	Musik (2 Std.)
	Kunst (2 Std.)
	HaElM (2 Std.)

Klasse 9 und 10:

Hauptfächer:	*Nebenfächer:*
Mathematik (5 Std.)	3. Fremdsprache (4 Std.)
Deutsch (5 Std.)	oder:
1. Fremdsprache (5 Std.)	Biologie und Geographie (je 2 Std.)
2. Fremdsprache (5 Std.)	Physik (3 Std.)
	Chemie (3 Std.)
	Geschichte (3 Std.)
	EGKW (2 Std.)
	Musik (2 Std.)
	oder:
	Kunst (2 Std.)

Klasse 11 und 12:

Hauptfächer:

Mathematik (5 Std.)
Deutsch (5 Std.)
1. Fremdsprache (4 Std.)
2. Fremdsprache (4 Std.)

Nebenfächer:

Geschichte (3 Std.)
Philosophie (4 Std.)
EGKW (2 Std.)
Musik oder Kunst (2 Std.)
Typ A: 3. Fremdsprache (4 Std.)
Physik (3 Std.)
Typ B: Physik (4 Std.)
Chemie (3 Std.)

Ein reformiertes öffentliches Bildungssystem könnte folgendermaßen aussehen:

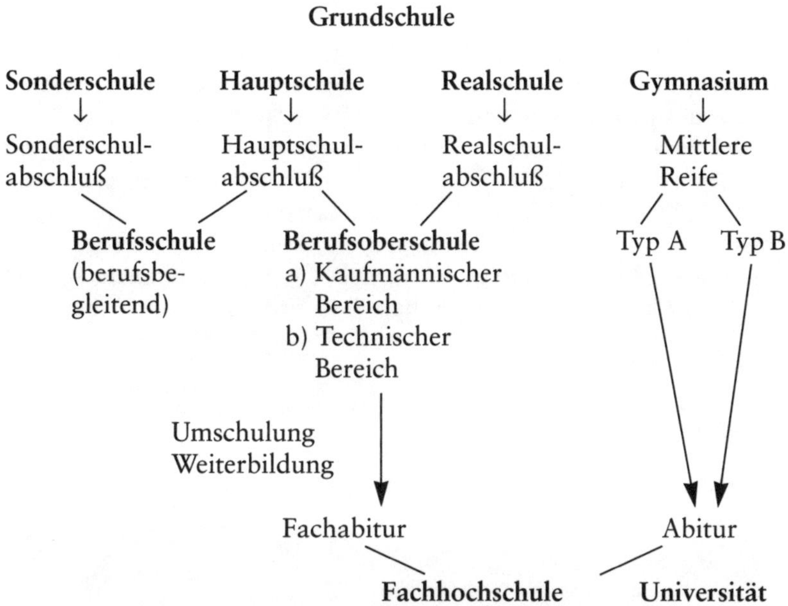

je 4 Semester:

Grundstudium
Hauptstudium
Examensstudium

Magister, Diplom, Staatsexamen

Promotionsstudium

Habilitationsstudium

Das Gymnasium muß neben dem üblichen Ausbildungsgang her noch die Hochbegabtenbildung übernehmen. Betroffen davon sind Schüler, die einen IQ von ungefähr 130 und mehr haben. Das gymnasiale Curriculum braucht dazu nicht verändert zu werden. Der Unterschied zum regulären Unterricht besteht zum einen in der Lerngeschwindigkeit und zum andern in der Vertiefung der Lerngegenstände des gymnasialen Curriculums. Die Klassenbildung muß dabei gemäß einer Kombination von Alter (Reifestadium) und IQ der Schüler erfolgen. Die Urteilskraft der Schulleitung ist hierbei gefragt, keine feste Zuordnungsgröße. Vermieden werden muß eine Ghettoisierung dieser Kinder; sie müssen und können problemlos in den normalen Schulalltag integriert werden, zu ihrem Frommen, zu dem der Mitschüler und der Gesellschaft. So wäre dann allen gedient.

3. Schulmanagement

a) Merkwürdigkeiten der Referendarausbildung

Nach einem mit dem Ersten Staatsexamen abgeschlossenen Hochschulstudium in mindestens zwei Fächern und einem pädagogischen „Begleitstudium" muß, wer Studienrat werden möchte, noch eine zweijährige Referendarzeit absolvieren, und zwar an sogenannten „Studienseminaren". Dort werden die Studienreferendare theoretisch und praktisch in ihren beiden Fächern von fachdidaktischen Spezialisten in den „Fachseminaren" ausgebildet, den „Fachleitern", und in Allgemeiner Pädagogik im „Hauptseminar" vom „Hauptseminarleiter". Die theoretische Ausbildung erfolgt in wöchentlichen, je zweistündigen Seminaren in den beiden Fächern und in Allgemeiner Pädagogik und die praktische Ausbildung erfolgt dadurch, daß die Referendare zugleich an einer Schule unterrichten. Dort werden sie von jeweils dem Lehrer betreut, dessen Klasse sie für eine gewisse Zeit übernehmen. Ungefähr zehnmal (das ist in den einzelnen Bundesländern etwas unterschiedlich) während der Ausbildung kommt der Fachleiter in den Unterricht des Referendars (die sogenannten „Hospitationen"). Im Anschluß daran bespricht, berät und beurteilt er den Unterricht des Referendars. Die Studienseminare werden von einem Studienseminarleiter geführt.

In einem Bewerbungsverfahren um eine Fachleiterstelle bleiben am Ende zwei Kandidaten übrig. Überraschenderweise wird jedoch ein Kandidat mit diesem Amt beauftragt, der sich am Bewerbungsverfahren gar nicht beteiligt hatte und noch nicht einmal verbeamtet war. Der Studienseminarleiter, der seine Berufung betrieb, hatte einen Bruder im Kultusministerium. Beliebt ist auch, sozusagen im Umkehrverfahren, die Verschleppung von Akten, vor allem, wenn sie von einem Regierungspräsidenten zum anderen gereicht werden müssen, können sie schon mal so lange abhanden kommen, bis die Frist abgelaufen ist, zu der ein Kandidat noch ins Bewerbungsverfahren aufgenommen werden muß – wenn eben keine oder eine Art negative Patronage vorliegt (wobei, juristisch gesehen, die Bewerbungstermine keine Ausschlußtermine sind). Bei hartnäckigem Nachfragen des Kandidaten, der vom zuständigen Dezernenten sein Gutachten bezüglich seiner Qualifikation nicht bekommt, kann es dann auch schon mal vorkommen, daß zum Zeitpunkt, zu dem er auf nachhaltiges Drängen sein zweites Gutachten vom Dezernenten bekommt, das erste Gutachten überraschenderweise in seiner Post auftaucht. Die Überraschung ist allerdings noch größer, wenn er dann zwei unterschiedliche Beurteilungen über seine Qualifikation vom selben Dezernenten in der Hand hält. Nur aus der Anwendung außerqualifikatorischer und außerfunktionaler Kriterien ist jedoch erklärbar, wenn die Stelle des Leiters eines Studienseminars mit dem ältesten Bewerber besetzt wird, der kurz vor der Pensionierung steht. Eine langerfahrene „Leitende Regierungsschuldirektorin" urteilt denn auch, daß die Kandidaten auf den Gängen des Kultusministeriums ausgehandelt würden.

Eine Groteske ist die Ausbildung der Referendare zu Sekundarstufe-II-Lehrern. Das nämlich heißt, daß ein Referendar nicht für eine Schulform ausgebildet werden soll, sondern für eine Altersstufe der Schüler. Ob er später an der Berufsschule oder am Gymnasium unterrichtet, spielt keine Rolle. Die „Doppelausbildung" verläuft so, daß ein Referendar, der an ein Studienseminar der Sekundarstufe II mit dem Schwerpunkt Gymnasium kommt, während seiner zwei Jahre Referendarzeit ein halbes Jahr an der Berufsschule unterrichten muß, allerdings von Fachleitern ausgebildet wird, die selbst keinerlei Erfahrung (geschweige denn eine entsprechende Hochschulausbildung) in der Berufsschule haben. Dennoch erwirbt er, sofern er das Zweite Staatsexamen besteht, die Qualifikation zum Unterricht in der Sekundarstufe II: ob Gymnasium oder Berufsschule. Die Hobby-Pädagogen walten und schalten.

Die Referendarausbildung sei der „institutionalisierte Dilettantismus", so urteilt der Leiter eines Studienseminars nach fünfundzwanzigjähriger Berufserfahrung[60]. Dem ist insofern zuzustimmen, als es keine spezielle Ausbildung für Fachleiter gibt und daß die Behörde bei der Referendarausbildung von einem Meister-Schüler-Verhältnis ausgeht: Der Lehrer, der gut unterrichtet, der könne auch anderen am besten beibringen, wie man zu unterrichten habe. Dies Denken beherrscht die gesamte Schulbürokratie. Alle Funktionsstellen im Schulbereich werden nach diesem Muster besetzt. Und so darf es nicht verwundern, wenn jeder Fachleiter so seine Vorlieben und Abneigungen hat. Der eine mag den Großeinsatz von Medien, der andere schwört auf Gruppenarbeit, und wieder ein anderer liebt Projektunterricht. Jeder bastelt sich seine Didaktik zusammen. Und manchmal wird das dann auch publik gemacht, wenn z.B. die Behörde meint, ein besonders gelungenes Beispiel für erfolgreiche Seminarausbildung gefunden zu haben. Deshalb wurden im Jahre 1993 „Anregungen für FachlehrerInnen zur Ausbildung von ReferendarInnen" eines Studienseminars behördlicherseits an die Fachleiter eines Regierungsbezirks verschickt. Darin werden unter anderem Tips gegeben, wie sich der Fachleiter bei der Besprechung einer Stunde gegenüber dem Referendar verhalten soll. Wörtliches Zitat: „Für die Nachbesprechung sind folgende Verhaltensformen des/der FachleiterIn unverzichtbar: Umkehrbarkeit des Verhaltens

Umkehrbarkeit des Verhaltens bedeutet, daß sich der/die LeiterIn nur so verhält, wie sich die Teilnehmer ihm gegenüber verhalten können, ohne gegen den pädagogischen Takt zu verstoßen." (Es wird also für nötig erachtet, darauf hinzuweisen, daß sich ein Ausbilder gemäß den üblichen Umgangsformen verhält.) Und weiter: „Infolge durchweg umkehrbaren Leiterverhaltens machen die Teilnehmer die Erfahrung ihrer Selbständigkeit und Gleichberechtigung und lernen, sich mehr an sachlicher als an Amtsautorität zu orientieren." (Die Verfasser scheinen der Meinung zu sein, daß die „Erfahrung der Selbständigkeit" von Frauen und Männern im Alter von durchschnittlich gut 28 Jahren vom Verhalten des Fachleiters abhänge.) Und etwas weiter oben ist zu lesen: „Fernziel dabei ist, eine Vertrauensgrundlage aufzubauen und miteinander bekannt zu werden, was durch inhaltlich eigentlich nutzlose Äußerungen bewirkt werden kann. Ein echtes Gespräch ist aber etwas anderes und kann an diesem Punkt nicht einfach stehen bleiben." Es handelt sich um ein wörtliches Zitat, verfaßt von einem gestandenen Fachleiter und veröffentlicht von der zuständigen Behörde. Vertrauen, meint dieser Fachleiter, und offensichtlich auch die Behörde, könne hergestellt werden durch „nutzlose Äußerungen" im Rahmen eines „unechten" Gesprächs. Bei der Unterrichtsbesprechung jedenfalls solle der Fachleiter „Sicherheit und Echtheit" ausstrahlen. Denn „diese Verhaltensdimensionen (was damit wohl gemeint sein mag?), die stark von der Grundpersönlichkeit (was ist der Unterschied zwischen Persönlichkeit und Grundpersönlichkeit?) des/der LeitersIn abhängen, tragen wesentlich zu einer vertrauensvollen, entspannten Atmosphäre bei." Schließlich solle der Fachleiter „erwünschte Tendenzen" verstärken: „Der/die FachleiterIn soll selbstverständlich seine/ihre Anerkennung nicht in der Form verteilen, daß er/sie derjenige/diejenige ist, der/die über gut und böse zu entscheiden hat; dann wäre sein/ihr Verhalten nicht mehr umkehrbar. Überhaupt sollte er/sie nicht zu viel Anerkennung aussprechen, da das eher die persönliche Abhängigkeit der Teilnehmer anstatt sachbezogener Selbständigkeit fördert. In unauffälliger Weise können jedoch Äußerungen der Teilnehmer, die Initiative, kritisches Bewußtsein oder Verbalisierung von Gefühlen zeigen, durch die Anerkennung des/der LeitersIn verstärkt werden." Es handelt sich wirklich um ein wörtliches Zitat und ist keine gewollte Satire. Die Gedankenschärfe entspricht dem sprachlichen Unvermögen, die in Immoralität umschlagende Pseudomoral hat das beste Gewissen, der Dilettantismus wird behördlich gefördert.

Wenn man solche Ausführungen liest, dann ist eine gewisse Skepsis angebracht, was die Fähigkeit der Schule und Studienseminare zur „Selbstqualifizierung" angeht. Dieses Programm wird gleichwohl mächtig vorangetrieben. Zum einen, weil die Kienbaum Unternehmensberatung Ende 1994 in einem neuerlichen Gutachten, diesmal zur „Reorganisation der Staatlichen Schulaufsicht des Landes Nordrhein-Westfalen" im Sinne einer „Systematischen Qualitätssicherung" der Schulen „externe Visitationen durch Evaluationsteams" vorsieht und eine Verstärkung der Fortbildung, und zum andern, weil „Selbstqualifizierung" wenig kostet, denn schließlich bedarf es dazu keiner externen und teuren Fachleute für Fortbildungsveranstaltungen von Lehrern.

Die Aufgabe der Studienseminare ist es, den Referendaren das theoretische Wissen für erfolgreiche Unterrichtsarbeit zur Verfügung zu stellen und sie einzuüben in das praktische Können für diese Tätigkeit. Darüber hinaus leistet es Hilfe für die Entwicklung eines professionellen Lehrerselbstverständnisses. Die Aufgabenbereiche sind also: theoretische Ausbildung in Allgemeiner Pädagogik und Fachdidaktik, praktische Ausbildung in der Unterrichtsführung und Entwicklung eines professionellen Lehrerselbstverständnisses.

Was heute fehlt, ist die Schulung der Erklärungsfähigkeit der Referendare. Und was macht denn den guten Lehrer aus, wenn nicht genau diese Fähigkeit? Hinzu kommen noch zwei weitere Merkmale erfolgreichen Unterrichts: er ist nicht nur erklärungsorientiert, sondern nimmt sich auch Zeit zum Üben, und ansonsten sind der gesunde Menschenverstand und die Urteilskraft des Lehrers entscheidender als alle pädagogische Theorie und didaktisch-methodischen Unterrichtsarrangements.

Indessen ist die Didaktik schon einen Schritt vorangekommen: Am besten lerne der Schüler nicht, wenn er etwas erklärt bekomme, sondern wenn er sich selbst etwas erarbeite. Das „entdeckenlassende Lernen" (discovery-Strategie) ist die große didaktische Erneuerung. Sie sei nicht nur sachlich, d.h. lerntheoretisch geboten, vielmehr auch politisch, denn schließlich zeichne die Selbsttätigkeit den demokratischen Bürger aus, weshalb es folglich die Aufgabe der Schule sei, diese zu üben. – Selbst wenn so viel Zeit zur Verfügung stünde, daß das „entdeckenlassende Lernen“ die didaktische Grundsituation jedes Unterrichts wäre, so scheitert das Konzept mit der zunehmenden Komplexität des Lerngegenstandes und dessen real- und geistesgeschichtlichen Voraussetzungen. Dies außer acht lassend, ist das „entdeckenlassende Lernen“ heute indessen gesteigert in den „Projektunterricht“: Schüler sollen sich, vom eigenen Interesse geleitet, ein Sachgebiet aussuchen, das sie sich erarbeiten wollen, und Methoden, kraft derer sie dies tun wollen. Es handelt sich also um eine Art Verlängerung der universitären Forschungssituation in den Unterricht. Solches Tun fördere die Selbständigkeit der Schüler und ihre Teamfähigkeit und wirke in diesem Sinne auch erzieherisch; es würde nämlich die „soziale Kompetenz“ der Schüler gesteigert. Vorausgesetzt ist, daß die Schüler überhaupt ein Interesse haben, das sie als einen Unterrichtsgegenstand darstellen können. Ungeklärt bleibt, wie sich 25 bis 30 Schüler auf ein Gebiet einigen sollen, das den Interessen aller gleichermaßen nachkommt. Verzichtet ist auf die Anstrengung der Pädagogen, verantwortungsvoll den Schülern Unterrichtsgegenstände vorzugeben, die vor der Vergangenheit, der Gegenwart und der Zukunft standhalten. Was sachlich dabei herauskommt, wenn sich eine Schulklasse im Projektunterricht mit dem öffentlichen Nahverkehr, der Situation von arbeitslosen Jugendlichen oder der Stadtgeschichte beschäftigt, läßt sich dann nach angemessener Frist im Lokalteil der örtlichen Presse nachlesen, und Schüler, Lehrer, Eltern und Schulleitung sind stolz, ihre Konterfeis gedruckt zu sehen. Was nun der sachliche und pädagogische Ertrag war, bleibt dem Prinzip Hoffnung überlassen.

Es herrscht eine maßlose Überschätzung des sachlichen, methodischen, motivationalen und erzieherischen Erfolgs, den die Selbsttätigkeit von Schülern gegenüber der Lehrtätigkeit des Lehrers angeblich haben soll.

Der Erfolg der Ausbildung wird kontrolliert in Unterrichtsbesuchen, die der Fachleiter beim Referendaren durchführt. Je nach Bundesland werden solche Hospitationen bis zu zehn, zwölfmal innerhalb von zwei Jahren durchgeführt. Der Fachleiter kennt also nur punktuelle Leistungen eines Referendars. Es ist für ihn deshalb nur sehr schwer möglich, Langzeitprognosen zu stellen, weil er systemisch von der Dauerbeobachtung des Referendars im Schulalltag ausgeschlossen ist.

Die Unterrichtsbesuche werden jeweils angekündigt; mit dem Resultat, daß der Referendar sich wochenlang vorher auf eine einzige Unterrichtsstunde vorbereitet; er schreibt einen Plan, schluckt Tabletten, kann nächtelang nicht schlafen, verwirft seine Planung wieder, spricht mit Bekannten und Mitreferendaren, ändert erneut seinen Plan, kopiert schließlich am Morgen vor dem Unterrichtsbesuch seine jüngste Planung, die er dem Fachleiter übergibt, und unterrichtet dann gemäß Aufzeichnungen, die er für seinen eigenen Gebrauch gemacht hat, jedoch nicht dem Fachleiter aushändigt. Der Fachleiter also sieht niemals den üblichen Unterricht des Referendars, sondern immer „Schaustunden", in denen sich der Referendar besonders viel Mühe gibt, die jedoch nicht notwendig den Unterricht verbessert. Es handelt sich in der Regel um hoch emotionalisierte Situationen, denn schließlich hängt von der Beurteilung des Fachleiters die Note des Referendars ab. Viele halten dies nicht aus. Morgens, kurz vor sieben Uhr, klingelt das Telefon. Die Frau eines Referendars ist am Apparat. Ihr Mann, sagt sie, müsse leider die Hospitation absagen, er sei gerade von einer Biene gestochen worden. Ich wünsche gute Besserung, gieße eine weitere Tasse Tee ein und greife nach der Zeitung.

Die Unterrichtsbesuche, für Fachleiter Routineangelegenheiten, sind für den Referendaren alpdruckartige Ausnahmesituationen. Vor der Hospitation gehe ich auf einen Referendar zu, um ihn zu begrüßen. Er wischt sich seine Hände an der Hose ab. Die Analyse einer Unterrichtsstunde macht Mängel in der Planung und Durchführung deutlich. Der Referendar beginnt, von seiner kranken Frau zu erzählen. Eine Unterrichtstunde geht daneben. Der Referendar verteidigt sich: Er habe dieselbe Stunde gehalten, die in einem anderen Seminar mit „sehr gut" bewertet worden sei. Nach der Unterrichtsbesprechung hilft mir der Referendar in den Mantel. Ein anderer: „Heute habe ich aber viel gelernt bei Ihnen." Der Referendar ist gut einen Kopf größer als ich. Bei der Begrüßung und Verabschiedung senkt er seinen Kopf, bis er meine Höhe erreicht. Eine Referendarin hält mir die Tür auf. Der Ausbildungslehrer beklagt sich heftig über geringe Einsatzbereitschaft und mangelndes fachliches Können eines Referendars. Dann bittet er mich, diese Information vertraulich zu behandeln. Ein anderer Ausbildungslehrer, berichtet mir, ein Referendar habe ihm angeboten, daß er selbst das Gutachten über sich verfassen könne, er würde es dann unterschreiben. Die Referendare luden mich zu einer Feier ein. Sie fand bei einem Referendar statt, der bei seinen Eltern wohnt. In der Mitte des Raumes stehen zwei Lautsprecherboxen, die Menge der Schallplatten ist nicht abzuschätzen, in einem Regal stehen vielleicht dreißig Bücher. Im Fachseminar Philosophie soll eine Didaktik besprochen werden, zu deren Verständnis Kenntnisse von Habermas notwendig sind. Von vierzehn Referendaren haben zwei Habermas gelesen. Ein Referendar hält eine Stunde über Hegel, die ungewöhnlich viel fachwissenschaftliche Mängel aufweist. Der Referendar entschuldigt sich mit dem Hinweis, daß während seines Studiums Hegel an der Universität nicht angeboten worden sei. Von einem Schüler erfahre ich, daß sich der Referendar von solchen Schülern die Hefte ausborge, die das jeweilige Thema schon bei einem anderen Lehrer durchgenommen haben. Als ich die Referendare bat, während der Osterferien sich eine Didaktik durchzulesen, wurde mir beschieden, daß schließlich Ferien seien. Im Zug unterhalten sich zwei Referendare. Der eine: „Ich möchte gerne Studienrat werden."

Während der Referendarzeit besteht ein sehr enger institutioneller Kontrollkontakt zwischen Referendar, Fachleiter, Ausbildungslehrer und Schülern. Die Besonderheit dieser institutionellen Kontrollsituation ist, daß kein von der Person des Referendars getrenntes inhaltliches und methodisches Wissen beurteilt wird, wie an der Universität, sondern die Einheit von Wissen und Können, von Theorie und konkretem Verhalten. Kritik am Unterricht ist deshalb immer zugleich auch Kritik an der Person.

Nun gab es Versuche, die erste und die zweite Phase der Lehrerausbildung, die wissenschaftliche und die pädagogisch-praktische, parallel zu schalten, so daß die pädagogisch-didaktische Ausbildung und die wissenschaftliche zusammenfielen. Die Modellversuche brachten nicht den erwünschten Erfolg, so daß sie nicht weiter verfolgt wurden. Ein Kompromiß wurde gefunden: Beide Phasen liegen zeitlich auseinander und werden an unterschiedlichen Institutionen gelehrt, doch sind die Universitäten verpflichtet, während der wissenschaftlichen Ausbildung ein „Pädagogisches Begleitstudium" (z.T. mit Einschluß „Schulpraktischer Studien") anzubieten, das im Rahmen des „Ersten Staatsexamens für das Lehramt am Gymnasium" als „Erziehungswissenschaft" Prüfungsfach ist – es handelt sich um eine modifizierte Wiederauflage des ehemaligen „Philosophikums" und „Pädagogikums". Das alles hat sich nicht so recht bewährt. Die theoretischen Themen von Comenius und Pestalozzi über die Montessori-Pädagogik bis zu den Napolas und dem Strukturplan: sie alle sind für die Unterrichtspraxis wenig ergiebig. Und die didaktischen Seminare, selbst dann, wenn Studenten dabei die Möglichkeit haben, selbst in Schulen Unterricht zu geben, sind nicht ergiebiger, sie haben sogar die unangenehme Folge, die Aufgaben des Lehrers in der Praxis zu verfälschen: Bei den Unterrichtsversuchen der Studenten handelt es sich um spielerische Sondersituationen, die von äußerst begrenztem Prognosewert bezüglich der Befähigung zum Lehrerberuf sind. Und ebenso gering ist ihr Lerneffekt, schon allein deshalb, weil aus organisatorischen Gründen noch nicht einmal eine Stunde Unterrichtspraxis pro Student möglich ist. Berücksichtigt man, daß die examinierten Studenten dann ohnehin zwei Jahre lang in den Studienseminaren in pädagogisch-didaktischer Theorie und Schulpraxis geschult werden, wird einigermaßen unklar, welchen Sinn das gesamte „Pädagogische Begleitstudium" inclusive der „Schulpraktischen Studien" haben soll. Die Zeit würde sinnvoller für das Fachstudium verwendet.

Um die Erziehungsprobleme, die vom Elternhaus kaum noch bewältigt werden, dennoch zu bewältigen, wird gefordert, daß die Lehrer, vor allem im gymnasialen Bereich, mehr pädagogisch ausgebildet werden müßten und, um die „Verkopfung" zu vermeiden, weniger fachspezifisch. So beklagte jüngstens Peter Struck, Pädagogikprofessor an der Hamburger Uni, daß die Lehrer aller Schulstufen mit viel zu viel Fachwissen „zugedeckt" würden. Dies ist zunächst einmal ein sozusagen faktischer Unsinn: Festzustellen ist, daß die Referendare ihre Hauptprobleme zunehmend im fachlichen Bereich haben, daß sie ihre Konfliktbewältigungskompetenz und ihre Einflußmöglichkeit auf Schüler maßlos überschätzen und aufgrund dieser Überschätzung und der gleichzeitigen Unterschätzung ihrer fachlichen Defizite in die größten pädagogisch-erzieherischen Probleme geraten. Zum anderen ist dies ein sozusagen systematischer Unsinn: nämlich Erziehungsmethoden abzutrennen von Bildungsinhalten. Methoden ohne Inhalte sind leer und blind. Nicht das pädagogische Engagement der Lehramtskandidaten ist jedoch vorrangig zu beklagen, sondern eher das fachliche Wissen und Können der Referendare und mancher verbeamteter Lehrkraft. Aber völlig von der Praxis entfernt wird immer noch das Bild des „Paukers" gezeichnet, der an der Universität zum „Fachidioten" ausgebildet worden sei. Wie beruhigend wäre es, wenn Lehramtskandidaten wenigstens fachlich versiert wären! Doch der Lehrer als „Pauker" dient als kommodes Feindbild, um die unterschiedlichsten Formen neu-pädagogischen Tuns zu rechtfertigen. Diese werden dann, von der Presse gerne aufgegriffen, gezeigt an Fächern wie Erdkunde, wenn Schüler etwa für die eigene Gemeinde eine Fußgängerzone maßstabgerecht entwerfen. Diese und ähnliche Projekte sind sicherlich, wenn sie nicht durch zu häufigen Gebrauch verschlissen werden, sinnvoll. Nur hat bis heute keiner gezeigt, welche handlungsorientierten Projekte geeignet sind, Schülern

Kants „transzendentale Deduktion“ schmackhaft, gar ihnen verständlich zu machen. – Nein, von einem Schüler der gymnasialen Oberstufe muß schon verlangt werden, daß er intrinsisch motiviert ist. Wer an den Lerngegenständen und der abstrakten Zugangsweise kein Interesse hat, der sollte eine andere Schulform wählen oder aber in einen Beruf gehen. Die Pflicht des Lehrers ist es, das Interesse der Schüler an der Sache selbst zu wecken, nicht an der Art und Weise, wie sie unterrichtet wird.

Das zeigt, daß die „Große Bildungskommission“, die die Landesregierung von Nordrhein-Westfalen vor drei Jahren einberufen hat, einem Mißverständnis aufsitzt, wenn sie den Hochschulen vorwirft, daß sie die Lehrerausbildung zu wenig praxisorientiert durchgeführt hat. Und auch die Kienbaum Unternehmensberatung GmbH hat nicht sorgfältig genug nachgesehen, wenn sie in ihrem „Gutachten zur Reorganisation der Staatlichen Schulaufsicht des Landes Nordrhein-Westfalen“ für die Aus- und Fortbildung von Lehrern fordert: „Reduzierung der spezialisierten fachwissenschaftlichen Ausbildungsanteile im Hochschulstudium zugunsten struktureller Qualifikationen im pädagogischen, psychologischen und sozialen Bereich“ sowie „Training der angehenden Lehrer insbesondere im Bereich Teamarbeit, Kommunikation und Kooperation mit dem Ziel der Ablösung des ‚Einzelkämpfertums‘ durch Formen teamorientierter Arbeitsbewältigung und Problemlösung.“ – Wie wünschenswert solche Fähigkeiten auch sind – die Reduzierung der fachwissenschaftlichen Ausbildung führte jedenfalls bei den Gymnasiallehrern zu noch größeren Qualitätsverlusten.

Alle Pädagogisierung des Fachstudiums, alle Einführung von pädagogischen Pflichtveranstaltungen während des Fachstudiums sind von Übel, weil sie dazu beitragen, die fachlichen Defizite der Studenten zu vergrößern. Die Universität sollte sich auf das Fachstudium konzentrieren, und die pädagogische Ausbildung sollte den Studienseminaren und Schulen überlassen bleiben, allerdings nicht den an Schulen und Studienseminaren dilettierenden Hobbydidaktikern wie heute, vielmehr muß die Professionalisierung der pädagogischen Ausbildung der Lehrer vorangetrieben werden.

Um aber Mißverständnissen vorzubeugen: Bei aller notwendigen Professionalisierung der Lehrerausbildung darf nicht vergessen werden, daß diese Professionalisierung sich auf die Didaktik, d.h. auf die Lerninhalte und Lernmethoden bezieht, auf das Was und Wie und Wozu des Lehrens und Lernens, nicht aber auf die Lehrerpersönlichkeit und den Umgang von Lehrern und Schülern. In diesem Bereich kann vor Pädagogik nur gewarnt werden. Das im lebensweltlichen Alltag erworbene Wissen und Können im Umgang mit anderen Menschen ist allemal bedeutender als alle pädagogischen Ratschläge. Wer sich im Alltag diese Fähigkeiten im mitmenschlichen Umgang nicht angeeignet hat, der wird sie auch als Referendar nicht erwerben. Der gemeine Menschenverstand ist hier hilfreicher als die pädagogische Hochschulforschung. Gelernt werden können am Studienseminar nur Techniken, nicht aber Grundeinstellungen, nicht aber Lebensformen, und schon gar nicht kann ein Referendar zu einer Persönlichkeit gebildet werden mit individuellem Stil und Charisma. Wer dies alles jedoch nicht hat, der sollte nicht Lehrer werden.

Zwei Bildungsinstitutionen müssen in die Pflicht genommen werden, um den fachwissenschaftlichen und pädagogischen Mangel zu beheben: die Universitäten und die Studienseminare, die erste (wissenschaftliche) und die zweite (pädagogisch-didaktische) Phase der Ausbildung der Studienreferendare.

Die Aufgabe der Universitäten ist es, dafür zu sorgen, daß ein unverzichtbarer inhaltlicher und methodischer Kernbestand jedes Faches von jedem Studenten erlernt werden kann. Und das Wissenschaftliche Prüfungsamt hat dafür zu sorgen, daß zumindest dieser Kernbestand auch Gegenstand des Examens ist. Das soll nicht heißen, daß Spezialgebiete und Forschungsschwerpunkte einzelner Professoren aus dem universitären Curriculum herausfallen sollen. Ganz im Gegenteil: Je reichhaltiger das Angebot, je unterschiedlicher die an einem Institut vertretenen Positionen, desto besser für die Ausbildung. Aber jedes Institut muß gewährleisten, daß während eines zehnsemestrigen Studiums der Kernbestand des Faches einmal angeboten wird. Und im übrigen müssen die Studenten akzeptieren, daß der Grad ihrer Selbsttätigkeit an der Universität erheblich größer ist als an der Schule und damit auch ihre Verantwortung für die eigene Ausbildung.

b) Dilettantismus

Man stelle sich vor, in Düsseldorf soll die Stelle des Direktors des Amts für den öffentlichen Personennahverkehr neu besetzt werden. Dazu schreibt der zuständige Dezernent die Stelle im Amtsblatt aus und läßt an allen Dienststellen von Straßenbahn und Bus die Offerte aushängen. Jeder Straßenbahn- oder Busfahrer und jeder Behördenangestellte des Verkehrsdezernates, der eine gewisse Beförderungsstufe erreicht hat, kann sich bewerben. Nach Aktenlage werden dann diejenigen aus dem Bewerbungsverfahren herausgenommen, die irgendwelchen formalen Kriterien nicht genügen. Alle anderen werden auf ihre Eignung überprüft. Und das geht so: Jeder Bewerber bekommt die Aufgabe, in einem „Plan“ eine Fahrt auf der „Kö“ zu beschreiben und zu begründen, warum und wozu er überhaupt eine bestimmte Haltestelle ansteuern möchte, ob das Fahrzeug dazu taugt und ob die Fahrgäste zur Fahrt überhaupt fähig und bereit sind, welchen affektiven und kognitiven Nutzen sie von der Fahrt haben, weshalb er diese oder jene Fahrtentscheidung treffen möchte, welche Alternativen er sieht und mit welchen Fährnissen zu rechnen ist. Dann beginnt die Praxis: die Busfahrt auf der Kö. Der zuständige Dezernent sitzt auf dem Beifahrersitz, den Plan auf den Knien, einen Stift in der Hand, notiert sich das Verhalten des Fahrers, ob er gerade sitzt, ob er freundlich ist, wie geschickt er in die Kurven geht und ob er einen Umweg fährt, achtet auf Fahr- und sonstige Fehler und notiert sich, was ihm noch so alles während der Fahrt einfällt und ob das Ziel überhaupt erreicht wird. Auch die Fahrgäste werden beobachtet. Haben sie Freude an der Fahrt, wußten sie auch immer, wohin der Fahrer wollte, ist auch keiner vorzeitig ausgestiegen ... Nach Beendigung der Fahrt findet dann ein Gespräch zwischen Kandidat und Dezernent über die Fahrt statt. Dann wird diese Prozedur noch einmal wiederholt, nur potenziert. Ein anderer Fahrer nämlich fährt nun eine andere Strecke, und diesmal ist der Kandidat in der Rolle des Dezernenten: der Kandidat nämlich macht sich jetzt entsprechende Notizen über die Fahrt, nur mit dem Unterschied, daß der Dezernent nun beide beobachtet: Fahrer und Kandidat, und sich ebenfalls seine Notizen macht. Dann bespricht der Kandidat mit dem Busfahrer dessen Fahrt. Der Dezernent sitzt dabei und beobachtet. Nach diesem Prüfungsteil muß der Kandidat eine Konferenz der Busfahrer leiten, auf der der nächste Betriebsausflug geplant wird, die neuesten Verkehrsvorschriften und die Regelungen der Altersversorgung diskutiert werden. Ist auch dieser Prüfungsteil überstanden, findet ein Kolloquium zwischen Dezernent und Kandidat statt über die Fahrt des kollegialen Fahrers, über die Besprechung der Fahrt des kollegialen Fahrers mit dem Kandidaten, über Sinn und Zweck des öffentlichen Personennahverkehrs und juristische Fragen über das Verhalten bei Schwarzfahrern und bei unpünktlichem Erscheinen von Busfahrern zum Dienst. Der Dezernent beurteilt nach getaner Arbeit alle Kandidaten und erstellt eine Liste mit denjenigen, die er mit „gut geeignet“ qualifiziert. Dann werden diese Kandidaten zu einem Vorstellungsgespräch bei der Betriebskonferenz der Busfahrer eingeladen (sie haben ein „Anregungsrecht“). Eine Auswahl an Fahrgästen ist dabei und darf mitbeurteilen. Die Kandidaten stellen sich vor und beantworten die Fragen der Busfahrer und Fahrgäste: ob an Karneval dienstfrei sei, wie man sich die Zusammenarbeit vorstelle und wie ernst man seine Arbeit nehme. Dann wird abgestimmt. Das Ergebnis wird dem Regierungspräsidenten mitgeteilt, der während des Verfahrens in „Bezirksregierung“ umbenannt wurde, weil die Bezeichnung „Regierungspräsident“ die Frauen benachteilige. Inzwischen hat der Dezernent seine Liste den politischen Parteien zur Verfügung gestellt. Wenn diese sich dann intern „abgestimmt“ haben, werden die vom Dezernenten auf der Liste genannten Bewerber zu einer Sitzung des Verkehrsausschusses der Kommune geladen mit der Bitte, sich dort ebenfalls vorzustellen und sich befragen zu lassen. Nach Fragen zur Person, zu Ehefrau, Kindern, Partei- und Verbandszugehörigkeit, nach Fragen über die gesellschaftliche, ökologische und politische Relevanz des Personennahverkehrs ist die Vorstellung beendet. Die Fraktionen ziehen sich zurück und treffen ihre Entscheidung für einen der Kandidaten. Dann setzen sich alle Fraktionen wieder zusammen und stimmen ab. Der Kandidat, der die meisten Stimmen auf sich vereinigen kann, wird dem Regierungspräsidenten genannt. Jetzt muß der „Hauptpersonalausschuß“ dieser Entscheidung zustimmen, das heißt die Vertreter der Beamten des Landes Nordrhein-Westfalen aus Philologenverband, GEW und Alternative. Der Hauptpersonalausschuß prüft nun nach außerqualifikatorischen und nicht funktional gebundenen Gesichtspunkten wie Anciennität und vielerlei sozialen Gesichtspunkten, nach Anrecht gemäß Dienstjahren, nach Versorgungsgesichtspunkten, prüft, ob das Frauenförderungsgesetz und das Schwerbeschädigtengesetz beachtet wurden, ob der partei- und verbandspolitische, der religiöse und sonstige Proporz und auch alle Quoten eingehalten sind usf. Stimmt der Hauptpersonalausschuß zu, geht der Vorschlag ans Verkehrsministerium und an das Finanzministerium, und wenn diese keine Einwände erheben, schließlich ins Kabinett der Landesregierung. Dort wird dann endgültig entschieden. Der dergestalt Erwählte wird kommissarisch ernannt und leitet die Schule ohne Beförderung und ohne höheres Gehalt, bis die Sperrfrist von einem Jahr beendet ist und die Politiker nicht gerade zum Ablauf dieser üblichen noch eine zusätzliche Sperrfrist beschlossen haben.

So wird, wenn dennoch einer will, der eine oder andere in Nordrhein-Westfalen Schulleiter, nur daß überall dort, wo „Busfahrt“

steht, „Unterrichtsstunde“ stehen muß, statt „Busfahrer“ „Lehrer“, statt „Fahrgäste“ „Schüler“ und statt „Verkehrsminister“ „Kultusminister“. Wenn bei diesem Verfahren einmal ein geeigneter Kandidat gefunden wird, dann ist das purer Zufall.

Und wenn sich herausstellen sollte, daß ein ungeeigneter Kandidat Schulleiter geworden ist: er bleibt bis zu seiner Pensionierung auf seinem Posten. Selbst wenn er einsieht, daß er fehl am Platz ist und ein Gesuch um Amtsenthebung einreicht, wird seinem Antrag nicht stattgegeben.

Nach wie vor ist die Behörde der Auffassung, daß ein Lehrer, der gut unterrichten kann, deshalb auch in der Lage sei, eine Schule zu leiten. – Die Verfahren zur Bestellung von Schulleitern überprüfen allenfalls marginale Qualifikationen, die kaum Aussagekraft bezüglich der Kompetenz der Bewerber haben, ein mittleres Unternehmen zu leiten. Und zu allem Überfluß ist die Beurteilung selbst in diesem marginalen Bereich nicht immer von der notwendigen Qualität: zum einen, weil die Beurteilungskriterien sehr stark pädagogischen Moden unterworfen sind (und es gibt wohl kaum eine pädagogische Position, die nicht schon einmal von jemandem vertreten worden wäre) und zum andern, weil offenbar darauf vertraut wird, daß, wem die Politiker ein Amt geben, Gott den Verstand gebe. Jedenfalls ist auch bei diesen Stellen die Partei- und Verbandszugehörigkeit in der Regel entscheidender als Sachkompetenz.

Keiner der pädagogischen Funktionsträger, ob in der Schule, im Studienseminar, beim Regierungspräsidenten oder Kultusministerium, hat eine Spezialausbildung. Auch die Dezernenten aus dem Regierungspräsidium und dem Kultusministerium, die bei der Besetzung der Stellen die Bewerber prüfen, haben keine Spezialausbildung. Auch die kommunalen Parteivertreter, die in den Schulausschüssen sitzen, haben über die Tatsache hinaus, daß sie legitim gewählt worden sind, keine Qualifikationen, die über das allgemein Menschliche hinausgehen. Und dies ist schon ein großer Vorteil gegenüber solchen, die nur das Parteibuch im Kopf haben.

Die Beurteilungen der Dezernenten schließen seit geraumer Zeit meist mit der Note „gut“ und „sehr gut“ ab, so daß sich das Kultusministerium eines Bundeslandes veranlaßt sah vorzuschreiben, daß künftig das gesamte Notenspektrum bei Beurteilungen zur Anwendung kommen müsse. Erwogen wurde sogar, eine Quotenverteilung für die einzelnen Notenstufen verbindlich zu machen.

Völlig unberücksichtigt bleiben bei der Besetzung von Schulleiterstellen Qualifikationen in den Bereichen: Sozialmanagement, normatives und strategisches Management, „human relations“; Fähigkeiten wie Organisationstalent, Menschenführung, Durchsetzungsvermögen, Belastbarkeit, Konfliktfähigkeit, Gesprächsfähigkeit, Motivationsfähigkeit, Kontaktfreude, Verhandlungsfähigkeit mit Behörden, mit Politikern, der regionalen Industrie und Kulturinstitutionen, innovative und konzeptionelle Arbeitsfähigkeit, Repräsentationsgeschick, Fähigkeit der öffentlichen Rede, Entscheidungsfreude, Urteilskraft usf.

Nicht besser sieht es aus, wenn in den Schulen sogenannte „Funktionsstellen“ besetzt werden sollen, die in der Regel mit einer Beförderung von der Gehaltsstufe A 14 zu A 15 verbunden sind.

Ein Oberstudienrat bewirbt sich um die Funktionsstelle „Koordinierung schulfachlicher Aufgaben“, wie zum Beispiel „Unterstufenkoordination“. Diese Aufgabe besteht darin, die sogenannte „Erprobungsstufe“ (also die Klassen fünf und sechs) zu betreuen und zu organisieren. Um die hier notwendigen Aufgaben erfüllen zu können, bedarf es des Organisationsgeschicks, der Bereitschaft und Fähigkeit, Kinder, die von der Grundschule kommen, möglichst reibungslos in den Gymnasialbetrieb einzugliedern, es bedarf des Einfallsreichtums, um den Übergang ständig zu verbessern, es bedarf der Fähigkeit, mit den Lehrern der Grundschule Kontakt zu halten, Konferenzen mit ihnen zu konzipieren und zu organisieren, schulinterne Konferenzen über den Schulerfolg durchzuführen, des weiteren bedarf es der Urteilskraft und der Prognosefähigkeit, was die künftigen Lernerfolge von Sextanern betrifft, der Fähigkeit, Sextaner in allen Bereichen zu betreuen, sie zu beobachten, es bedarf der Kommunikationsfreude und -fähigkeit, um die Schüler und ihre Eltern über die weitere Schullaufbahn kompetent beraten zu können, der Fähigkeit, Konflikte gütlich regeln zu können und so fort.

Das Beförderungsverfahren sieht nun folgendermaßen aus: Der Schulleiter muß den Kandidaten in einer Unterrichtsstunde „hospitieren“, zu der der Kandidat einen schriftlichen Plan vorlegen muß. Im Anschluß an diesen Unterrichtsbesuch muß der Schulleiter mit dem Kandidaten ein Gespräch über die Stunde führen und aufgrund dieser Hospitation und seiner sonstigen Erfahrungen, die er mit dem Kandidaten gemacht hat, einen auf einem Formblatt standardisierten „Leistungsbericht“ erstellen.

Der sieht zum Beispiel so aus:

1. Personalien: ...
2. Anlaß und Grundlage des Leistungsberichts: ...
3. Aufgaben

a) Unterrichtliche Tätigkeit: Herr X hat in nahezu allen Jahrgangsstufen – in der Sekundarstufe II sowohl in Grund- wie in Leistungskursen – in seinen Fächern unterrichtet.
b) Sonderaufgaben: Verkehrserziehung
4. Leistungsmerkmale
a) Fachkenntnisse: Herr X verfügt über eine solide fachwissenschaftliche und fachdidaktische Kompetenz in seinen Unterrichtsfächern.
b) Leistung als Lehrer: Herr X unterrichtet seine Fächer mit angemessenem Anspruch und klaren Zielvorstellungen. Er legt Wert auf gründliche Schulung der methodologischen und instrumentellen Fähigkeiten der Schüler. Die von ihm entwickelten sinnvollen methodischen Arrangements – hier vor allem im Geschichtsunterricht – lassen gründliche planerische Vorüberlegungen deutlich werden. Die Schüler werden vom Konkreten und Anschaulichen zur notwendigen Abstraktion geführt. Die Steuerung des Unterrichtsprozesses könnte bisweilen noch zielgerichteter erfolgen. Die Korrekturen der Klassenarbeiten und Klausuren sind sorgfältig und für die Schüler hilfreich, die Bewertung der Schülerleistungen sind ausgewogen und gerecht. Seine Aufgaben als Klassenleiter nimmt Herr X umsichtig und verantwortungsbewußt wahr.
c) Dienstliches Verhalten. Herr X ist ein pflicht- und verantwortungsbewußter, loyaler Kollege. Er ist kontaktfähig und kooperationsbereit. Seine dienstlichen Aufgaben nimmt er gewissenhaft wahr.
Ort, Datum, Unterschrift

Dies also der „Leistungsbericht" des Schulleiters über einen Lehrer, der sich um die Stelle eines Koordinators für schulfachliche Aufgaben bewirbt. Der weitere Bewerbungsgang sieht dann noch eine weitere Stundenhospitation bei dem Kandidaten vor; diesmal durch den zuständigen Schuldezernenten. Auch dieser also sieht sich eine Unterrichtsstunde des Kandidaten an und bespricht sie anschließend mit ihm, wobei er berechtigt ist, auch zum Beispiel juristische oder allgemeinpädagogische Fragen zu stellen. Aufgrund seiner Hospitation und Besprechung und aufgrund des „Leistungsberichts" des Schulleiters verfertigt dann der Dezernent seinen „Dienstleistungsbericht". Der sieht zum Beispiel so aus:

I

1. Personalien: ...
2. Beurteilungsanlaß und -grundlage: ...
3. Aufgaben
a) Unterrichtliche Tätigkeit: Unterricht in Deutsch und Geschichte in Sekundarstufe I und II

b) Tätigkeiten an der Schule außerhalb des eigenen Unterrichts: Verkehrserziehung
c) Dienstliche Aufgaben außerhalb der Schule: Keine Angaben
d) Fortbildungsmaßnahmen: Keine Angaben
e) Zusatzqualifikationen: Keine Angaben

II

Beurteilungsmerkmale

1. Fachkenntnisse: Herr X verfügt über solide Fachkenntnisse in seinen Unterrichtsfächern und über eine zufriedenstellende didaktische und methodische Kompetenz. Bei der Wahrnehmung seiner außerunterrichtlichen Aufgaben hat er sich wichtige schulorganisatorische und schulrechtliche Kenntnisse angeeignet.
2. Leistungen als Lehrerin bzw. Lehrer: Herr X ist ein zuverlässig arbeitender Lehrer, der seine unterrichtlichen und außerunterrichtlichen Aufgaben in zufriedenstellender Weise wahrnimmt. Auf allen Jahrgangsstufen erteilt er einen insgesamt effizienten Unterricht, er hat auch Leistungskurse erfolgreich zum Abitur geführt und sich als Abiturprüfer bewährt. Klassenarbeiten und Klausuren konzipiert er mit angemessenem Anspruch, er beurteilt Schülerleistungen korrekt und gerecht. Als Klassenleiter hat Herr X pädagogisches Geschick und Verantwortungsbewußtsein bewiesen. Im Zuge des Hospitationsverfahrens wurde deutlich, daß Herr X stringente, richtlinienadäquate Unterrichtssequenzen kompetent planen und die einzelne Unterrichtsstunde klar gegliedert und methodisch abwechslungsreich zu gestalten vermag. Er begründet seine Planungskonzepte angemessen differenziert, seine Lernzielentscheidungen sowie die fachliche Schwerpunktbildung sind sinnvoll. Andererseits war in der Hospitationsstunde die Vorgehensweise insofern problematisch, als die Kursgruppe nicht zu der erforderlichen und im Kontext der Unterrichtsreihe möglichen tieferen literarischen Interpretation geführt wurde, weil statt dessen in einem deutlich lehrerzentrierten Verfahren, das den Schülerinnen und Schülern eher den Nachvollzug vorgedachter Ergebnisse als eigenständig-kreativen Umgang mit dem literarischen Gegenstand abverlangte, ein Vielerlei an Aspekten z. T. recht oberflächlich besprochen wurde. Bei gutem Kontakt zwischen Herrn X und der Lerngruppe und einer spannungsfreien Arbeitsatmosphäre hätten substantiellere Ergebnisse erzielt werden können. Herr X konnte im schulfachlichen Kolloquium unter Beweis stellen, daß er eigenen Unterricht differenziert zu analysieren und didaktische Alternativen in gemeinsamer Reflexion zu entwickeln vermag. Er

vertritt seine Entscheidungen argumentationsstark und mit Offenheit für konzeptionelle Varianten. Bei der Wahrnehmung der Aufgabe der Verkehrserziehung in seiner Schule ist Herr X seiner Beratungsaufgabe voll gerecht geworden, er hat dabei auch gezeigt, daß er es versteht, zu organisieren. Vor allem aus seinem kommunikativen Verhalten im Unterricht ist zu schließen, daß er über eine Gesprächsleitungskompetenz verfügt, die ihn instandsetzt, komplexe Gesprächsleitungssituationen generell zu bewältigen.

3. Dienstliches Verhalten: Herr X ist ein pflicht- und verantwortungsbewußter Lehrer. Er ist einsatzbereit, zuverlässig, kollegial, kooperativ und loyal.

III Sonstige Hinweise: Keine Angaben

IV Mitwirkende am Beurteilungsverfahren: Keine Angaben

V Gesamturteil: ...

VI Vorschlag zur weiteren dienstlichen Verwendung: ...

Ort, Datum, Unterschrift

Dies der „Dienstleistungsbericht" des zuständigen Dezernenten.

Es ist schon verblüffend: Da soll eine Funktionsstelle an einer Schule besetzt werden, die mit Unterrichtstätigkeit nichts zu tun hat, doch beide Gutachten schreiben fast nur über diese. Der Lehrer wird also in einer Tätigkeit beurteilt, die er schon seit 15 Jahren ausübt, nämlich zu unterrichten. Geprüft wird nicht, ob er die Qualifikationen für das neue Arbeitsgebiet besitzt, vielmehr wird geprüft, ob er die Aufgaben bewältigt, die ihm seit seinem Dienstantritt obliegen, was ihm, um überhaupt eingestellt werden zu können, mit dem Bestehen des „Zweiten Staatsexamens", bescheinigt worden ist. (Was, nebenbei bemerkt, würde denn geschehen, wenn sich in einem solchen Prüfverfahren die Ungeeignetheit des Kandidaten für diese Tätigkeit herausstellte, die er seit Jahren ausübt?) Notwendig wäre zunächst eine genaue Arbeitsplatzbeschreibung, um dann die Qualifikationen benennen zu können, die jemand erfüllen muß, um dieser Aufgabe gewachsen zu sein. Erst dann könnte ein Verfahren ersonnen werden, um diese Qualifikationen auch überprüfen zu können. Wie hingegen ein Lehrer seine Haupttätigkeit, nämlich zu unterrichten, ausübt, dies müßte einer ständigen Kontrolle unterliegen.

c) Schule als System

Seit einiger Zeit ist in Fachkreisen vom „Schulmanagement" die Rede. Einigen Pädagogen graust ob solcher Frivolität, weil sie Pädagogik und Management als zwei völlig getrennte, ja, einander sich ausschließende Gebiete sehen, einigen Politikern hingegen ist es ein (wesentlich fiskalisches) Anliegen, die Schulen genauso gemanagt zu sehen wie ein Industrieunternehmen. Nun gibt es in der Tat wesentliche Unterschiede in der Zielsetzung zwischen einer Bildungsinstitution und einem Industrieunternehmen. Ob aber die unterschiedliche Zielsetzung notwendig unterschiedliche Organisationsformen und Führungsmethoden nach sich zieht, ist fraglich. Der entscheidende Unterschied in der Zielsetzung ist, daß jedes Industrieunternehmen unter einem finanziellen Erfolgsdruck steht: es muß Gewinn machen. Deshalb ist es quantitativ auf Expansion, Umsatzsteigerung und Gewinnmaximierung angelegt. Bildungsinstitutionen indessen sind qualitativ angelegt auf Bildung und Ausbildung von Jugendlichen. Das aber heißt nicht, daß hier nicht auch nach dem Grenznutzenwert gefragt werden könnte und müßte. Bildung und Ausbildung nämlich haben den Sinn, die Lebenschancen und die Lebensqualität der Jugendlichen zu steigern, doch hat solch subjektiver Nutzen auch gesellschaftlich-kulturelle Folgen, weil die Fähigkeiten und Bereitschaft, das Wissen und Können, das die Jugendlichen erwerben, die kulturelle, die ökonomische und politische Kraft eines Staates fördern. Insofern untersteht auch die Bildung und Ausbildung volkswirtschaftlichen Gesichtspunkten. Eine Gesellschaft muß entscheiden, wieviel Zeit, Geld, Materialien und Arbeitskraft sie in das Bildungswesen investieren möchte. Welche Bildung und Ausbildung wird für erforderlich gehalten, um Deutschland kulturell, technisch, wirtschaftlich und politisch gesund, stabil und lebensfähig zu erhalten, vielleicht sogar das gute Leben aller Staatsbürger, eventuell im Rahmen eines geeinten Europas, zu befördern? Mit welchen Erwartungen investiert der Staat bei seiner Bildungspolitik was und wie und in wen? Welches Bildungssystem muß sich ein Staat wie Deutschland leisten, der keine nennenswerten natürlichen Rohstoffe hat, nicht besonders groß ist, der einzig von seinem Humankapital lebt?

Dies sind volkswirtschaftliche Fragen, die auch als solche zu stellen und zu beantworten sind. Es gibt indessen auch betriebswirtschaftliche Fragen, die einer Antwort harren. Dies sind die Fragen nach der Organisationsstruktur und dem Management der Ausbildungsinstitutionen.

In hochkomplexen Kulturen können die spezifischen Kulturtechniken nicht mehr im Leben selbst erlernt werden. Deshalb wurden spezielle Institutionen außerhalb des unmittelbaren Lebensvollzugs eingerichtet. Gleichwohl ist Schule keine von der Gesellschaft isolierte Institution, vielmehr ist sie ein Bestandteil der kommunalen Öffentlichkeit mit Rechtscharakter.

Die Institution Schule ist ein kompliziertes Gebilde, in dem sich verschiedene Systeme überschneiden. Zunächst und hauptsächlich ist Schule ein Hoheitsbetrieb und ein Sozialsystem mit Bildungsauftrag.

Schule als Sozialsystem verlangt erstens das Sozialmanagement, d. h. die Menschenführung im Sinne der Konfliktminimierung und der Herstellung eines Arbeitsklimas, das den Unterricht motivational und sachlich effektiv macht. Denn die Freude an der Arbeit ist eine wichtige Voraussetzung für guten Unterricht. Solche „human relations" beziehen sich zum einen auf das Lehrerkollegium, aber ebenso auf die Schüler und die Eltern. Jede Schule ist so gut, wie ihre Lehrer es sind: je besser die Lehrer, desto besser die Schüler, und je besser die Schüler, desto besser die Lehrer. Dabei ist der gute Lehrer der, welcher um seine Stärken und Schwächen weiß und mit ihnen umgehen kann. Und im übrigen ist die Leistung eines Lehrers immer in Bezug zu setzen zum Kollegium und zur Schule als ganzer. Was vereinzelt gesehen als bedenklich gelten mag, kann im Ganzen gesehen sehr wohl Sinn machen.

Die Effektivierung des Unterrichts läßt sich als Produktmanagement verstehen, dessen Ziel Bildung und Ausbildung der Jugendlichen ist. Bildung kann dabei verstanden werden als ein humanisierender Prozeß, der eine unabschließbare Einheit erzeugt von Wissen und Können, von Einstellungen und Verhaltensweisen im Sinne einer Lebensform in der europäischen Tradition. Ein Unterricht, der diesen Bildungsbegriff anstrebt, verwirklicht sich als die Erziehung der Jugendlichen in der Auseinandersetzung mit den Bildungsgütern der kulturellen Tradition in der Gegenwart mit Blick in die Zukunft, um diese dem Individuum und der menschlichen Gattung zu sichern.

Im Sozialsystem Schule wirken wesentlich drei Subsysteme zusammen und gegeneinander: ein Rechtssystem, ein Organisationssystem und ein Funktionssystem.

Schule als Rechtssystem ist die öffentliche Legitimation der Institution Schule. Als Rechtssystem ist Schule verankert im Grundgesetz und in den Landesverfassungen. Für die einzelne Schule realisiert sich ihr Rechtsstatus wesentlich in der Schulaufsicht, im kommunalen Schulträger, der kommunalen Öffentlichkeit, den Schülern und den Eltern.

Die Schulaufsicht wird durch den Kultusminister und die Bezirksregierungen (oder die Schulämter) wahrgenommen. Sie teilt sich in eine Dienstaufsicht und eine Fachaufsicht. Beide dienen der Pflege und

Förderung des Schulwesens und sollen die staatliche Ordnung garantieren. Dazu gibt es Rechts- und Verwaltungsvorschriften, wobei der Lehrer als Beamter einem besonderen Rechtsverhältnis unterliegt, nämlich dem öffentlich-rechtlichen Dienst- und Treueverhältnis.

Während das Kultusministerium und die Bezirksregierung für die inneren Schulangelegenheiten zuständig sind, nämlich für den Unterricht und die Lehrer (inhaltlich-pädagogisch und fiskalisch), ist der Schulträger, in der Regel die Gemeinde, für die äußeren Schulangelegenheiten zuständig, nämlich für die Schulanlage, das Gebäude und die Ausstattung sowie die Besetzung des Sekretariats, für die Einstellung des Hausmeisters und der Putzkräfte. Das Hausrecht allerdings hat der Schulleiter.

Das höchste Entscheidungsgremium der Schule in Nordrhein-Westfalen ist die Schulkonferenz, die aus zwölf Lehrern, sechs Schülern und sechs Eltern besteht. Der Schulleiter leitet diese Konferenz. Kurioserweise haben der Schulleiter und sein Stellvertreter in diesem Gremium jedoch kein Stimmrecht.

Das Schulrecht regelt den Schulalltag. Es ist wesentlich niedergelegt im Schulmitwirkungsgesetz, der Allgemeinen Schulordnung und der Allgemeinen Dienstordnung. In manchen Fällen kollidiert es mit dem Elternrecht.

Sind die Schulaufsicht und der Schulträger gegenüber den Schulen weisungs- und anordnungsberechtigt, so besteht für die Schule eine Rechenschaftspflicht gegenüber den Eltern und der kommunalen Öffentlichkeit.

Schule insgesamt hat einen Bildungs- und Erziehungsauftrag, der selbst noch für die gymnasiale Oberstufe gilt, wenn die Schüler mit 18 Jahren schon volljährig geworden sind. Die Volljährigkeit der Schüler bringt für den Schulalltag einige Schwierigkeiten mit: So dürfen Eltern über den Leistungsstand ihrer Kinder nur mit deren Erlaubnis unterrichtet werden, und Schüler, die Unterricht versäumen, können sich ihre eigenen Entschuldigungen schreiben. Sie notieren einfach „Krankheit“ oder „Übelkeit“ auf das Entschuldigungsformular. Die Eltern erfahren nichts davon. Kein Lehrer kann solche Entschuldigungen nachprüfen, und kein Lehrer prüft sie nach. Ob ein Schüler nun „krank feiert“ oder tatsächlich krank ist – die Gesetzesgrundlage läßt eine sinnvolle Differenzierung nicht mehr zu, sie geht vom verantwortungsbewußten Staatsbürger aus. Die Schule ist durchdemokratisiert bis zur Selbstentwertung. Kaum ein Schüler, der nicht irgendein Pöstchen annehmen muß, so daß die Wahlen in die einzelnen Schulmitwirkungsorgane (wie Kurssprecher oder Fachvertreter) zur Farce verkommen.

Schule als Organisationssystem verfolgt das Ziel der Selbststabilisierung im Sinne der Sicherung und Optimierung der Verkehrsflüsse und des reibungslosen Ablaufs von Verwaltungsvorgängen. An der Spitze des Organisationssystems steht das normative Management der Schulleitung und der unterschiedlichen Konferenzen: von der Schulkonferenz über die Lehrerkonferenz bis zur Klassenkonferenz. Hier werden Beschlüsse gefaßt, Entscheidungen getroffen und wird Kontrolle ausgeübt.

Neben diesem normativen Management wird das engere Organisationssystem durch das strategische Management gesteuert. Dazu gehören die Verwaltung (vom Sekretariat über den Hausmeister bis zu den Putzkräften) und die interne und externe Organisation. Intern lassen sich verschiedene Organisationsebenen unterscheiden. Erstens die Beratungsebene (vom Schulpsychologen über Drogenberatung bis zur Sicherheitsberatung), zweitens eine Kooperationsebene (vom Lehrerrat bis zur Schülervertretung), drittens eine Koordinationsebene (vom Unterstufenteam über das Mittelstufen- bis zum Oberstufenteam), viertens eine Betreuungsebene (vom Klassenlehrer und Kursleiter über den Beratungslehrer für die gymnasiale Oberstufe und den Fachvorsitzenden, den SV-Verbindungslehrer bis zur Referendarbetreuung), fünftens eine Planungsebene (von der Lehrerverteilung über den Stunden- und Vertretungsplan bis zum Klausurplan, der Organisation der Nachprüfungen und des Abiturs), sechstens eine Dienstleistungsebene (die Lehrerbibliothek, Schülerbücherei, Schulbuchausleihe, Betreuung der unterschiedlichesten Schülerwettbewerbe, das Berufspraktikum, EDV und Medien umfaßt), siebentens schließlich die Ebene der Datenaufbereitung (von der amtlichen Schulstatistik über diverse andere behördlich geforderten Statistiken bis zu internen Statistiken).

Diese interne Organisation lebt aus Kollegialität, Einfallsreichtum und Einsatzbereitschaft. Notwendig ist die Dezentralisierung durch Delegation von Aufgabenbereichen mit Entscheidungsbefugnis und Verantwortungsübernahme an Einzelpersonen und Teams. Möglichst viele Lehrer müssen eingebunden werden in die schulinternen und -externen Entscheidungen. Einfallsreichtum besagt hierbei die interne Dynamisierung als Prozeß der Selbstoptimierung bei Wahrung der Stabilität des Ganzen.

Die externe Organisation muß den Kontakt zum Kultusministerium und der Bezirksregierung pflegen, den Kontakt mit der kommunalen Öffentlichkeit, muß die Beziehungen zu den Grundschulen, den Realschulen und Gymnasien aufrechterhalten, den Kontakt mit

Industrie und Wirtschaft herstellen, der Universität, den Studienseminaren, muß die Austauschprogramme und Schulfahrten steuern, den Kontakt mit den Partnerschulen pflegen, mit dem Förderverein und dem Ehemaligenverein, und schließlich gilt es, außerunterrichtliche Veranstaltungen durchzuführen.

Als Funktionssystem hat Schule innovative Aufgaben. Denn nur dann kann Unterricht motivational und sachlich effektiv sein, wenn Schule auf den Wandel der Zeit reagiert – und zwar inhaltlich und methodisch. „Reagieren“ aber heißt nicht Anpassung im Sinne der Übernahme der neuesten gesellschaftlich-kulturellen Trends. Das Schlimmste, was der Schule konzeptionell widerfahren kann, ist der institutionelle Opportunismus, oder, wenn man lieber möchte, der Populismus der Institution Schule, nämlich die Prostitution der Bildung. Dies wäre die konzeptionelle Bankrotterklärung.

Statt dessen muß die Schule langfristig pädagogisch-schulformspezifisch ausgerichtet werden im Spannungsfeld gesellschaftlichen, politischen und kulturellen Wandels. Gewahrt werden muß jedoch die pädagogische Selbständigkeit und Verantwortung des einzelnen Lehrers in seiner Einbindung in ein Kollegium im Sinne einer pluralen Einheit. Erstrebenswert ist keine Einheitspädagogik, vielmehr die Vielfalt unterschiedlicher pädagogischer Konzepte. Dazu müssen Freiräume sichergestellt werden. Die Einzelinteressen gilt es zu fördern, so daß die individuellen Stärken für das Ganze genutzt werden können.

d) Schule in der Praxis

Ein Gymnasialschulleiter steht heute in der Regel einem Unternehmen vor, das ungefähr siebzig Akademiker beschäftigt (vom Studienrat bis zum Studiendirektor), er trägt die Verantwortung für ungefähr eintausend Schüler und ist verantwortlich knapp zweitausend Eltern, der Kommune, dem Regierungspräsidenten und dem Kultusminister. Er kann aber nicht entscheiden, welche Lehrer an seiner Schule unterrichten, und nur im engen Rahmen, welche Schüler er aufnimmt oder abweist. Er kann weder über Beförderungen entscheiden – das machen die Kultusbürokratie und die Parteien –, noch kann er die Lehrer seiner Schule gratifizieren und sanktionieren. Und so leistet es sich unsere Gesellschaft, junge Referendare mit Prädikatsexamen auf der Straße sitzenzulassen, jedoch Querulanten, schwache und manchmal sogar unfähige und bösartige Lehrer in Amt und Würden zu belassen. Wer befördert wird, entscheidet die Bezirksregierung. Und wenn diese entschieden hat, dann erfahren es interessanterweise als erstes weder der Schulleiter noch der Kandidat, sondern die unterlegenen Mitbewerber. Diesen wird nämlich mitgeteilt, daß sie leider nicht berücksichtigt werden konnten, sondern ein anderer die Stelle bekommen habe, daß sie jedoch das Recht hätten, Widerspruch einzulegen. Der Schulleiter hat keine Chance, sein Kollegium selektiv zu verbessern.

Ein Schulleiter muß jedes halbe Jahr ca. 1000 Zeugnisse handschriftlich unterzeichnen, die Schülerausweise unterschreiben, Zeugnisabschriftsbeglaubigungen ausstellen, Schüler- und Lehrerstatistiken des Amtes für Datenerfassung und der Bezirksregierung ausfüllen und nebenher Unterricht erteilen, Klassenbücher und Kurshefte kontrollieren – um nur die allerüberflüssigsten Aufgaben zu nennen, die ihm Arbeitszeit wegnehmen, die sinnvoller für konzeptionelles Arbeiten und Sozial- und Produktmanagement, für normatives und strategisches Management genutzt würde. Statt dessen muß er die Flut von Erlassen des Kultusministers, der Bezirksregierung und des Schulamtes der Kommune zur Kenntnis nehmen (von den jüngsten Vorschriften beim Surfen über die Neuregelung des Wandererlasses, der Beurlaubungsmöglichkeit von Schülern und Lehrern bei Todesfällen und Hochzeiten bis hin zur Parkplatzüberwachung) und in Praxis umsetzen. Gefragt werden bei solchen Erfindungen und Novellierungen von Erlassen und Verwaltungsvorschriften weder die Lehrer noch die Schulleiter. Gemacht werden sie von Parteipolitikern, Behördenjuristen und anderen Beamten in den verschiedenen Ämtern. Z. B. der Runderlaß des Innenministers betreffend „Kranzspenden und Nachrufe für verstorbene Verwaltungsangehörige“ vom 23. September 1994. Da wird auf knapp vier Spalten, Format DIN A4, ausgeführt, wem denn nun bei seinem Ableben eine „Kranzspende aus öffentlichen Mitteln gewährt“ wird. Dabei sollen dann „Schleifen in den Landesfarben mit dem Aufdruck der Beschäftigungsdienststelle verwendet werden“. Allerdings darf das Ganze nicht zu teuer werden: „Die Kosten für Kranzspenden müssen sich unter Berücksichtigung der örtlichen Verhältnisse im engsten Rahmen halten. Für einen Kranz mit Schleife dürfen einschließlich aller Nebenkosten höchstens gezahlt werden in den Monaten Mai bis Oktober 130,– DM, November bis April 150,– DM.“ Der Verfasser kennt sich aus. Der Nachruf allerdings hat zu unterbleiben, „wenn a) seit dem Todestag längere Zeit vergangen ist, b) der Verstorbene eines Nachrufs nicht würdig ist“. Gedacht ist an alle: „Der Erlaß findet auch Anwendung beim

Ableben von stundenweise Beschäftigten, die in einem privatrechtlichen Vertragsverhältnis zum Land standen (z.B. nebenberufliche Lehrkräfte).“ Allerdings: „Der Nachruf soll sich auf eine Würdigung des Verstorbenen beschränken. Von Angaben über den Zeitpunkt der Beisetzung (Trauerfeier) bitte ich im Anzeigentext abzusehen.“ Um zu verhindern, daß Unbefugte den Nachruf unterzeichnen, gibt es auch hierzu Bestimmungen, die mit dem Personalrat abgesprochen sind: „Unter den Nachruf ist außer dem Namen des Leiters der Schule (bzw. seines ständigen Vertreters), der in meinem Namen unterzeichnet hat, in den Fällen, in denen kein örtlicher Personalrat besteht, für den bei meiner Behörde gebildeten zuständigen Personalrat auch der Name des jeweiligen Vorsitzenden zu setzen. Zu dieser Regelung haben die zuständigen an meiner Dienstelle gebildeten Personalvertretungen ihre Zustimmung gegeben.“ Da dieser Passus etwas unklar formuliert ist, wird er in einem Beispiel erläutert. Bei ordnungsgemäßer Abwicklung übernimmt die Bezahlung dann das Ministerium, sofern „die eingehenden Rechnungen mit dem Vermerk über die Richtigkeit der Lieferung versehen“ sind. „Aus den Rechnungen müssen Amtsbezeichnung und Name des Verstorbenen sowie der Todestag hervorgehen. Außerdem muß auf den Rechnungen die Schule, an der der Verstorbene zuletzt tätig war, vermerkt sein. Bei Nachrufen ist ein Zeitungsausschnitt mit zu übersenden.“

An einer Schule kündigt eine Lehrkraft, um den Schuldienst endgültig zu verlassen. Damit der von ihr erteilte Unterricht nicht ausfällt, möchte der Schulleiter gerne Ersatz. Nun ist ein solcher Fall behördlicherseits jedoch nicht vorgesehen, daß nämlich ein Lehrer einfach so kündigt. Ersatz gibt es nur in eigens aufgelisteten Fällen, für die auch ein Etat bereitgestellt ist, zum Beispiel für Schwangerschaftsurlaub oder Erziehungsurlaub. Folglich muß der Unterricht ausfallen. Aber der Schulleiter ist findig. Er kennt eine Lehrerin, die gerade in Schwangerschaftsurlaub ist, deren Schule jedoch für sie keinen Ersatz beantragt hat. Er ruft den Schulleiter dieser Schule an und bittet ihn zuzustimmen, daß diese Lehrerin, die sich im Schwangerschaftsurlaub befindet, sich für diese Zeit an seine Schule abordnen läßt. Denn durch die Abordnung dieser Lehrerin, die ihren Dienst ja nicht antreten kann, weil sie in Schwangerschaftsurlaub ist, träte nun an seiner Schule die Regelung ein, daß er für diese Lehrkraft, weil sie für die Zeit ihrer Abordnung an seiner Schule geführt wird, Ersatz beantragen könne. So geschah es dann.

An einer anderen Schule bestand Mangel an einer Lehrkraft für Sozialwissenschaften, so daß der Sozialkundeunterricht ausfallen mußte. Bei einem Gespräch erfährt der Schulleiter zufällig, daß einer der Lehrkräfte an seiner Schule die Lehrbefähigung für Sozialwissenschaften besitze. Nun sollte man denken, daß dieser Schulleiter versäumt habe, sich kundig zu machen. Aber mitnichten. Er kann sich gar nicht kundig machen, denn die Schule darf keine Personalakte der Lehrer führen und darf sie auch bei der übergeordneten Behörde nicht einsehen. Der Schulleiter kennt amtlicherseits nur den Wohnort und das Geburtsdatum der Lehrer seiner Schule. Er kennt keine Zeugnisse, keine Gutachten, keine sonstigen Umstände. Selbst welche Fächer sie unterrichten dürfen, weiß er nur durch die mündliche Angabe der betroffenen Lehrer selbst. Hat also ein ausgebildeter Lehrer keine Lust, eines seiner Fächer zu unterrichten, dann muß er gegenüber der Schulleitung nur seine Fakultas verschweigen.

Der Schulleiter hat auch nicht das Recht, sich eine Aufstellung über die Fehlzeiten der Lehrkräfte seiner Schule zu machen, um besonders auffälliges Fehlen zu dokumentieren und anmahnen zu können. Statt dessen ist er verpflichtet, die Fehlzeiten der Bezirksregierung zu übermitteln. Mir ist kein Fall bekannt, daß auf besonders häufiges Fehlen reagiert worden wäre.

Ein Lehrer erscheint am ersten Tag des neuen Schuljahres und erklärt, er wolle sich künftig in der Schule nicht mehr „verheizen" lassen. Spricht's, macht kehrt und geht nach Hause. Am nächsten Tag kommt er wieder und bringt ein Attest mit, das ihm für 14 Tage Dienstunfähigkeit bescheinigt. Nach Ablauf der 14 Tage wird ein neues Attest vorgelegt. Die Schulleitung denkt zunächst, der Kollege würde wieder gesunden, und behilft sich mit Vertretungsunterricht und Stundenausfall. Doch im 14-Tage-Rhythmus werden diese Atteste ein ganzes Jahr hindurch eingereicht. Der Schulleiter stellt schließlich bei der Behörde einen Antrag auf Ersatz. Doch die Behörde urteilt, daß es sich nicht um eine langfristige Erkrankung handle, denn die Atteste lauteten schließlich auf 14 Tage. Deshalb könne nicht für Ersatz gesorgt werden.

Es ist ein großes Ärgernis, daß viel zu viele Ärzte bedenkenlos „krankschreiben": Lehrer ebenso wie Schüler – ein Attest bekommt man immer, wenn nicht bei diesem, dann bei einem anderen Arzt.

Gescheitert ist die Lernmittelfreiheit. Sie wird nach dem „Gießkannenprinzip" jedem gewährt, gleichgültig wie hoch das Einkommen der Eltern ist. Und wenn man sich die Bücher ansieht, stellt man fest, daß nur ganz wenige Schüler mit ihnen pfleglich umgehen. Fett- und Coca-Cola-Flecken, zerrissene und bemalte Seiten, zerfetzte Buchrücken – das ist der normale Zustand nach einem Jahr. Dringend wäre, daß die Bücher von den Schülern selbst bezahlt werden (mit Ausnahme bedürftiger Schüler); der Zustand der Bücher würde sich sicherlich sehr rasch verbessern, weil ein zerfleddertes Buch kaum an nachfolgende Schüler verkauft werden könnte. Auch über eine Kaution sollte nachgedacht werden, die jeder Schüler zu Beginn eines Schuljahres zu hinterlegen hat: vielleicht würde dann schonender mit dem Mobiliar und dem Gebäude umgegangen werden, und vielleicht brächten dann die meisten Schüler ihre Bücher am Ende des Schuljahres pünktlich zurück.

Die Erlasse und Verfügungen müssen entrümpelt, die Schulleiter und Lehrer entlastet werden. Das Bestellen, die Verwaltung, die Ausgabe und das Einsammeln der Schulbücher an die Schüler kostet bei einer Schule mit 1000 Schülern im Jahr ca. 300 Arbeitsstunden. Umgerechnet auf einen 8-Stunden-Tag und die 5-Tage-Woche macht das knapp acht Wochen Arbeit pro Jahr – eine Arbeit, die sicherlich kein Hochschulstudium voraussetzt. Das Bearbeiten diverser Statistiken und die dazu notwendige Pflege der Daten bedarf der ständigen Arbeit der Sekretärin, und das Erheben und Ausfüllen dann der Arbeit des Schulleiters und seines Stellvertreters von gut einer Woche. Die Erstellung des Stundenplans benötigt wesentlich längere Zeit. Ein Studiendirektor verrichtet diese Arbeit. In den Pausen, vor und nach dem Unterricht werden die Schüler von Akademikern beaufsichtigt.

Das Schulsystem ist überreguliert. Das gilt bezüglich der Behörden, in deren Beziehungsgeflecht es gefangen ist (nämlich Kultusministerium und Regierungspräsident), als auch bezüglich der schulinternen Struktur. Schule ist zu vielen Regeln unterworfen, die sich zu schnell, allein politisch motiviert, ändern. Die Regeln sind meist zu kompliziert und haben zu viele Ausnahmen. Der Aufwand, der getrieben werden muß, um ihre Einhaltung zu kontrollieren, ist zu groß und zum Teil unmöglich, und der Verwaltungsaufwand ist allenfalls ideologisch zu rechtfertigen. Deregulierung ist dringend geboten.

Die Schulen müssen umorganisiert werden. Ein großer Teil der Verwaltungsarbeit kann von nicht-akademischen Fachkräften ausgeführt werden, so daß Arbeitskapazität für Unterricht und konzeptionelle Arbeit frei wird.

Der Lehrerbedarf an einer Schule müßte endlich auch einzig fachspezifisch ausgewiesen werden. Im Moment werden Unter- und Überhänge nur in Relation von Lehrern und Schülern errechnet, unabhängig davon, welche Fächer von den Lehrern vertreten werden, so daß es normal ist, daß eine Schule einen rechnerischen Überhang von vielleicht fünf Lehrern hat, aber der Physikunterricht wegen Lehrermangel nur verkürzt erteilt werden kann. Da aber diese Schule nun einen rechnerischen fachunspezifischen Überhang hat, bekommt sie keinen Lehrer im Fach Physik zugeteilt. Da aber zu viele Lehrer mit der Fachkombination Deutsch/Geschichte an der Schule sind, muß die Schulleitung diese Lehrer irgendwie beschäftigen. Er läßt sich dann Arbeitsgemeinschaften einfallen, schickt die Lehrer auf Fortbildungsveranstaltungen, die über mehrere Jahre angelegt sind, bildet sehr kleine Kursgruppen in den Fächern Deutsch und Geschichte, während der Kurs Physik überbelegt ist.

Eine Lehrerin geht in Schwangerschaftsurlaub. Der Schulleiter stellt bei der Bezirksregierung einen Antrag auf Vertretung. Da der Tag der Geburt nicht genau vorhergesagt werden kann, ergeben sich verwaltungstechnische Probleme. Der errechnete Tag der Niederkunft rückt immer näher, der Schulleiter weiß noch immer nicht, ob er Ersatz bekommen wird oder nicht. Auf sein Drängen hin bekommt er schließlich die mündliche Zusage, daß für die ausfallenden 16 Unterrichtsstunden (die Lehrerin hatte eine Zwei-Drittel-Stelle) Vertretungsunterricht von sechs Stunden gegeben werden könne. Der Schulleiter und sein Stellvertreter planen eine neue Unterrichtsverteilung, der zuständige Studiendirektor erarbeitet einen neuen Stundenplan. Und tatsächlich kommt der Ersatz. Und er unterrichtet auch. Sechs Stunden. Eine Woche lang. Dann kommt ein Anruf von der Bezirksregierung. Mit sofortiger Wirkung sei die Zusage zurückgenommen. Der Personalrat habe Einspruch eingelegt. Er sei nur mit vier Stunden Vertretungsunterricht einverstanden. Der Schulleiter setzt sich an den Telephonapparat und telephoniert: mit der Personalrätin, die Einspruch eingelegt hat, mit dem zuständigen Dezernenten, mit der Rechtsabteilung – es nützt alles nichts. Die Unterrichtsverteilung wird neu vorgenommen, der Stundenplan neu geschrieben. Oder: Akuter Mangel im Fach Biologie. Mündliche Zusage, daß der Schule ein Lehrer zugewiesen wird. Die Unterrichtsverteilung für 70 Lehrer wird vorgenommen, der Stundenplan für die Schule erstellt. Zwei Wochen vor dem Ende des Schulhalbjahres ein Anruf von der Bezirksregierung, daß die Zusage zurückgenommen werde. Erneute Unterrichtsverteilung, erneute Stundenplanung. Dann sind Ferien. Eine Woche vor Beginn des neuen Schuljahres der schriftliche Bescheid, daß die annoncierte Lehrkaft nun doch komme – sie hatte nämlich erfolgreich gegen ihre Ablehnung Widerspruch eingelegt. Neue Unterrichtsverteilung, neuer Stundenplan.

Die Unternehmensberatungsgruppe Kienbaum kritisiert, daß Unterricht oft nicht ordnungsgemäß am ersten Schultag beginne. Und

Kultusminister Schwier von Nordrhein-Westfalen, der die Studie in Auftrag gegeben hatte, mahnte dann öffentlich die Schulen, dafür zu sorgen, daß am ersten Schultag der Stundenplan fertig zu sein habe.

Eine Lehrkraft stellte schon seit Jahren einen Antrag, aus persönlichen Gründen an eine andere Schule versetzt zu werden. Vom zuständigen Dezernenten, der nicht gerade für leichtfertige Versprechungen bekannt ist, wird ihr nach Jahren mitgeteilt, daß ihrem Antrag diesmal stattgegeben werde. Voller Tatkraft organisiert sie daraufhin ihren Alltag um: von der Abschaffung des Autos bis zur Kündigung der Kinderfrau. Sie feiert Abschied vom Kollegium. Dann teilt der Dezernent dem Schulleiter mit, daß die Versetzung doch nicht möglich sei, inzwischen liege nämlich ein Beschluß des Landesregierung vor, der Versetzungen stoppe, und er möge dies der Lehrkraft doch bitte bekanntgeben.

Notwendig ist, daß der Schulleiter mehr Kompetenzen bekommt. Er muß die Möglichkeit haben, zu bestimmen, welche Lehrer an seiner Schule unterrichten. Und er muß die Leistungen des einzelnen Lehrers nach eigenem Ermessen überprüfen können. Er muß die Möglichkeit haben, sich den Unterricht eines Lehrers anzusehen, ohne sich vorher angekündigt zu haben. Er muß die Leistungen honorieren und sanktionieren können. Und er muß einen eigenen Etat haben, über den er frei verfügen kann. Zum derzeitigen Zeitpunkt behelfen sich die Schulen notgedrungen mit „schwarzen Kassen". Geld wird angesammelt aus den unterschiedlichsten schulischen Veranstaltungen, über das dann, von der Behörde nicht kontrolliert, verfügt werden kann. Der Schulleiter muß die Größen der Lerngruppen seiner Schule selbst bestimmen können, d.h. die Schüler-Lehrerrelation situativ seinen Bedingungen anpassen können. Und er muß auch so banale Dinge wie die Beurlaubung von Schülern und Lehrern in eigener Verantwortung entscheiden können, ohne viele Anträge ausfüllen zu müssen, die an die Behörde geschickt und dann von dieser entschieden werden.

Diese Probleme werden heute unter der Überschrift „Autonomie der Schule" diskutiert. Die Forderungen gehen bis zur Abschaffung jeglicher staatlicher Aufsicht, sowohl im fiskalischen Bereich als auch im pädagogischen. Die Erfüllung der zweiten Forderung brächte es mit sich, daß die Schulabschlüsse vollends unvergleichbar würden: sowohl von den Fächern und ihren Inhalten als auch von den Qualitätsmerkmalen her. Und die Hoffnung ist, daß „der Markt" hier als „helfende, unsichtbare Hand" regulierend eingreife. Sollte diese Totalautonomisierung eintreten, dann wird kein Schulabschluß allein mehr ausreichen, um ein Studium aufzunehmen. Um den gemeinsamen Standard zu wahren, werden Aufnahmeverfahren in jeder weiterführenden Ausbildungsinstitution nötig oder aber zentrale Abschlußprüfungen. Im ersten Fall implizierte kein Schulabschluß eine irgend geartete Berechtigung außer der, sich einem Prüfungsverfahren zu unterziehen. Das zeigt: Die Entlassung der Schule aus der staatlichen Aufsicht erzeugt nur neue Kontrollinstanzen, die den Nachteil haben, daß sie nur punktuell prüfen und wesentlich schwieriger kontrollierbar sind.

Die pädagogische und rechtliche Kontrolle der Schulen durch den Staat sollte erhalten bleiben, es müßte nur gewährleistet sein, daß sie überhaupt und auch kompetent durchgeführt wird und nicht politisch: An den jeweiligen Schulformen sollten die Curricula alle gleich sein, die Stundentafel der Schüler, die Anzahl der Wochenstunden und die zu vergebenden Abschlüsse. Gleich groß, bezogen auf die Anzahl der Schüler und Lehrer, auf die Quadratmeter des Schulgeländes und -gebäudes und bezogen auf das Alter des Gebäudes sollte auch der Etat jeder Schule sein, weil sich sonst schnell soziale Unterschiede der Klientel auf die Ausstattung niederschlügen. In der Hand der einzelnen Schule sollte es jedoch liegen, wie sie mit ihrem Geld umgeht, ob sie es für das Schulgebäude oder die Ausstattung, für Möbel oder für sozial benachteiligte Schüler, für Computer oder Bücher ausgibt. Und völlig freie Hand müßte jede Schule haben, welche Computer und Programme sie kauft und wo sie dies tut. Nach den derzeitigen Bestimmungen schließen die Kommunen nach einer Ausschreibung mit einem der Bewerber einen Vertrag über mehrere Jahre, bei ihm zum Beispiel alle Schreibtische zu kaufen, so daß es nicht möglich ist, preisgünstigere Angebote des regionalen Handels wahrzunehmen, geschweige denn, daß der Geschmack des jeweiligen Kollegiums berücksichtigt werden könnte. Jede Schule ist während der Vertragszeit, den die Stadt mit einem Anbieter geschlossen hat, an dessen Sortiment und an dessen Preise gebunden.

Wichtig ist auch ein Rotationsverfahren zwischen Schule, Industrie und Gesellschaft. So könnten Praktiker aus dem kulturellen Bereich und aus der Industrie, aus dem Justizbereich und der Medizin für eine gewisse Zeit an die Schulen gehen, um dort mit den Lehrkräften im Team-Teaching zusammenzuarbeiten. Umgekehrt sollten Lehrkräfte aller Fakultäten für eine gewisse Zeit die Schulen verlassen und in den kulturellen und industriellen Arbeitssektor assistierend überwechseln. Ziel dabei ist, die Schüler mit dem anderen der Schule vertraut zu machen, um ihnen zu zeigen, in welchem Verhältnis das schulische

Lernen zur sozio-kulturellen Wirklichkeit steht, wo Grenzen liegen und wo Anbindungen möglich und nötig sind.

Im weitaus stärkeren Maße gilt dies für die Verbindung von Universität und Industrie. Der personelle Austausch muß hier gewaltig verstärkt werden. Technologietransfer von der Forschung zur praktischen Verwertung ist dringend, wie dies zum Beispiel bei der Lasertechnik der Fall war. Um die Provinzialisierung der deutschen Universitäten zu stoppen, wäre eine verstärkte Internationalisierung der Hochschullehrer, etwa im Rahmen von Austauschprofessoren, erforderlich und eine Internationalisierung der Studentenschaft. Noch notwendiger indessen ist das Schaffen eines Klimas, das den fachlichen geistigen Austausch der Studenten untereinander, zwischen den Professoren und zwischen Studenten und Professoren fördert, der über Seminare, Vorlesungen und Praktika hinausgeht.

Die Konzeption der regionalen Universitäten („Jeder Stadt ihre Universität“) fördert nur die Provinzialisierung: Die regionalen Universitäten sind sowohl für ausländische Professoren als auch für ausländische Studenten unattraktiv (es sein denn, sie hätten einen exzellenten internationalen Ruf). Welcher Professor oder Student aus den USA geht schon nach Essen oder Wuppertal? Und wenn jede größere Stadt ihre Universität hat, dann schrumpft die studentische Klientel auf die umliegenden Städte. So entstanden die „Fahruniversitäten“ wie Bochum oder Düsseldorf; fast ausschließlich von Studenten der umliegenden Städte bevölkert, die bis zum Examen und manchmal sogar noch länger bei den Eltern wohnen. Wer die Regionalisierung der Universitäten vorantreibt, der fördert ihre Provinzialisierung. Die Anzahl der Studenten steigt, die in ein und derselben Stadt geboren werden, erst zur Grundschule, dann zum Gymnasium gehen und schließlich die einheimische Universität besuchen. Und nicht wenige Studenten, so lautet ein bon mot an der Universität Düsseldorf, haben schon ihr Familiengrab reserviert.

Bildung ist Weg und Ziel ineins. Und so sind der Weg und das Ziel der gymnasialen und universitären Unterweisung Bildung und Ausbildung. Die neue Wirklichkeit braucht eine Bildungsoffensive. Jenseits von Restauration und Konservativismus einerseits, von Utopie und Revolution andererseits geht es um die Erneuerung der Gegenwart aus dem Geist Europas.

ANMERKUNGEN

1 Georg Picht: Die deutsche Bildungskatastrophe, Freiburg 1964
2 Ralf Dahrendorf: Bildung ist Bürgerrecht. Plädoyer für eine aktive Bildungspolitik, Bramsche und Osnabrück 1965
3 Dahrendorf, a.a.O., S. 57
4 Deutscher Bildungsrat (Empfehlungen der Bildungskommission): Strukturplan für das Bildungswesen, Stuttgart 1970
5 Kultusministerkonferenz (KMK): Vereinbarung zur Neugestaltung der gymnasialen Oberstufe in der Sekundarstufe II vom 7.7.1972, Neue Fassung vom 11.4.1988
6 Entnommen aus: Statistische Veröffentlichungen der Kultusministerkonferenz, Nr. 115 (1990)
7 Die Zahlen sind entnommen aus: Quantitative Entwicklung des Bildungswesens 1950 bis 1990 (Kultusministerium des Landes Nordrhein-Westfalen: Statistische Übersicht Nr. 232), Düsseldorf, 22. April 1991
8 Deutscher Bildungsrat: Gutachten und Studien der Bildungskommission, Bd. 4: Begabung und Lernen. Herausgegeben von Heinrich Roth, Stuttgart 1968
9 Dieses und die folgenden Zitate stammen aus dem Vorwort zu „Begabung und Lernen", S. 5–6, das Karl Dietrich Erdmann verfaßt hat.
10 Ich beziehe mich im Folgenden auf das größte Bundesland, auf Nordrhein-Westfalen. Der Kulturhoheit der Länder wegen stimmen die organisatorischen Details nicht in allen Fällen mit denen der anderen Bundesländer überein. Aber alle Maßnahmen in allen Bundesländern sind nur Realisierungen im Rahmen der bundesweiten KMK-Absprachen (vornehmlich: Vereinbarung zur Neugestaltung der gymnasialen Oberstufe in der Sekundarstufe II vom 7.7.1972, Neue Fassung vom 11.4.1988). Deshalb ist der organisatorische Trend, der deutlich gemacht werden soll, auf die gesamte Bundesrepublik, inclusive der neuen Bundesländer, übertragbar.
11 Deutscher Bildungsrat (Empfehlungen der Bildungskommission): Strukturplan für das Bildungswesen, Stuttgart 1970, S. 161
12 Strukturplan, S. 161
13 Strukturplan, S. 17
14 „Untersuchungen zum Sprachverhalten konnten zeigen, daß schichtenspezifische Sprachcodes die schulische Leistung derart beeinflussen, daß diejenigen im Nachteil sind, die nicht über den mittelständischen Sprachcode und die dadurch bedingten kognitiven Strategien verfügen (...). Untersuchungen zur Bildungs- und sozialen Aufstiegsmotivation konnten schichtenspezifische Differenzen ermitteln, die mit den Schulleistungen korrelieren. Als eine wesentliche Bedingung solcher Differenzen konnte das mit dem sozialen Status der Betroffenen zusammenhängende Erzie-

hungs- und Erfahrungsmilieu ermittelt werden." Klaus Mollenhauer: Sozialisation und Schulerfolg. In: Heinrich Roth (Hrsg.): Begabung und Lernen, Stuttgart 1968, S. 292

15 Strukturplan, S. 36

16 Vgl. dazu: Kollegstufe NW, Heft 17 der Reihe: Strukturförderung im Bildungswesen des Landes Nordrhein-Westfalen; Schriftenreihe des Kultusministers, Ratingen 1972, S. 21

17 „Als die wichtigste Institution, die Sozialisationsleistungen der Familie korrigieren – allerdings auch verstärken – kann, muß die Schule angesehen werden." Heinz Abels: Sozialisation in der Schule, Kettwig 1971, S. 11

18 „Als wichtigsten Faktor für Lernfähigkeit und Lernleistung (= Begabung) kann man weder die Erbanlagen noch die in bestimmten Entwicklungsphasen und Altersstufen hervortretende, durch physiologische Reifevorgänge bestimmte Lernbereitschaften ansehen. Begabung ist nicht nur Voraussetzung für Lernen, sondern auch dessen Ergebnis. Heute erkennt man mehr als je die Bedeutung der kumulativen Wirkung früherer Lernerfahrungen, die Bedeutung der sachstrukturell richtigen Abfolge der Lernprozesse, der Entwicklung effektiver Lernstrategien, kurz: die Abhängigkeit der Begabung von Lernprozessen und die Abhängigkeit aller Lernprozesse von Sozialisations- und Lehrprozessen." Heinrich Roth: Einleitung und Überblick. In: ders. (Hrsg.): Begabung und Lernen, Stuttgart 1968, S. 22

19 „Entscheidende Bedingungen für die unterschiedliche Lernfähigkeit von Kindern als wesentlicher Aspekt der Begabung sind in den Lernprozessen zu suchen, die die Kinder schon vor dem Schuleintritt durchlaufen (...). Diese Bedingungen wirken sich für die Begabungsentwicklung der Unterschichtkinder relativ beschränkend, für die Mittelschichtkinder dagegen relativ fördernd aus." Klaus Mollenhauer: Sozialisation und Schulerfolg. In: Heinrich Roth (Hrsg.): Begabung und Lernen, Stuttgart 1968, S. 269 f.

20 Vgl. dazu: Jürgen Habermas: Faktizität und Geltung. Beiträge zur Diskurstheorie des Rechts und des demokratischen Rechtsstaats, Frankfurt (Main) 1992, S. 501 ff.

21 Wolfgang Klafki: Studien zur Bildungstheorie und Didaktik, Weinheim 1963, S. 31

22 Strukturplan, S. 170

23 Martin Baethge: Ausbildung und Herrschaft – Unternehmerinteressen in der Bildungspolitik, Frankfurt (Main) 1970, S. 28

24 Ralf Dahrendorf, a.a.O., S. 95

25 Hartmut von Hentig: Die Schule neu denken. Eine Übung in praktischer Vernunft, München und Wien 1993

26 Ralf Dahrendorf, a.a.O., S. 90 u.ö.

27 Vgl. dazu: Hartmut von Hentig, a.a.O., z.B. S. 190 f., 218, 227

28 Hartmut von Hentig, a.a.O., S. 218

29 Georg Wilhelm Friedrich Hegel: Phänomenologie des Geistes. Hrsg. von Johannes Hoffmeister, Hamburg 1952, S. 14

30 Hartmut von Hentig, a.a.O., S. 195 (Dieselbe Passage findet sich fast wörtlich auf der Seite 120 f. – woraus ich schließe, daß sie von Hentig sehr wichtig ist.)
31 Georg Wilhelm Friedrich Hegel: Gymnasial-Rede von 1811. In: Werke. Hrsg. von Mollenhauer, Bd. 4, S. 335
32 Strukturplan, S. 25 und 31
33 Georg Wilhelm Friedrich Hegel: Werke, ed. Glockner, Bd. X, S. 101
34 Den Ausdruck „didaktisches Panoptikum" übernehme ich von Hartmut von Hentig, der in seinem Buch „Die Schule neu denken", a.a.O., auf den Seiten 161 bis 167 einige treffliche Beispiele anführt. Ich gestatte mir, sie hier zu ergänzen.
35 Lehrerfortbildung in Nordrhein-Westfalen. Beiträge zur Methodik der Lehrerfortbildung. Soester Verlagskontor 1990
36 Michael Behr: Nachhilfeunterricht, 1990. Allerdings hat eine Befragung von 1960 eine ähnliche Zahl ergeben, nämlich 44,6 Prozent. Die Zahl ist jedoch wenig valide, weil sie sich auf nur ein einziges großstädtisches Gymnasium bezieht.
37 Die Zahlen entnehme ich einem Vortrag des Pädagogikprofessors Rainer Winkel, den er Ende 1993 gehalten hat.
38 So Jürgen Habermas: Faktizität und Geltung, a.a.O., S. 387
39 Picht, a.a.O., S. 28
40 „Die Steigerung der Qualität der Leistung (der Schüler, W.R.) hängt von der Steigerung der Quantität der Lehrer ab." (Picht, a.a.O., S. 30)
41 Vgl. zu diesem Problembereich: Wulff D. Rehfus: Die Vernunft frißt ihre Kinder. Zeitgeist und Zerfall des modernen Weltbilds, Hamburg 1990; Alexander King und Bertrand Schneider: Die Globale Revolution. Ein Bericht des Rates des Club of Rome, 1991; Die Erde 2000. Wohin sich die Menschheit entwickelt (Spiegel Spezial Nr. 4, 1993); Paul Kennedy: In Vorbereitung auf das 21. Jahrhundert, Frankfurt (Main) 1993
42 Vgl. dazu: Paul Kennedy, a.a.O., S. 35
43 Vgl. dazu: Paul Kennedy, a.a.O., S. 78
44 Quelle: CIA Handbook of Economic Statistics, 1990, Washington, DC 1990. Zitiert nach: Paul Kennedy, a.a.O., S. 201
45 Vgl. dazu: Wulff D. Rehfus (Hrsg.): Der Taumel der Moderne, Langenfeld 1992
46 Zum Problem der sich auflösenden Spätmoderne vgl. Wulff D. Rehfus: Die Vernunft frißt ihre Kinder. Zeitgeist und Zerfall des modernen Weltbilds, Hamburg 1990
47 Jürgen Habermas: Faktizität und Geltung, a.a.O., S. 422
48 „Ohne Rückendeckung durch kritikfeste religiöse oder metaphysische Weltbilder sind praktische Orientierungen letztlich nur noch aus Argumentationen, d.h. aus den Reflexionsformen kommunikativen Handelns selber zu gewinnen." Jürgen Habermas: Faktizität und Geltung, a.a.O., S. 127
49 Jürgen Habermas: Faktizität und Geltung, a.a.O., S. 138

50 Jürgen Habermas: Faktizität und Geltung, a.a.O., S. 228
51 Jürgen Habermas: Faktizität und Geltung, a.a.O., S. 228 f.
52 Vgl. dazu: Jürgen Habermas: Faktizität und Geltung, a.a.O., S. 277 ff.
53 „(...) mit der innovatorischen Dynamik der Moderne gewinnt die Klassik an kultureller Gegenwart.“ Hermann Lübbe: Die Avantgarde und das Museum. Über das Veralten des Neuen. In: Wulff D. Rehfus (Hrsg.): Der Taumel der Moderne, Langenfeld 1992, S. 47–60. Hier: S. 56
54 Paul Kennedy: In Vorbereitung auf das 21. Jahrhundert, a.a.O., S. 31
55 Vgl. dazu: Hartmut von Hentig: Die Schule neu denken, a.a.O., S. 80 f. und 83
56 Jürgen Habermas: Faktizität und Geltung, a.a.O., S. 166 und 217
57 Vgl. dazu Jürgen Habermas: Faktizität und Geltung, a.a.O., S. 658
58 In: Die Zeit vom 10. Dezember 1993, S. 61
59 Karl R. Popper und John C. Eccles: Das Ich und sein Gehirn, München 1982, S. 84
60 Wilhelm Schreckenberg: ‚Guter‘ Unterricht – ‚schlechter‘ Unterricht. Probleme der Unterrichtsbeurteilung, Düsseldorf 1980

Kurt Aurin:

Gemeinsam Schule machen

Schüler, Lehrer, Eltern – ist Konsens möglich?

188 Seiten, broschiert, ISBN 3-608-91655-5

Schüler, Lehrer, Eltern teilen nicht immer dieselben Vorstellungen, wenn es um die Ziele, die pädagogischen Aufgaben und damit auch um konkrete Gestaltung der Schulen geht. Das Buch resümiert die Ergebnisse einer ausgedehnten Untersuchung. Es gibt Antwort auf die Frage, ob und in welchem Maße heute zwischen den unmittelbar Beteiligten ein Konsens darüber besteht, was Sinn und Zweck der Veranstaltung Schule sei. Pädagogischer Konsens ist das Lebenselixier jeder Schule, die sich durch eine demokratische Kultur und ein individuelles Profil auszeichnet. Worin er bestehen kann und auf welchem Nährboden er am besten gedeiht, wird ausführlich am Beispiel von Gymnasien gezeigt.

Otto Seydel:

Zum Lernen herausfordern

Das reformpädagogische Modell Salem

256 Seiten, gebunden,
zahlreiche Abbildungen, ISBN 3-608-91235-5

»Die Berichte aus Salem sind ein Beleg, daß man über Schule auch ganz anders reden kann als an der Klagemauer oder aus dem Elfenbeinturm. Ohne Zweifel ist es ein ›parteiisches‹ Buch – parteiisch für die Kinder, deren Jugendzeit und Bildungschancen nicht auf dem Altar der Finanz- und Kultusbürokratien geopfert werden dürfen... Es ist ein Buch, das Hoffnung macht, daß es sehr wohl Wege aus der Sackgasse unserer bildungspolitischen Diskussion gibt.«

Hildegard Hamm-Brücher im Vorwort

Klett-Cotta